Grammatik & Wortschatz
Englisch
ganz leicht

Wortschatz: Peter Leder
Grammatik: Juliane Forßmann

Hueber Verlag

3. 2. 1. | Die letzten Ziffern
2016 15 14 13 12 | bezeichnen Zahl und Jahr des Druckes.
Alle Drucke dieser Auflage können, da unverändert, nebeneinander benutzt werden.
1. Auflage

Umschlaggestaltung: creative partners gmbh, München
Umschlagfoto: © iStockphoto/Pete Tripp
Umschlagzeichnungen: © Adrian Sonnberger, www.die-illustration.de
Layout: Holger Latzel und Sarah-Vanessa Schäfer, Hueber Verlag, Ismaning (Grammatik)
Satz: Satz + Layout Fruth GmbH, München (Wortschatz), Memminger MedienCentrum AG, Memmingen (Grammatik)
Druck und Bindung: Auer Buch + Medien GmbH, Donauwörth
Printed in Germany
ISBN 978–3–19–109495–9

Englisch ganz leicht Grammatik & Wortschatz bietet rund 1700 besonders gebräuchliche Wörter und Wortverbindungen der englischen Sprache mit ihren deutschen Entsprechungen sowie eine Übersicht über die Grammatik. Die Auswahl der Vokabeln orientiert sich an den Vorgaben des „Gemeinsamen Europäischen Referenzrahmens" auf dem Niveau B1.

Die Wortliste ist alphabetisch angeordnet. So können Sie sie als Wörterbuch benutzen und die Bedeutung einzelner Wörter nachschlagen. Zu nahezu allen Worteinträgen finden Sie einen oder mehrere Beispielsätze, die den Gebrauch im Kontext verdeutlichen. Auch diese Sätze sind übersetzt.

Bei jedem Eintrag finden Sie die dazugehörige Lautschrift, so dass Sie das Wort richtig aussprechen können. Eine Hilfe zum Verständnis dieser Lautschrift befindet sich im Anhang.

Des Weiteren liefert Ihnen der Anhang Informationen zur Wortbildung, die entsprechenden Wörter für Ländernamen und zugehörige Adjektive sowie Zahlen, Monate, Wochentage und Jahreszeiten in übersichtlichen Tabellen. Das Ganze wird durch eine Liste unregelmäßiger Verben sowie einen Grammatiküberblick vervollständigt.

Verwendete Abkürzungen sind: *Pl* für Plural, *US* für amerikanisches Englisch und *GB* für britisches Englisch.

Und nun wünschen wir Ihnen viel Spaß und Erfolg beim Lernen!

A

a [ə/eɪ], **an** [ən /æn]	*ein, eine*
What about a nice traditional Sunday lunch in a pub?	*Wie wäre es mit einem traditionellen Mittagessen am Sonntag in einem Pub?*
Somebody phoned for an ambulance.	*Jemand rief einen Krankenwagen.*
able [eɪbl]	*fähig*
They might be able to help you.	*Sie könnten Ihnen helfen.*
unable [ʌn'eɪbl]	*unfähig*
They were unable to come due to the bad weather.	*Sie konnten wegen des schlechten Wetters nicht kommen.*
disabled [dɪs'eɪbld]	*behindert*
I feel the government should do more for disabled people.	*Ich bin der Meinung, die Regierung sollte mehr für Behinderte tun.*
about [ə'baʊt]	*über, ungefähr*
And then you walk for about two hundred yards.	*Und dann gehen Sie ungefähr zweihundert Yards.*
Have you got any information about these places?	*Haben Sie irgendwelche Informationen über diese Orte?*
What about a nice traditional Sunday lunch in a pub?	*Wie wäre es mit einem traditionellen Mittagessen am Sonntag in einem Pub?*
We're thinking about all going down to the Chinese restaurant at about twelve.	*Wir überlegen, ob wir nicht alle zum Chinesen gehen, ungefähr um zwölf Uhr.*
above [ə'bʌv]	*über, darüber*
My parents' flat is just above ours.	*Die Wohnung meiner Eltern ist genau über unserer.*
abroad [ə'brɔ:d]	*ins Ausland, im Ausland*
We're going abroad for our holiday again next year.	*Wir fahren nächstes Jahr wieder in den Ferien ins Ausland.*
absolutely ['æbsəlu:tli]	*völlig*
Absolutely right!	*Völlig richtig!*
accept [ək'sept]	*annehmen*
They only accept payment by credit card over the phone.	*Sie nehmen telefonisch nur Zahlungen mit Kreditkarte an.*

acceptable [ək'septəbl] — *annehmbar, akzeptabel*
Mistakes like that are just not acceptable. — *Fehler wie diese sind einfach nicht akzeptabel.*

accident ['æksɪdənt] — *Unfall*
He'd had a serious accident and was ill for a long time. — *Er hatte einen schweren Unfall und war lange Zeit krank.*

according to [ə'kɔːdɪŋtʊ] — *gemäß, laut, entsprechend*
According to the weather report it's going to be sunny and dry tomorrow. — *Laut Wetterbericht wird es morgen sonnig und trocken.*

account [ə'kaʊnt] — *Konto*
Where do you have your bank account? — *Wo haben Sie Ihr Konto?*

ache [eɪk] — *Schmerz*
I woke up this morning with terrible toothache. — *Ich bin heute Morgen mit schrecklichen Zahnschmerzen aufgewacht.*

across [ə'krɒs] — *quer durch, drüben*
The store is just across the street. — *Das Warenhaus ist genau auf der anderen Straßenseite.*
We took the ferry across to France. — *Wir haben die Fähre nach Frankreich genommen.*

act [ækt] — *handeln, sich verhalten*
Our neighbours have been acting strangely recently. — *Unsere Nachbarn haben sich in letzter Zeit seltsam verhalten.*

action ['ækʃn] — *Tätigkeit, Action*
I like action films. — *Ich mag Actionfilme.*

active ['æktɪv] — *tätig, aktiv*
My father-in-law leads a very active life. — *Mein Schwiegervater führt ein sehr aktives Leben.*

activity [æk'tɪvətɪ] — *Tätigkeit, Aktivität*
Our club offers a number of spare-time activities for people of all ages. — *Unser Klub bietet eine Menge Freizeitaktivitäten für Leute jeden Alters an.*

actor [ak'tɔr], **actress** [ak'trɪs] — *Schauspieler, -in*
A lot of our friends are actors and actresses. — *Viele unserer Freunde sind Schauspieler und Schauspielerinnen.*

actually ['æktʃʊəlɪ]	*tatsächlich, wirklich, eigentlich, übrigens*
Actually, I've never visited these places myself so it would be interesting for me.	*Tatsächlich habe ich diese Orte niemals selbst besucht, sodass es interessant für mich wäre.*
Well, it is the last one actually.	*Nun, es ist übrigens der Letzte.*
And it's actually lovely to just be in the village, you know.	*Und wissen Sie, es ist wirklich nett, einfach nur im Dorf zu sein.*
addict ['ædɪkt]	*Süchtige, -r, Abhängige, -r*
Drug addicts need a lot of money.	*Drogensüchtige brauchen eine Menge Geld.*
address [ə'dres]	*Adresse, Anschrift*
I've included her address, phone number and e-mail address in case you need to contact her.	*Ich habe ihre Adresse, Telefonnnummer und E-Mail-Adresse beigefügt, falls du dich an sie wenden möchtest.*
adult ['ædʌlt]	*Erwachsene, -r*
This film is only for adults.	*Dieser Film ist nur für Erwachsene.*
advantage [əd'vɑ:ntɪdʒ]	*Vorteil*
This job has many advantages.	*Dieser Beruf hat viele Vorteile.*
disadvantage [dɪsəd'vɑ:ntɪdʒ]	*Nachteil*
And what are the disadvantages?	*Und was sind die Nachteile?*
advertisement [əd'vɜ:tɪsmənt]	*Werbung, Reklame, Anzeige, Annonce*
I am writing in response to your advertisement for a typist.	*Ich schreibe Ihnen als Antwort auf Ihre Stellenanzeige für eine Schreibkraft.*
advert ['ædvɜ:t]	*(Zeitungs-)Anzeige*
The weekend papers are usually full of adverts.	*Die Zeitungen sind am Wochenende normalerweise voll von Stellenanzeigen.*
ad [æd]	*(Zeitungs-)Anzeige*
I'm running an ad in the paper and I have to stay near the phone.	*Ich habe eine Zeitungsanzeige aufgegeben und muss deshalb in der Nähe des Telefons bleiben.*
advice [əd'vaɪs]	*Rat, Ratschläge*
I need some advice.	*Ich brauche einen Rat.*
advise [əd'vaɪz]	*raten, beraten, empfehlen*
Who would be the best person to advise us?	*Wer wäre am geeignetsten, um uns zu beraten?*

afford [ə'fɔːd]	*sich leisten*
People in public schools get a better education because their parents can afford it.	*Schüler von Privatschulen bekommen eine bessere Ausbildung, weil ihre Eltern sich das leisten können.*
afraid [ə'freɪd]	*Furcht, Angst haben*
Well, that's the smallest size they make I'm afraid.	*Nun, das ist die kleinste Größe, die sie herstellen, fürchte ich.*
afraid of [ə'freɪdəv]	*Angst haben vor*
He's afraid of the dark.	*Er hat Angst vor der Dunkelheit.*
after ['ɑːftə]	*nach, nachdem*
You get used to that after a while.	*Du wirst dich nach einer Weile daran gewöhnen.*
afternoon ['ɑːftənuːn]	*Nachmittag*
Good afternoon. Can I help you?	*Guten Tag. Kann ich Ihnen helfen?*
We can go there in the afternoon.	*Wir können am Nachmittag dahin gehen.*
again [ə'gen]	*wieder*
When you get to the traffic lights you turn right again.	*Wenn Sie an die Ampel kommen, biegen Sie wieder nach rechts ab.*
against [ə'genst]	*gegen*
Some people are against public schools.	*Einige Leute sind gegen Privatschulen.*
Put it against the wall, would you?	*Würden Sie es bitte gegen die Wand stellen?*
There's still quite a lot of discrimination against handicapped people.	*Es gibt immer noch viel Diskriminierung von Behinderten.*
ago [ə'gəʊ]	*vor*
I was in Amsterdam a fortnight ago.	*Vor zwei Wochen war ich in Amsterdam.*
agree [ə'griː]	*zustimmen, übereinstimmen, einverstanden sein*
I quite agree.	*Ich bin völlig einverstanden.*
agreement [ə'griːmənt]	*Vereinbarung, Einigung*
We came to an agreement.	*Wir sind zu einer Einigung gekommen.*
disagree [dɪsə'griː]	*nicht einverstanden sein, nicht einer Meinung sein*
I quite often disagree with my boss.	*Ich bin mit meinem Chef oft nicht einer Meinung.*

disagreement [dɪsə'gri:mənt] *Meinungsverschiedenheit*
What's the reason for the disagreement? *Was ist der Grund für die Meinungsverschiedenheit?*

air [eə] *Luft*
Let's get some fresh air. *Lasst uns ein bisschen an die frische Luft gehen.*
I quite enjoy travelling by air. *Ich fliege ganz gerne.*

airforce ['eəfɔ:s] *Luftwaffe*
I used to be in the airforce. *Ich war früher in der Luftwaffe.*

airline ['eəlaɪn] *Fluglinie, Fluggesellschaft*
I'm not sure I'd ever fly with that airline again. *Ich bin nicht sicher, ob ich noch einmal mit dieser Fluglinie fliegen würde.*

airport ['eəpɔ:t] *Flughafen*
She lives right next to the airport. *Sie wohnt direkt neben dem Flughafen.*

alarm clock [ə'lɑ:mklɒk] *Wecker*
His alarm clock did not ring. *Sein Wecker klingelte nicht.*

alcohol ['ælkəhɒl] *Alkohol*
Alcohol is bad for your health. *Alkohol schadet Ihrer Gesundheit.*

alcoholic [ælkə'hɒlɪk] *alkoholisch*
This bar does not sell alcoholic drinks. *Diese Bar verkauft keine alkoholischen Getränke.*

non-alcoholic [nɒnælkə'hɒlɪk] *alkoholfrei*
Are there any non-alcoholic drinks? I have to drive home. *Gibt es auch alkoholfreie Getränke? Ich muss noch nach Hause fahren.*

alike [ə'laɪk] *gleich, ähnlich*
The two sisters are very much alike. *Die beiden Schwestern sind sich sehr ähnlich.*

alive [ə'laɪv] *lebendig, lebend*
Are your grandparents still alive? *Leben Ihre Großeltern noch?*

all [ɔ:l] *alle, alles, ganz*
We're thinking about all going down to the Chinese restaurant. *Wir überlegen, ob wir nicht alle zum Chinesen gehen.*
With this ticket you can travel on all Dutch, Belgian and Luxembourg railways. *Mit dieser Fahrkarte können Sie mit allen niederländischen, belgischen und luxemburgischen Eisenbahnen fahren.*

There were all sorts of buildings.	*Es gab dort alle möglichen Gebäude.*
Is that all? I thought it would cost more than that.	*Ist das alles? Ich dachte, es würde mehr kosten.*
Thanks very much, that's all then.	*Vielen Dank, das ist dann alles.*
You're lucky in Spain, aren't you? You have good weather all the time.	*Ihr habt Glück in Spanien, nicht wahr? Ihr habt immer gutes Wetter.*
at all [æt/ətɔ:l]	*überhaupt*
That shouldn't be any problem at all.	*Das sollte überhaupt kein Problem sein.*
all right [ɔ:l'raɪt]	*in Ordnung*
It'll be all right.	*Das wird schon in Ordnung kommen.*
We can do that later. All right?	*Wir können das später machen. In Ordnung?*
alright [ɔ:l'raɪt]	*in Ordnung*
Alright then. See you later.	*In Ordnung. Wir sehen uns später.*
all the same [ɔ:lðə'seɪm]	*trotzdem*
All the same, I think you'd better take a taxi.	*Ich meine trotzdem, Sie sollten lieber ein Taxi nehmen.*
allow [ə'laʊ]	*erlauben*
I'm afraid smoking is not allowed here.	*Ich fürchte, das Rauchen ist hier nicht erlaubt.*
along [ə'lɒŋ]	*entlang*
I saw two men walking along the road.	*Ich sah, wie zwei Männer die Straße entlanggingen.*
We hired a car in Valencia and drove along the Costa Blanca to Alicante.	*Wir haben uns in Valencia einen Wagen gemietet und sind die Costa Blanca entlang bis Alicante gefahren.*
already [ɔ:l'redɪ]	*schon, bereits*
When we finally got to the station, the train had already left.	*Als wir endlich am Bahnhof ankamen, war der Zug schon weg.*
also ['ɔ:lsəʊ]	*auch*
I speak fluent German and French and also have a working knowledge of Spanish.	*Ich spreche fließend Deutsch und Französisch und habe auch ausreichende Kenntnisse in Spanisch.*
although [ɔ:l'ðəʊ]	*obwohl, obgleich*
And although we complained at the reception every evening, nothing happened.	*Und obwohl wir uns jeden Abend an der Rezeption beschwerten, geschah nichts.*

always ['ɔ:lweɪz]	*immer*
I love the country, I always have.	*Ich liebe das Land, ich habe es immer geliebt.*
a.m. [əɪ'əm]	*vormittags*
The train leaves at 8.00 a.m.	*Der Zug fährt um acht Uhr ab.*
ambulance ['æmbjʊləns]	*Krankenwagen*
Somebody phoned for an ambulance.	*Jemand rief einen Krankenwagen.*
among [ə'mʌŋ]	*unter*
When you get among a lot of people in the centre of town, the best thing to do is to ask again.	*Wenn Sie im Stadtzentrum auf viele Leute treffen, fragen Sie am besten noch einmal.*
and [ænd, ənd]	*und*
Help yourself to a knife and fork.	*Nehmen Sie sich selber Messer und Gabel.*
Turn right and it's about half a mile down on the left-hand side.	*Biegen Sie rechts ab und dann ist es ungefähr eine halbe Meile weiter unten auf der linken Seite.*
angry ['æŋgrɪ]	*böse, ärgerlich*
My father's angry with me because I've damaged the car.	*Mein Vater ist böse auf mich, weil ich den Wagen beschädigt habe.*
animal ['ænɪml]	*Tier*
He likes all kinds of animals.	*Er mag alle Arten von Tieren.*
anniversary [ænɪ'vɜ:sərɪ]	*Jahrestag*
It's our wedding anniversary tomorrow.	*Morgen ist unser Hochzeitstag.*
another [ə'nʌðə]	*noch eine, -r, -s*
Would you like another drink?	*Möchten Sie noch etwas zu trinken?*
I might live for another ten years.	*Ich lebe vielleicht noch zehn weitere Jahre.*
So we'll buy it from another firm.	*Dann werden wir es eben von einer anderen Firma kaufen.*
answer ['ɑ:nsə]	*Antwort, antworten, beantworten*
I got no answer from him.	*Ich habe keine Antwort von ihm bekommen.*
He didn't answer any of my questions.	*Er hat keine meiner Fragen beantwortet.*

any ['enɪ]
irgendein, -e, irgendwelche

Have you got any information about these places?
Haben Sie irgendwelche Informationen über diese Orte?

Sorry, I haven't got any.
Tut mir Leid, ich habe keine.

I'd also be very interested in any other material you may have.
Ich bin auch an jedem anderen Material, das Sie haben, sehr interessiert.

I can't wait any longer.
Ich kann nicht länger warten.

anybody['enɪbɒdɪ], **anyone** ['enɪwʌn]
jemand, irgendjemand

Has anybody / anyone been to see you?
War schon jemand hier, um Sie zu besuchen?

anything['enɪθɪŋ]
etwas, irgendetwas

Is there anything I can do for you?
Kann ich irgendetwas für Sie tun?

anywhere['enɪweə]
irgendwo(hin), überall(hin)

She could go to the cinema anywhere.
Sie könnte überall ins Kino gehen.

anyway ['enɪweɪ]
sowieso, jedenfalls

He probably won't mind anyway.
Er hat wahrscheinlich sowieso nichts dagegen.

Anyway, she went to see him one day.
Jedenfalls besuchte sie ihn eines Tages.

apart [ə'pɑ:t]
getrennt, abgesehen von

Apart from the bad weather, we had a good holiday.
Abgesehen vom schlechten Wetter hatten wir einen schönen Urlaub.

apartment [ə'pɑ:tmənt]
Wohnung, Etagenwohnung

We prefer to have a holiday apartment rather than stay in a hotel.
Wir nehmen lieber eine Ferienwohnung, als in einem Hotel zu wohnen.

apologise [ə'pɒlədʒaɪz]
entschuldigen

I apologise for the mistake.
Ich entschuldige mich für den Fehler.

apparently [ə'pærəntli]
anscheinend

Apparently, the accident was due to the cold weather.
Anscheinend wurde der Unfall durch das schlechte Wetter verursacht.

appear [ə'pɪə]
erscheinen, auftauchen

He suddenly appeared around the corner.
Plötzlich kam er um die Ecke.

apple ['æpl]
Apfel

She bought a pound of apples.
Sie kaufte ein Pfund Äpfel.

apply [ə'plaɪ]	*sich bewerben*
Have you applied for a new job?	*Haben Sie sich um eine neue Stelle beworben?*
application [æplɪ'keɪʃn]	*Bewerbung*
He sent off his letter of application at the weekend.	*Am Wochenende hat er sein Bewerbungsschreiben abgeschickt.*
appointment [ə'pɔɪntmənt]	*Verabredung, Termin*
I have an appointment at three p.m.	*Ich habe um 15 Uhr einen Termin.*
area ['eərɪə]	*Gegend, Gebiet*
There are so many lovely places around the area.	*Es gibt so viele schöne Orte in dieser Gegend.*
There are a lot of theatres in the London area.	*Es gibt eine Menge Theater in London.*
argue ['ɑːgjuː]	*(sich) streiten*
Don't argue with him!	*Streite nicht mit ihm!*
argument ['ɑːgjʊmənt]	*Streit*
She's had an argument with her boyfriend.	*Sie hatte Streit mit ihrem Freund.*
arm [ɑːm]	*Arm*
He's broken his arm.	*Er hat sich den Arm gebrochen.*
army ['ɑːmɪ]	*Armee, Militär*
He joined the army when he was 17.	*Er ging mit 17 zum Militär.*
around [ə'raʊnd]	*um, um … herum*
So it shows the surrounding villages around Chorley.	*Dies zeigt also die Dörfer, die um Chorley herum liegen.*
We're just walking around.	*Wir gehen nur ein bisschen spazieren.*
I'll be at your office around five o'clock.	*Ich werde gegen fünf Uhr in Ihrem Büro sein.*
arrange [ə'reɪndʒ]	*regeln, arrangieren*
Perhaps you could arrange to meet some of your friends.	*Sie könnten vielleicht ein Treffen mit einigen Ihrer Freunde arrangieren.*
arrangement [ə'reɪndʒmənt]	*Vereinbarung, Vorbereitung*
By the way, have you made any arrangements for your holidays this year?	*Übrigens, haben Sie schon irgendwelche Vorbereitungen für Ihren diesjährigen Urlaub getroffen?*
arrest [ə'rest]	*verhaften, festnehmen*
The man was arrested outside the bank.	*Der Mann wurde vor der Bank festgenommen.*

arrive [ə'raɪv]	*ankommen*
When do we arrive in London?	*Wann kommen wir in London an?*
Astrid would like to arrive on 20th September and leave early on the 23rd.	*Astrid möchte gerne am 20. September ankommen und am 23. zeitig abfahren.*
arrival [ə'raɪvl]	*Ankunft*
On our arrival at the airport we discovered that our hotel was 5 km out of town.	*Als wir am Flughafen ankamen, stellten wir fest, dass unser Hotel fünf Kilometer außerhalb der Stadt lag.*
art [ɑ:t]	*Kunst*
I'd never get them into a museum to look at modern art.	*Ich würde sie in kein Museum kriegen, um sich moderne Kunst anzusehen.*
artist ['ɑ:tɪst]	*Künstler, -in*
There's an interesting collection of paintings by 20th century artists at our local museum this month.	*Diesen Monat gibt es eine interessante Ausstellung mit Bildern von Malern des 20. Jahrhunderts in unserem hiesigen Museum.*
article ['ɑ:tɪkl]	*Artikel*
Did you read the article about nuclear power in the newspaper this morning?	*Hast du den Artikel über Kernenergie heute Morgen in der Zeitung gelesen?*
as [æz, əz]	*als, wie*
Drive down this road as far as you can go.	*Fahren Sie so weit wie möglich diese Straße entlang.*
It's not as difficult as it first seemed.	*Es ist nicht so schwierig, wie es anfangs schien.*
But, as usual, it was nice.	*Aber es war wie immer nett.*
I have worked as a receptionist in hotels in France and Germany.	*Ich habe als Empfangschef in französischen und deutschen Hotels gearbeitet.*
as if [əz'ɪf]	*als ob*
He looks as if he is ill.	*Er sieht krank aus.*

as well [əz'wel] — *auch, ebenfalls*

We are going to Amsterdam now as well. — *Wir fahren jetzt auch nach Amsterdam.*

I speak fluent German and French as well as my native English. — *Ich spreche fließend Deutsch und Französisch wie auch meine Muttersprache Englisch.*

As I mentioned, it's a girl's party – no men welcome! — *Wie ich schon sagte, es ist eine Frauenparty – Männer sind nicht erwünscht!*

ask [ɑːsk] — *fragen, bitten*

There's something else I wanted to ask you. — *Da ist noch etwas, was ich Sie fragen wollte.*

He asked her for a cigarette. — *Er bat sie um eine Zigarette.*

She asked me if I knew of anyone she could stay with. — *Sie fragte mich, ob ich jemanden kennen würde, bei dem sie bleiben könnte.*

assistant [ə'sɪstənt] — *Assistent, -in; Mitarbeiter, -in; Verkäufer, -in*

Ask an assistant to help you. — *Bitten Sie eine Verkäuferin um Hilfe.*

at [æt, ət] — *an, bei, in, um, zu*

At the end of the day he is quite tired. — *Am Ende des Tages ist er sehr müde.*

I'm having a birthday party next Friday starting at about 8. — *Am nächsten Freitag gebe ich eine Geburtstagsparty; sie beginnt gegen acht.*

I was pretty upset at the time. — *Ich war damals sehr durcheinander.*

They are looking into that at the moment. — *Sie untersuchen das zur Zeit.*

At the traffic lights at the top of the road you turn right. — *Bei der Ampel oben an der Straße biegen Sie rechts ab.*

There's a Rent-a-Car firm at the top, they'll be able to help you. — *Es gibt dort oben einen Autoverleih; die können Ihnen helfen.*

I am at present in my second year at Dortmund Technical College. — *Ich bin jetzt im zweiten Jahr an der Technischen Hochschule in Dortmund.*

Do you remember Betty Loo, she used to work at Wanchai. — *Erinnern Sie sich an Betty Loo? Sie arbeitete früher für Wanchai.*

I've left them at home in my shopping bag. — *Ich habe sie zu Hause in meiner Einkaufstasche gelassen.*

That looks very nice, put it on and let's have a look at you. — *Das sieht nett aus. Ziehen Sie es an und lassen Sie sich anschauen.*

She's good at what she does. — *Das, was sie macht, macht sie gut.*

at all [æt/ətɔːl] — *überhaupt*

Yes … sure … no problem at all. — *Ja … sicher … überhaupt kein Problem.*

at once [æt'wʌns]	*sofort*
Can you do it month by month or do you have to pay for it all at once?	*Geht es in Monatsraten oder müssen Sie alles sofort bezahlen?*
attention [ə'tenʃn]	*Aufmerksamkeit, Achtung*
Can I have your attention, please?	*Darf ich um Ihre Aufmerksamkeit bitten?*
Attention, please!	*Achtung, bitte!*
attractive [ə'træktɪv]	*attraktiv, gut aussehend, reizvoll*
It used to be an attractive area.	*Das war einmal eine reizvolle Gegend.*
aunt [ɑ:nt]	*Tante*
She's my favourite aunt.	*Sie ist meine Lieblingstante.*
automatic [ɔ:tə'mætɪk]	*automatisch*
That shop entrance has automatic doors.	*Dieser Ladeneingang hat Automatiktüren.*
avoid [ə'vɔɪd]	*(ver)meiden, aus dem Weg gehen, ausweichen*
You should try to avoid the dangerous areas of town.	*Du solltest die gefährlichen Stadtviertel besser meiden.*
avoidable [ə'vɔɪdəbl]	*vermeidbar*
Some mistakes are actually avoidable.	*Einige Fehler sind wirklich vermeidbar.*
unavoidable [ʌnə'vɔɪdəbl]	*unvermeidlich*
The accident was unavoidable, I'm afraid.	*Ich fürchte, der Unfall war unvermeidlich.*
aware [ə'weə]	*bewusst*
I'm aware of all the problems.	*Ich bin mir all dieser Probleme bewusst.*
unaware [ʌnə'weə]	*nicht bewusst*
I was unaware that there was anybody in the building.	*Mir war nicht bewusst, dass jemand im Gebäude war.*
away [ə'weɪ]	*weg, fort*
Please do it right away.	*Bitte erledigen Sie das sofort.*
Don't leave your books on the table. Put them away.	*Lass deine Bücher nicht auf dem Tisch liegen. Räum sie weg.*
That's about 25 miles away.	*Das ist ungefähr 25 Meilen von hier.*
He came while I was away.	*Er kam, während ich weg war.*

B

baby ['beɪbɪ]	*Baby, Säugling*
The baby is now five months old.	*Das Baby ist jetzt fünf Monate alt.*
babysit ['beɪbɪsɪt]	*babysitten*
I've promised to babysit for the neighbours this evening.	*Ich habe meinen Nachbarn versprochen, diesen Abend zu babysitten.*
babysitter ['beɪbɪsɪtə]	*Babysitter, -in*
Mom and Dad went out and left us with the babysitter.	*Mama und Papa gingen aus und ließen uns mit dem Babysitter allein.*
babysitting ['beɪbɪsɪtɪŋ]	*Babysitten*
My children earn a few pounds each month babysitting for the neighbours.	*Meine Kinder verdienen sich jeden Monat ein paar Pfund, wenn sie für die Nachbarn babysitten.*
back [bæk]	*zurück, hinten, Rücken*
I could pay you back in cash.	*Ich könnte es Ihnen in bar zurückzahlen.*
He stood with his back to the wall.	*Er stand mit dem Rücken zur Wand*
She sat at the back of the bus.	*Sie setzte sich hinten in den Bus.*
Bring it back when you're done.	*Bring es zurück, wenn du fertig bist.*
She goes back on Monday morning.	*Sie fährt Montagmorgen zurück.*
backache ['bækeɪk]	*Rückenschmerzen*
I get backache when I have to pick up heavy things.	*Ich bekomme immer Rückenschmerzen, wenn ich schwere Dinge heben muss.*
bad [bæd], worse [wɜːs], worst [wɜːst]	*schlecht, schlimm*
They always have bad dreams when they watch TV late at night.	*Sie träumen immer schlecht, wenn sie spätabends noch fernsehen.*
I feel bad about it.	*Ich fühle mich nicht wohl dabei.*
Not bad!	*Nicht schlecht!*
Last year we had the worst summer I can remember.	*Letztes Jahr hatten wir den schlechtesten Sommer, an den ich mich erinnern kann.*
bag [bæg]	*Tasche, Tüte, Sack, Beutel*
I've left my purse at home in my shopping bag.	*Ich habe mein Portemonnaie zu Hause in der Einkaufstasche gelassen.*
baggage ['bægɪdʒ]	*Gepäck*
Your money was in your hand baggage, was it?	*Dein Geld war im Handgepäck, oder?*

ball [bɔ:l] — *Ball*
She bought a ball for her children to play with. — *Sie kaufte für ihre Kinder einen Ball zum Spielen.*

band [bænd] — *(Musik-)Kapelle*
A lot of dance bands play in pubs too. — *Eine Menge Tanzkapellen spielen auch in Pubs.*

bank [bæŋk] — *Bank [Geldinstitut]*
Where's the nearest bank? — *Wo ist die nächste Bank?*

bar [bɑ:] — *Bar, Theke*
I'll go and sit in a bar somewhere and have a beer. — *Ich gehe jetzt los und setze mich irgendwo in eine Bar und trinke ein Bier*

bath [bɑ:θ] — *Bad*
I want a room with a bath. — *Ich möchte ein Zimmer mit Bad.*
I'm going to have a bath. — *Ich werde ein Bad nehmen.*

bathroom ['bɑ:θru:m] — *Badezimmer*
The house has three bathrooms. — *Das Haus hat drei Badezimmer.*

battery ['bætərɪ] — *Batterie*
I need a new battery for my radio. — *Ich brauche eine neue Batterie für mein Radio.*

be [bi:, bɪ] — *sein, werden*
It just might be a noisy car going past the window that wakes him up. — *Es reicht schon ein lautes Auto unter seinem Fenster, um ihn zu wecken.*
It's going to be hot tonight. — *Es wird heiß heute Nacht.*
That'd be good. — *Das wäre gut.*
Be careful! — *Sei vorsichtig!*

am [æm, əm]
I'm from London. — *Ich komme aus London.*

is [ɪz]
This is beautiful! — *Das ist schön!*

are [ɑ:, ə]
You're right! — *Du hast Recht!*

was [wɒz, wəs]
This table was made in France. — *Dieser Tisch wurde in Frankreich hergestellt.*

were [wɜː, wə]
Last year we were on holiday in Spain. — *Letztes Jahr waren wir im Urlaub in Spanien.*

been [biːn, bɪn]
She's never been to Nottingham before. — *Sie war vorher noch nie in Nottingham.*

being ['biːɪŋ]
Is that being used? — *Wird das gerade gebraucht?*

beautiful ['bjuːtəfl] — *schön, herrlich*
It's a beautiful area where you live. — *Sie leben in einer schönen Gegend.*

because [bɪ'kɒz] — *weil*
Well, that's a problem then because there's no public transport, I'm afraid. — *Nun, das ist dann ein Problem, weil ich fürchte, dass es dort keine öffentlichen Verkehrsmittel gibt.*

because of [bɪ'kɒzəv] — *wegen*
We couldn't drive right through to Switzerland because of the weather. — *Wir konnten wegen des Wetters nicht bis in die Schweiz durchfahren.*

become [bɪ'kʌm] — *werden*
Food has become much more expensive in the last few years. — *Lebensmittel sind in den letzten Jahren erheblich teurer geworden.*

bed [bed] — *Bett*
They're all in bed by eight-thirty. — *Um halb neun sind sie alle im Bett.*
We tried out various bed and breakfast places on our holiday. — *Wir haben im Urlaub verschiedene Pensionen ausprobiert.*
It's time you went to bed. — *Es ist Zeit für dich, ins Bett zu gehen.*

bedroom ['bedruːm] — *Schlafzimmer*
This house has four bedrooms. — *Dieses Haus hat vier Schlafzimmer.*

beef [biːf] — *Rindfleisch*
Would you like beef or pork? — *Möchten Sie lieber Rind- oder Schweinefleisch?*

beer ['bɪə] — *Bier*
I'll go and sit in a bar somewhere and have a beer. — *Ich gehe jetzt los und setze mich irgendwo in eine Bar und trinke ein Bier.*

before [bɪ'fɔː] — *vor, bevor, vorher*
I'd never heard that before. — *Ich habe das noch nie zuvor gehört.*
We must get to the store before it closes. — *Wir müssen ins Kaufhaus gehen, bevor es schließt.*
Try to call me before four fifteen. — *Versuchen Sie, mich vor Viertel nach vier anzurufen.*

begin [bɪ'gɪn], began [bɪ'gæn], begun [bɪ'gʌn] — *anfangen, beginnen*
When does the film begin? — *Wann fängt der Film an?*
She began to read when she was four. — *Sie begann mit vier Jahren zu lesen.*

beginning [bɪ'gɪnɪŋ] — *Anfang, Beginn*
I missed the beginning of the film. — *Ich habe den Anfang des Films versäumt.*

beginner [bɪ'gɪnə] — *Anfänger, -in*
I've joined the French for Beginners class. — *Ich besuche den Französischkurs für Anfänger.*

behind [bɪ'haɪnd] — *hinter*
There was this big bus or something behind us. — *Da war dieser große Bus oder etwas anderes hinter uns.*

believe [bɪ'liːv] — *glauben*
I believe you. — *Ich glaube Ihnen.*

bell [bel] — *Glocke, Klingel*
For service please ring the bell. — *Bitte läuten Sie, wenn Sie bedient werden wollen.*

belong [bɪ'lɒŋ] — *gehören*
Who does this book belong to? — *Wem gehört dieses Buch?*

below [bɪ'ləʊ] — *unter, unterhalb, darunter*
Those people live in the flat below. — *Diese Leute wohnen in der Wohnung darunter.*
It's ten degrees below zero. — *Es ist zehn Grad unter Null.*

bend [bend] — *Kurve*
You go round the left hand bend. — *Sie fahren links um die Kurve.*

besides [bɪ'saɪdz] — *außerdem*
It's too late. Besides, we haven't got the time anyway. — *Es ist zu spät. Außerdem haben wir sowieso keine Zeit.*

best [best]
der, die, das Beste
Universities should take the best students.
Universitäten sollten die besten Studenten aufnehmen.

better ['betə]
besser
It's probably better to get your tickets when you're there.
Es ist wahrscheinlich besser, wenn ihr eure Karten erst dort kauft.
I think you'd better start the race.
Ich denke, Sie starten jetzt besser das Rennen.

between [bɪ'twi:n]
zwischen
The hotel was between the station and the centre of town.
Das Hotel lag zwischen Bahnhof und Stadtzentrum.
What's the difference between a two-star and a three-star hotel?
Worin besteht der Unterschied zwischen einem Zweisternehotel und einem Dreisternehotel?

bicycle ['baɪsɪkl]
Fahrrad
I bought a new bicycle yesterday.
Ich habe mir gestern ein neues Fahrrad gekauft.

bike [baɪk]
Fahrrad
He went for a ride on his bike.
Er ist mit dem Fahrrad weggefahren.

big [bɪg]
groß
Cambridge itself is not a very big town.
Cambridge selbst ist keine sehr große Stadt.

bill [bɪl]
Rechnung
Can I have the bill, please?
Die Rechnung, bitte!

bird [bɜ:d]
Vogel
I could hear the birds singing in the garden.
Ich konnte die Vögel im Garten singen hören.

birthday [bɜ:θdeɪ]
Geburtstag
I'm having a birthday party next Friday starting at about 8.
Am nächsten Freitag gebe ich eine Geburtstagsparty; sie beginnt gegen acht.

biscuit ['bɪskɪt]
Keks
Do you want a biscuit?
Möchtest du einen Keks?

bit [bɪt] | *Stück, ein bisschen*
And of course the police officer came and I was a bit shocked. | *Und natürlich kam der Polizist und ich war ein bisschen geschockt.*
It is a bit of a problem. | *Das ist schon ein Problem.*
It depends on the weather a bit, doesn't it? | *Das hängt ein bisschen vom Wetter ab, nicht wahr?*
That bit there's the bottom. | *Das Stück dort ist der Boden.*

bitter ['bɪtə] | *bitter*
It left a bitter taste. | *Es hinterließ einen bitteren Nachgeschmack.*

black [blæk] | *schwarz*
She was wearing a black dress. | *Sie trug ein schwarzes Kleid.*

blind [blaɪnd] | *blind*
He's been blind since he was born. | *Er ist seit seiner Geburt blind.*

block [blɒk] | *Block, blockieren, (ver)sperren*
My girlfriend lives in that block of flats over there. | *Meine Freundin wohnt in dem Wohnblock dahinten.*

blouse [blaʊz] | *Bluse*
That's a nice blouse you're wearing! | *Das ist eine nette Bluse, die Sie da anhaben!*

blue [bluː] | *blau*
The sky is really blue today. | *Der Himmel ist heute wirklich blau.*

board [bɔːd] | *Tafel, Brett, Verpflegung, Vollpension*
Could you write the word on the board? | *Können Sie das Wort an die Tafel schreiben?*
It's £ 45 for full board. | *Vollpension kostet 45 Pfund.*

boat [bəʊt] | *Boot*
There were lots of boats on the lake. | *Es waren viele Boote auf dem See.*

body ['bɒdɪ] | *Körper, Leiche*
They found a dead body in the car. | *Sie fanden eine Leiche im Auto.*

boil [bɔɪl] | *kochen, sieden*
I'd like to have a boiled egg for breakfast. | *Ich möchte gerne ein gekochtes Ei zum Frühstück.*

bomb [bɒm] | *Bombe*
The IRA had put a bomb under his bed. | *Die IRA hatte eine Bombe unter seinem Bett deponiert.*

book [bʊk]	*Buch, bestellen, buchen, reservieren*
I've booked a table for eight.	*Ich habe einen Tisch für acht reserviert.*
What kind of books do you like to read on holiday?	*Welche Art von Büchern lesen Sie gern in den Ferien?*
border ['bɔ:də]	*Grenze*
It took hours to get across the border because the custom officers were on strike.	*Es dauerte Stunden, über die Grenze zu kommen, weil die Zöllner streikten.*
boring ['bɔ:rɪŋ]	*langweilig*
We had a really boring lesson yesterday.	*Wir hatten gestern eine wirklich langweilige Unterrichtsstunde.*
bored [bɔ:d]	*gelangweilt*
We were so bored, we left the party after an hour.	*Wir haben uns so gelangweilt, dass wir die Party nach einer Stunde verließen.*
born [bɔ:n]	*geboren*
I was born in 1960.	*Ich wurde 1960 geboren.*
borrow ['bɒrəʊ]	*borgen, ausleihen*
Can I borrow your pencil, please?	*Kann ich mir Ihren Bleistift ausleihen?*
boss [bɒs]	*Chef, -in, Boss*
What's the new boss like?	*Wie ist der neue Chef?*
both [bəʊθ]	*beide*
Both books are good.	*Beide Bücher sind gut.*
I like both of them.	*Ich mag sie beide.*
bother ['bɒðə]	*belästigen, aufregen*
The noise doesn't bother me at all.	*Der Krach stört mich überhaupt nicht.*
Oh I don't know I can't be bothered.	*Das regt mich überhaupt nicht auf.*
bottle ['bɒtl]	*Flasche*
We drank two bottles of wine with our meal last night.	*Gestern Abend haben wir zwei Flaschen Wein zum Essen getrunken.*
bottom ['bɒtəm]	*Boden, Grund, Unterseite*
It's at the bottom of the cupboard.	*Es liegt auf dem Boden des Schranks.*
box [bɒks]	*Kasten, Schachtel, Kiste*
Can you put them in a box, please?	*Kannst du sie bitte in eine Kiste packen?*
boy [bɔɪ]	*Junge*
The boys were playing football.	*Die Jungen spielten Fußball.*

boyfriend ['bɔɪfrend]	*Freund*
She had an argument with her boyfriend.	*Sie hatte Streit mit ihrem Freund.*
branch [brɑːntʃ]	*Zweigstelle, Filiale*
Our company has a branch in Frankfurt.	*Unser Unternehmen hat eine Filiale in Frankfurt.*
bread [bred]	*Brot*
I prefer continental bread.	*Ich mag lieber Graubrot.*
break [breɪk], broke [brəʊk], broken ['brəʊkən]	*brechen, Pause*
Let's have a break now.	*Lass uns jetzt eine Pause machen.*
Did he break his leg in an accident?	*Hat er sich sein Bein bei einem Unfall gebrochen?*
break down [breɪkdaʊn]	*zusammenbrechen, kaputtgehen*
Unfortunately our photocopying machine has broken down.	*Leider ist unser Fotokopierer kaputtgegangen.*
breakfast ['brekfəst]	*Frühstück*
We usually have breakfast at eight o'clock.	*Wir frühstücken normalerweise um acht Uhr.*
bridge [brɪdʒ]	*Brücke*
Cross the bridge, and Farm Lane's on your right.	*Gehen Sie über die Brücke und Farm Lane liegt rechts von Ihnen.*
bright [braɪt]	*heiter, hell, leuchtend*
The weather will be bright and sunny until the weekend.	*Das Wetter wird heiter und sonnig bis zum Wochenende.*
bring [brɪŋ], brought [brɔːt], brought [brɔːt]	*bringen*
Bring it back when you're done.	*Bringen Sie es zurück, wenn Sie fertig sind.*
She brought some family photos with her.	*Sie brachte einige Familienfotos mit.*
bring up [brɪŋʌp]	*aufziehen*
It's not easy to bring up a family today.	*Es ist heutzutage nicht einfach, eine Familie aufzuziehen.*
brochure ['brəʊʃə]	*Broschüre, Prospekt*
Here are some brochures on camping in Britain.	*Hier sind einige Prospekte über Camping in Großbritannien.*

brother ['brʌðə]	*Bruder*
I could use my brother's car.	*Ich konnte den Wagen meines Bruders benutzen.*
brother-in-law [brʌðəɪn'lɔː]	*Schwager*
I can't stand my brother-in-law, he's so stupid.	*Ich kann meinen Schwager nicht ausstehen, er ist so dumm.*
build [bɪld], built [bɪlt], built [bɪlt]	*bauen*
They want to build a house themselves.	*Sie wollen selber ein Haus bauen.*
This house was built in the nineteenth century.	*Dieses Haus wurde im 19. Jahrhundert gebaut.*
building ['bɪldɪŋ]	*Gebäude*
There are all sorts of interesting buildings in the area.	*In dieser Gegend gibt es allerlei interessante Gebäude.*
burger [bɜːgə]	*Hamburger*
What kind of burger would you like?	*Was für einen Hamburger möchten Sie?*
burn [bɜːn], burnt [bɜːnt], burnt [bɜːnt]	*brennen, verbrennen*
I've burnt my finger.	*Ich habe mir die Finger verbrannt.*
Be careful! Don't burn the cake!	*Sei vorsichtig! Lass den Kuchen nicht verbrennen!*
bus [bʌs]	*Bus*
We'll just leave the car here and go on the bus.	*Wir lassen jetzt den Wagen hier stehen und nehmen den Bus.*
business ['bɪznɪs]	*Geschäft*
What kind of business is he in?	*In welcher Branche arbeitet er?*
busy ['bɪzɪ]	*beschäftigt*
I'm busy at the moment.	*Ich bin zur Zeit beschäftigt.*
but [bʌt, bət]	*aber, sondern*
There used to be a swimming pool at Southpool but it closed a few years ago.	*Früher gab es ein Schwimmbad in Southpool, aber es hat vor ein paar Jahren geschlossen.*
butter ['bʌtə]	*Butter*
You cook some garlic in a bit of butter.	*Du garst etwas Knoblauch in ein wenig Butter.*
button ['bʌtn]	*Knopf*
There's a button missing on your coat.	*An deinem Mantel fehlt ein Knopf.*

buy [baɪ], bought [bɔːt], bought [bɔːt] — *kaufen*

That's lovely. Where'd you buy that? — *Das ist hübsch. Wo haben Sie das gekauft?*

I bought it on holiday in Portugal. — *Ich habe es im Urlaub in Portugal gekauft.*

by [baɪ] — *von, bis, mit*

We went there by car. — *Wir fuhren mit dem Auto dorthin.*

They should have the heating on by Wednesday. — *Sie sollten die Heizung am Mittwoch anhaben.*

They only accept payment by credit card. — *Sie akzeptieren nur Zahlungen mit Kreditkarte.*

Have you by any chance got anything on Bath? — *Hast du zufällig etwas über Bath?*

Put it by the window, would you? — *Würdest du es bitte ans Fenster stellen?*

I went there by myself. — *Ich bin allein dorthin gegangen.*

It was written by Shakespeare. — *Das hat Shakespeare geschrieben.*

By the way, have you made any arrangements for your holidays this year? — *Übrigens, haben Sie schon irgendwelche Vorbereitungen für Ihren diesjährigen Urlaub getroffen?*

bye [baɪ] — *Tschüss*

Alright then. Bye! — *Also dann – tschüss!*

C

café ['kæfeɪ] — *Café, Restaurant*

I'll go and sit in a café somewhere. — *Ich gehe los und setze mich irgendwo in ein Café.*

cake [keɪk] — *Kuchen*

Her mum never ever makes cakes. — *Ihre Mutti backt niemals Kuchen.*

It was actually going to be a Christmas cake. — *Das sollte eigentlich ein Kuchen für Weihnachten werden.*

calculator ['kælkjʊleɪtə] — *Taschenrechner*

I never use a calculator, do you? — *Ich benutze niemals einen Taschenrechner, du etwa?*

call [kɔːl] — *rufen, nennen, anrufen*

In the end we had to call the police. — *Schließlich mussten wir die Polizei rufen.*

He's called Jim. — *Er heißt Jim.*

Try to call me before four fifteen.	*Versuchen Sie, mich vor Viertel nach vier anzurufen.*
There's a little bottle shop in the city called City Wines.	*Es gibt einen kleinen Weinladen in der Innenstadt, der City Wines heißt.*
I'm calling from the Sports Centre.	*Ich rufe aus dem Sportzentrum an.*
I'll try and give you a call.	*Ich werde versuchen, Sie anzurufen.*
calm [kɑːm]	*ruhig, still*
She's a very calm person.	*Sie ist eine sehr ruhige Person.*
camera ['kæmərə]	*Kamera, Fotoapparat*
I'll put those batteries in the other camera.	*Ich lege diese Batterien in die andere Kamera ein.*
camping ['kæmpɪŋ]	*Camping, Zelten*
We always go camping on holiday.	*Im Urlaub machen wir immer Camping.*
can [kæn, kən]	*können*
Can you tell me how to get to this place?	*Können Sie mir sagen, wie ich zu diesem Ort komme?*
You can't miss it.	*Sie können es nicht verfehlen.*
Can I have cheese on it?	*Kann ich Käse drauf haben?*
Can I park here?	*Kann ich hier parken?*
Yeah, she can come with me.	*Ja, sie kann mit mir kommen.*
Can I help you?	*Kann ich Ihnen helfen?*
I can't be bothered with that.	*Ich kann mich nicht darum kümmern.*
You can't have done that already.	*Sie können damit noch nicht fertig sein.*
can [kæn, kən]	*Büchse, Dose*
We took cans of beer to the party.	*Wir nahmen Dosenbier mit zur Party.*
cancel ['kænsl]	*absagen, rückgängig machen, streichen*
I'd like to cancel my flight to Berlin, please.	*Ich möchte bitte meinen Flug nach Berlin absagen.*
The flight was cancelled for technical reasons.	*Der Flug wurde aus technischen Gründen gestrichen.*
capital ['kæpɪtl]	*Hauptstadt*
Bonn used to be the capital of Germany.	*Bonn war einmal die Hauptstadt Deutschlands.*
car [kɑː]	*Auto, Wagen*
We'll just leave the car here and go on the bus.	*Wir lassen jetzt den Wagen hier stehen und nehmen den Bus.*
car park ['kɑːpɑːk]	*Parkplatz*
We left the car in the car park.	*Wir haben den Wagen auf dem Parkplatz gelassen.*

card [kɑ:d]	*Karte*
They only accept payment by credit card over the phone.	*Sie akzeptieren telefonisch nur Zahlungen mit Kreditkarte.*
How many Christmas cards do you usually send?	*Wie viele Weihnachtskarten verschicken Sie normalerweise?*
care [keə]	*Sorgfalt, Pflege, sich kümmern*
I don't care.	*Es ist mir egal.*
Can you take care of my dog for me?	*Kannst du dich um meinen Hund kümmern?*
Have a good trip and take care.	*Gute Reise und pass auf dich auf!*
careful ['keəfl]	*sorgfältig, vorsichtig*
Be careful!	*Sei vorsichtig!*
careless ['keələs]	*nachlässig, unvorsichtig*
She was very careless and lost her purse.	*Sie war sehr unvorsichtig und hat ihre Geldbörse verloren.*
carry ['kærɪ]	*tragen*
The only problem we've got is carrying luggage.	*Das Tragen des Gepäcks ist das einzige Problem, das wir haben.*
case [keɪs]	*Fall, Kiste, Koffer*
I'll take an umbrella with me in case it rains.	*Ich nehme einen Regenschirm mit, falls es regnet.*
In that case, I'll have to take the early train.	*In diesem Fall werde ich den frühen Zug nehmen müssen.*
I wouldn't have had time to take it in any case.	*Ich hätte sowieso keine Zeit gehabt, es zu nehmen.*
Can you carry my case?	*Kannst du meinen Koffer tragen?*
cash [kæʃ]	*Bargeld, Barzahlung*
I could pay you back in cash.	*Ich kann es Ihnen in bar zurückzahlen.*
I need to cash one of these travellers cheques.	*Ich muss einen dieser Reiseschecks einlösen.*
cassette [kə'set]	*Kassette*
I've got that on cassette.	*Ich habe das auf Kassette.*
cassette recorder [kə'setrɪkɔ:də]	*Kassettenrekorder*
I wish our teacher would use the cassette recorder more often.	*Ich wünschte, unser Lehrer würde den Kassettenrekorder öfter benutzen.*
castle [kɑ:sl]	*Burg, Schloss*
I don't know whether you've heard of Clitheroe, there's a castle there.	*Haben Sie schon von Clitheroe gehört? Dort gibt es ein Schloss.*

cat [kæt]	*Katze*
Do you like cats?	*Mögen Sie Katzen?*
cause [kɔ:z]	*Ursache, verursachen*
What was the cause of the fire?	*Was war die Ursache für das Feuer?*
The fire was caused by a child playing with matches.	*Das Feuer wurde von einem Kind verursacht, das mit Streichhölzern gespielt hat.*
cellar ['selə]	*Keller*
Unfortunately, we haven't got a cellar in our new house.	*Leider haben wir keinen Keller in unserem neuen Haus.*
cent [sent]	*Cent*
It costs three dollars and ten cents.	*Das kostet drei Dollar und zehn Cents.*
per cent [pə'sent]	*Prozent*
VAT is 17 % at the moment.	*Die Mehrwertsteuer beträgt zur Zeit 17 Prozent.*
centimetre [sentɪ'mi:tə]	*Zentimeter*
My son's now at least two centimetres taller than me.	*Mein Sohn ist jetzt mindestens zwei Zentimeter größer als ich.*
centre ['sentə]	*Zentrum, Mittelpunkt*
The Town Hall is right in the centre of town.	*Das Rathaus ist genau im Stadtzentrum.*
The new Sports Centre is not far from here.	*Das neue Sportzentrum ist nicht weit von hier.*
central ['sentrəl]	*zentral, Zentral-*
The shops are very central.	*Die Geschäfte liegen sehr zentral.*
Thank God we've got central heating!	*Gott sei Dank haben wir Zentralheizung!*
century ['sentʃʊrɪ]	*Jahrhundert*
This house was built in the nineteenth century.	*Dieses Haus wurde im 19. Jahrhundert gebaut.*
certain ['sɜ:tn]	*bestimmt, sicher, gewiss*
I'm not certain about that.	*Ich bin mir da nicht sicher.*
He's certain to come late.	*Es ist sicher, dass er spät kommt.*
certainly ['sɜ:tnli]	*sicherlich, natürlich*
Yes, certainly.	*Ja, natürlich.*

certificate [sə'tɪfɪkət]	*Zeugnis, Urkunde*
He received a certificate when he completed the course.	*Er bekam eine Urkunde, als er den Kurs beendet hatte.*
chair [tʃeə]	*Stuhl, Sessel*
The chairs we bought for the dining room are really comfortable.	*Die Stühle, die wir für das Esszimmer gekauft haben, sind wirklich bequem.*
chance [tʃɑːns]	*Chance, Gelegenheit, Möglichkeit*
Have you by any chance got anything on Bath?	*Haben Sie zufällig etwas über Bath?*
It's my only chance of getting my weight down.	*Das ist meine einzige Möglichkeit, abzunehmen.*
change [tʃeɪndʒ]	*Wechsel, Änderung, Kleingeld, wechseln, sich (ver)ändern, umsteigen*
Here's your receipt and change.	*Hier ist die Quittung und das Wechselgeld.*
I have to change trains at Derby.	*Ich muss in Derby umsteigen.*
It wasn't possible to change rooms.	*Es war nicht möglich, die Zimmer zu wechseln.*
I'd like to change some money.	*Ich möchte etwas Geld wechseln.*
A motorist stopped and offered to help, so we were able to change the wheel fairly quickly.	*Jemand hielt an und bot seine Hilfe an; so konnten wir das Rad sehr schnell wechseln.*
charge [tʃɑːdʒ]	*berechnen*
They charged me £ 3 for the book.	*Sie haben mir drei Pfund für das Buch berechnet.*
There is no extra charge for children.	*Der Eintritt für Kinder ist frei.*
cheap [tʃiːp]	*billig*
It's quite cheap actually.	*Das ist wirklich sehr billig.*
check [tʃek]	*prüfen, überprüfen, kontrollieren*
Could you check the bill, please?	*Können Sie bitte die Rechnung überprüfen?*
check (US)	*Scheck*
I paid by check.	*Ich bezahlte mit Scheck.*
check in ['tʃekɪn]	*(sich) anmelden, einchecken*
I need to check in at the airport by half past four.	*Ich muss um halb fünf am Flughafen einchecken.*
cheers [tʃɪərz]	*Prost*
Cheers!	*Prost!*

cheese [tʃi:z] — *Käse*
Monterey Jack is an American cheese. — *Monterey Jack ist ein amerikanischer Käse.*

chemist ['kemɪst] — *Apotheke, Drogerie*
Is there a chemist's near here? — *Gibt es in der Nähe eine Apotheke?*

cheque [tʃek] (GB) — *Scheck*
I paid by cheque. — *Ich bezahlte mit Scheck.*

chicken ['tʃɪkɪn] — *Huhn, Hühnchen*
I'll have chicken and chips. — *Ich nehme Hähnchen mit Pommes frites.*

child [tʃaɪld] — *Kind*
When I was a child I used to collect stamps. — *Als Kind habe ich Briefmarken gesammelt.*

children ['tʃɪldrən] — *Kinder*
They've got three children. — *Sie haben drei Kinder.*

chips [tʃɪps] — *Pommes frites*
Fish and chips, please. — *Bitte Fisch mit Pommes frites.*

chocolate ['tʃɒkələt] — *Schokolade, Praline*
I love chocolate. — *Ich liebe Schokolade.*
Yeah, I'll go and sit in a café and eat chocolates. — *Ja, ich gehe los, setze mich in ein Café und esse Pralinen.*

choice [tʃɔɪs] — *Wahl*
You have the choice of boiled potatoes or chips. — *Sie können zwischen Salzkartoffeln und Pommes frites wählen.*

choose [tʃu:z], chose [tʃəʊz], chosen [tʃəʊzən] — *wählen, auswählen, aussuchen*
I can't decide. You choose. — *Ich kann mich nicht entscheiden. Wähle du.*
She chose the biggest. — *Sie wählte das Größte.*

Christmas ['krɪsməs] — *Weihnachten, Weihnachts-*
Christmas Day was quite sunny and we went for a walk. — *Am 1. Weihnachtstag war es sehr sonnig und wir haben einen Spaziergang gemacht.*

church [tʃɜ:tʃ] — *Kirche*
Do you think she'd like to go to church on Sunday morning? — *Meinst du, sie möchte am Sonntagmorgen zur Kirche gehen?*

cigarette [sɪgə'ret]	*Zigarette*
Are you sure you don't want a cigarette?	*Sind Sie sicher, dass Sie keine Zigarette möchten?*
cinema ['sɪnəmə]	*Kino*
Let's go to the cinema and see the latest James Bond film.	*Lass uns ins Kino gehen und den neuesten James-Bond-Film ansehen.*
citizen ['sɪtɪzn]	*Bürger, -in, Staatsangehörige, -r*
Only American citizens can become President of the USA.	*Nur amerikanische Bürger können Präsident der Vereinigten Staaten werden.*
city ['sɪtɪ]	*(große, bedeutende) Stadt*
Paris is a beautiful city.	*Paris ist eine schöne Stadt.*
civil servant [sɪvl'sɜ:vənt]	*Beamter, Beamtin*
My brother-in-law's a civil servant. He works for the local council.	*Mein Schwager ist Beamter. Er arbeitet für die Gemeindeverwaltung.*
class [klɑ:s]	*Klasse*
The biggest class has about twenty students.	*Die größte Klasse hat ungefähr zwanzig Schüler.*
Send that first class please.	*Schicken Sie das bitte erster Klasse.*
classroom ['klɑ:sru:m]	*Klassenzimmer*
There are so many people in our course, we need a bigger classroom.	*In unserem Kurs sind so viele Leute; wir brauchen ein größeres Klassenzimmer.*
clean [kli:n]	*sauber, reinigen, säubern*
Can I have a clean cup?	*Kann ich bitte eine saubere Tasse haben?*
Could you clean the windows, please?	*Können Sie bitte die Fenster putzen?*
clear [klɪə]	*klar, deutlich*
Everything's quite clear to me.	*Mir ist alles ziemlich klar.*
The sky was so clear we could see the hills in the distance.	*Der Himmel war so klar, dass wir die Berge in der Ferne sehen konnten.*
clerk [klæ:k]	*(Büro-)Angestellte, -r*
The best thing would be to ask the bank clerk for help.	*Am besten bitten Sie den Bankangestellten um Hilfe.*
clever ['klevə]	*klug, gescheit, geschickt*
It was quite clever the way he did it.	*Die Art, wie er es gemacht hat, war sehr geschickt.*

climb [klaɪm]	*klettern, besteigen*
He spends most of his holidays climbing.	*Er verbringt den größten Teil seiner Ferien mit Bergsteigen.*
clock [klɒk]	*Uhr*
We had to work round the clock.	*Wir mussten rund um die Uhr arbeiten.*
His alarm clock did not ring.	*Sein Wecker klingelte nicht.*
It's nearly eight o'clock.	*Es ist fast acht Uhr.*
close [kləʊs]	*schließen*
We must get into the supermarket before it closes.	*Wir müssen in den Supermarkt, bevor er schließt.*
clothes [kləʊðz]	*Kleidung*
I think you probably like the sort of clothes I like.	*Ich denke, du magst die Art von Kleidung, die ich auch mag.*
cloud [klaʊd]	*Wolke*
There wasn't a cloud in the sky.	*Es war keine Wolke am Himmel.*
cloudy [klaʊdɪ]	*bewölkt*
It was cloudy at first and sunny later in the day.	*Es war zunächst bewölkt und später sonnig.*
club [klʌb]	*Klub, Verein*
He's a member of the local football club.	*Er ist Mitglied im hiesigen Fußballverein.*
coast [kəʊst]	*Küste*
She lives on the coast.	*Sie lebt an der Küste.*
coat [kəʊt]	*Mantel*
You need a coat.	*Du brauchst einen Mantel.*
coffee ['kɒfɪ]	*Kaffee*
Would you like a cup of coffee?	*Möchten Sie eine Tasse Kaffee?*
cold [kəʊld]	*kalt, Kälte, Erkältung*
It's a cold day.	*Es ist ein kalter Tag.*
I've got a terrible cold.	*Ich habe eine schlimme Erkältung.*
colleague ['kɒliːg]	*Kollege, Kollegin*
I enjoy working with my colleagues.	*Mit gefällt die Arbeit mit meinen Kollegen.*
collect [kə'lekt]	*sammeln*
My brother collects stamps.	*Mein Bruder sammelt Briefmarken.*

collection [kə'lekʃn] — *Sammlung*

There's an interesting collection of paintings by 20th century artists at our local museum this month. — *Diesen Monat gibt es eine interessante Ausstellung mit Bildern von Malern des 20. Jahrhunderts in unserem hiesigen Museum.*

college ['kɒlɪdʒ] — *College, Universität, Hochschule*

I am at present in my second year at Dortmund Technical College. — *Ich bin jetzt im zweiten Jahr an der Technischen Hochschule in Dortmund.*

colour ['kʌlə] — *Farbe*

That's a lovely colour. — *Das ist eine hübsche Farbe.*

comb [kəʊm] — *Kamm, kämmen*

I must buy a comb for my hair. — *Ich muss einen Kamm für meine Haare kaufen.*

Marg combed her hair, and then she went to sleep. — *Marg kämmte ihre Haare und ging dann zu Bett.*

come [kʌm], came [keɪm], come [kʌm] — *kommen*

I saw him coming up the street. — *Ich sah ihn die Straße heraufkommen.*

I didn't come in because it was so noisy. — *Ich bin nicht hereingekommen, weil es so laut war.*

I'll come and pick you up. — *Ich komme und hole Sie ab.*

What time will you be coming home? — *Wann wirst du nach Hause kommen?*

When I came out everybody was looking at me. — *Als ich herauskam, sah mich jeder an.*

I wouldn't come back and live in a big town. — *Ich würde nicht wieder in eine große Stadt ziehen.*

comfortable ['kʌmftəbl] — *bequem, gemütlich*

This chair is very comfortable. — *Dieser Stuhl ist sehr bequem.*

uncomfortable [ʌn'kʌmftəbl] — *unbequem, ungemütlich*

I find long journeys by car very uncomfortable. I prefer to travel by rail. — *Ich empfinde lange Reisen mit dem Auto als sehr unbequem. Ich fahre lieber mit dem Zug.*

comma ['kɒmə] — *Komma*

I never know where to put commas. — *Ich weiß nie, wo ein Komma gesetzt werden muss.*

common ['kɒmən] — *häufig, weit verbreitet, gemeinsam*

It's quite common to use first names in England. — *In England werden häufig Vornamen benutzt.*

They have nothing in common. — *Sie haben nichts gemeinsam.*

company ['kʌmpənɪ]
Well, it's a big company.

Unternehmen, Firma
Nun, das ist eine große Firma.

compare [kəm'peə]
We compared different models before we finally bought this car.

vergleichen
Wir haben verschiedene Modelle verglichen, bevor wir schließlich diesen Wagen gekauft haben.

complain [kəm'pleɪn]
Although we complained at the reception every evening nothing happened.

klagen, sich beschweren
Obwohl wir uns jeden Abend an der Rezeption beschwerten, geschah nichts.

complaint [kəm'pleɪnt]
I am writing this letter of complaint because of the holiday I booked through your agency.

Beschwerde, Reklamation
Ich schreibe diesen Beschwerdebrief wegen des Urlaubs, den ich über Ihre Agentur gebucht habe.

computer [kəm'pju:tə]
Can you work with a computer?

Computer, Rechner
Können Sie mit einem Computer arbeiten?

I can type 80 words per minute and have had experience with several computer programmes.

Ich kann 80 Wörter pro Minute tippen und habe schon Erfahrung mit einigen Computerprogrammen.

concert ['kɒnsət]
Do they have concerts on Sundays?

Konzert
Finden sonntags Konzerte statt?

condition [kən'dɪʃn]
That company offers good working conditions.

Bedingung, Zustand
Diese Firma bietet gute Arbeitsbedingungen.

The car is still in good condition.

Der Wagen ist immer noch in einem guten Zustand.

confirm [kən'fɜ:m]
I'd like to confirm my reservation.

bestätigen
Ich möchte meine Reservierung bestätigen.

confirmation [kɒnfə'meɪʃn]
I first booked the room by phone and then sent the confirmation by fax.

Bestätigung
Ich habe mein Zimmer zuerst telefonisch gebucht und dann die Bestätigung per Fax geschickt.

Congratulations! [kəngrætjʊ'leɪʃnz]

Herzlichen Glückwunsch!

connect [kə'nekt]
I'll connect you to Mr Smith.

verbinden
Ich verbinde Sie mit Mr Smith.

connection [kə'nektkʃn] — *Verbindung*
There's no direct connection between Dover and Hull. — *Es gibt keine direkte Verbindung zwischen Dover und Hull.*

container [kən'teɪnə] — *Behälter, Container*
We now have containers for waste paper all over town. — *Wir haben nun Behälter für Altpapier in der ganzen Stadt.*

continent ['kɒntɪnənt] — *Kontinent*
I've been to all five continents. — *Ich bin schon in allen fünf Kontinenten gewesen.*

continental [kɒntɪ'nentl] — *europäisch, kontinental*
This hotel only offers continental breakfast. — *Das Hotel bietet nur kontinentales Frühstück an.*

continue [kən'tɪnju:] — *fortsetzen, fortfahren, andauern*
Please continue with your story. — *Bitte fahren Sie mit Ihrer Geschichte fort.*

control [kən'trəʊl] — *Kontrolle, Beherrschung, beherrschen, kontrollieren*
We've got everything under control. — *Wir haben alles unter Kontrolle.*
It's used to control the temperature. — *Damit wird die Temperatur kontrolliert.*

conversation [kɒnvə'seɪʃn] — *Unterhaltung, Gespräch*
We had quite an interesting conversation. — *Wir hatten ein sehr interessantes Gespräch.*

cook [kʊk] — *kochen, zubereiten*
Do you like cooking? — *Kochen Sie gerne?*
How would you like it cooked? — *Wie möchten Sie es zubereitet?*

cool [ku:l] — *kühl*
It was quite cool this morning. — *Heute Morgen war es ziemlich kühl.*

copy ['kɒpɪ] — *Exemplar, Kopie, kopieren, abschreiben*
Can you copy this for me, please? — *Können Sie das bitte für mich kopieren?*
How many copies of the book have you sold? — *Wie viele Exemplare des Buches haben Sie verkauft?*

corner ['kɔ:nə] — *Ecke*
You come to a right turn with the Magpie pub on the corner. — *Sie kommen zu einer Rechtskurve, an der der Magpie Pub liegt.*
It's in the corner of the room. — *Es ist in der Zimmerecke.*

correct [kə'rekt]	*richtig, korrekt, korrigieren, berichtigen*
Correct all your mistakes, please.	*Korrigieren Sie bitte alle Ihre Fehler!*
That's not quite correct.	*Das ist nicht ganz richtig.*
cos [kɒz]	*weil*
We're spending our weekend in Amsterdam 'cos there's lots to do.	*Wir verbringen unser Wochenende in Amsterdam, weil wir da viel unternehmen können.*
cost [kɒst], cost [kɒst], cost [kɒst]	*kosten, Kosten*
It costs 80 pence.	*Das kostet 80 Pence.*
What was the cost of the hotel?	*Was kostete das Hotel?*
cotton ['kɒtn]	*Baumwolle*
It's made of cotton.	*Es ist aus Baumwolle gemacht.*
It's a cotton shirt / dress.	*Es ist ein Baumwollhemd / Baumwollkleid.*
cough [kɒf]	*husten, Husten*
You have a nasty cough.	*Du hast einen schlimmen Husten.*
I've been coughing all night.	*Ich habe die ganze Nacht gehustet.*
could [kʊd]	*könnte, konnte*
We could have a party with spaghetti.	*Wir könnten Spagetti für die Party machen.*
Could you tell us the way to the station, please?	*Könnten Sie uns bitte den Weg zum Bahnhof beschreiben?*
All I could see was his face.	*Alles, was ich sehen konnte, war sein Gesicht.*
I couldn't come yesterday.	*Gestern konnte ich nicht kommen.*
Perhaps you could arrange to meet some of your friends.	*Vielleicht könnten Sie ein Treffen mit einigen Ihrer Freunde vereinbaren.*
We had no idea what could have happened.	*Wir hatten keine Vorstellung von dem, was hätte passieren können.*
council ['kaʊnsl]	*Rat, Ausschuss, Verwaltung*
My brother-in-law's a civil servant. He works for the local council.	*Mein Schwager ist Beamter. Er arbeitet für die Gemeindeverwaltung.*
country ['kʌntrɪ]	*Land*
I love the country, I always have.	*Ich liebe das Land, ich habe es immer geliebt.*
Cambridge is in the east of the country.	*Cambridge liegt im Osten des Landes.*
couple ['kʌpl]	*paar, Paar*
It might be nice to spend a couple of hours in London.	*Es könnte schön sein, ein paar Stunden in London zu verbringen.*
Peter and Susan are a nice couple.	*Peter und Susan sind ein nettes Paar.*

course [kɔːs]
Kurs, Lehrgang
I've just joined a French course for beginners.
Ich nehme gerade an einem Französischkurs für Anfänger teil.

of course [əv'kɔːs]
natürlich
Jill went with me of course.
Jill ging natürlich mit mir.

court [kɔːt]
Gericht
He had to appear in court.
Er musste vor Gericht erscheinen.

cow [kaʊ]
Kuh
Friends of ours have a small farm in Wales with a few cows and sheep.
Freunde von uns haben einen kleinen Bauernhof in Wales mit einigen Kühen und Schafen.

cream [kriːm]
Creme, Sahne
Do you want cream with your coffee?
Möchten Sie Ihren Kaffee mit Sahne?

ice cream ['aɪskriːm]
Eis
I love ice cream.
Ich liebe Eis.

credit card ['kredɪtkɑːd]
Kreditkarte
Could you give me your credit card number?
Können Sie mir Ihre Kreditkartennummer geben?

crime [kraɪm]
Verbrechen, Kriminalität
Stealing is a crime.
Diebstahl ist ein Verbrechen.

criminal ['krɪmɪnl]
Verbrecher, kriminell, verbrecherisch
The criminals were sent to prison.
Die Verbrecher wurden ins Gefängnis geschickt.

cross [krɒs]
überqueren, Kreuz
Cross Market Street, then take the first on the right.
Überqueren Sie Market Street, biegen Sie dann die erste Straße rechts ab.

crowd [kraʊd]
(Menschen-)Menge
There was a big crowd at the football match.
Bei dem Fußballspiel war eine große Menschenmenge.

crowded ['kraʊdɪd]
überfüllt
Does it get crowded in the summer down there?
Ist es im Sommer dort überfüllt?

cup [kʌp] — *Tasse, Pokal*
Would you like a cup of coffee? — *Möchten Sie eine Tasse Kaffee?*
The Italians won the Football World Cup in 1986. — *Die Italiener haben die Fußballweltmeisterschaft 1986 gewonnen.*
The teacup fell on the floor and broke. — *Die Teetasse fiel auf den Boden und zerbrach.*

cupboard ['kʌbəd] — *Schrank, Büffet*
She took some cups out of the cupboard. — *Sie nahm ein paar Tassen aus dem Schrank.*

curtains ['kɜ:tns] — *Vorhänge*
It's getting dark. We'd better close the curtains. — *Es wird dunkel. Wir ziehen besser die Vorhänge zu.*

custom ['kʌstəm] — *Sitte, Brauch*
It's the custom to give presents at Christmas. — *Es ist so Brauch, sich Weihnachten etwas zu schenken.*

customer ['kʌstəmə] — *Kunde, Kundin*
They treat their customers very well. — *Sie behandeln ihre Kunden sehr gut.*

customs ['kʌstəmz] — *Zoll*
We went straight through customs. — *Wir gingen sofort durch den Zoll.*

cut [kʌt], cut [kʌt], cut [kʌt] — *schneiden, Schnitt*
She cut the cake in half. — *Sie schnitt den Kuchen in zwei Hälften.*
Where can I get my hair cut? — *Wo kann ich mir die Haare schneiden lassen?*

D

Dad [dæd] — *Papa, Vati*
Mum and Dad went out and left us with the babysitter. — *Mama und Papa gingen aus und ließen uns mit dem Babysitter allein.*

damage ['dæmɪdʒ] — *Schaden, beschädigen*
Don't damage the car. — *Beschädigen Sie nicht den Wagen!*
We will pay for any damage caused. — *Wir werden für jeden verursachten Schaden bezahlen.*

dance [dɑ:ns] — *tanzen, Tanz*
They went to a dance. — *Sie gingen zum Tanzen.*
They danced all night. — *Sie tanzten die ganze Nacht.*

danger ['deɪndʒ] — *Gefahr*
DANGER! — *GEFAHR!*

dangerous ['deɪndʒəs] — *gefährlich*
It's a dangerous area. — *Das ist eine gefährliche Gegend.*

dark [dɑ:k] — *dunkel*
She's got dark hair. — *Sie hat dunkle Haare.*
Her eyes are dark blue. — *Ihre Augen sind dunkelblau.*
It's getting dark. We'd better close the curtains. — *Es wird dunkel. Wir ziehen besser die Vorhänge zu.*

date [deɪt] — *Datum, Verabredung*
Can we change the date to the 30th of May? — *Können wir den Termin auf den 30. Mai verlegen?*

daughter ['dɔ:tə] — *Tochter*
My youngest daughter is five years old. — *Meine jüngste Tochter ist fünf.*

day [deɪ] — *Tag*
You could go to Bruges for the day. — *Sie könnten einen Tagesausflug nach Brügge machen.*

daily ['deɪli] — *täglich*
I ordered a daily newspaper. — *Ich habe eine Tageszeitung bestellt.*

dead [ded] — *tot*
He was already dead when the ambulance came. — *Er war schon tot, als der Krankenwagen ankam.*

dear [dɪə] — *lieb, teuer*
Dear Mary, — *Liebe Mary, [Brief]*

death [deθ] — *Tod*
We were all shocked to hear of my brother's death. — *Wir waren alle erschüttert, als wir vom Tod meines Bruder erfuhren.*

decide [dɪ'saɪd] — *entscheiden, beschließen*
It's difficult to decide between the two. — *Es ist schwierig, zwischen den beiden zu entscheiden.*

decision [dɪ'sɪʒn] — *Entscheidung*
It was a difficult decision to make. — *Es war eine schwierige Entscheidung.*

deep [di:p]	*tief*
The lake's 60 feet deep at this end.	*Der See ist an dieser Stelle 60 Fuß tief.*
definitely ['defınıtli]	*sicherlich, zweifellos*
Definitely!	*Zweifellos!*
I definitely will be there.	*Ich werde sicherlich da sein.*
degree [dı'gri:]	*Grad, Abschlussnote*
He got a good degree at university.	*Er hat einen guten Uni-Abschluss.*
It's ten degrees below zero.	*Es ist zehn Grad unter Null.*
delay [dı'leı]	*Verspätung, Verzögerung, verzögern, aufschieben*
There was a delay of ten minutes.	*Es gab eine Verzögerung von zehn Minuten.*
The plane was delayed because of fog.	*Das Flugzeug hatte wegen des Nebels Verspätung.*
delicious [dı'lıʃəs]	*wunderbar, köstlich*
The meal was absolutely delicious.	*Das Essen war absolut köstlich.*
dentist ['dentıst]	*Zahnarzt, Zahnärztin*
I had to go to the dentist's yesterday.	*Ich musste gestern zum Zahnarzt.*
department [dı'pɑ:tmənt]	*Abteilung*
He works in the Sales Department.	*Er arbeitet im Verkauf.*
There's a new department store in town.	*Es gibt ein neues Kaufhaus in der Stadt.*
departure [dı'pɑ:tʃə]	*Abreise, Abfahrt, Abflug*
We waited for over an hour in the Departure Lounge.	*Wir warteten über eine Stunde in der Abflughalle.*
depend [dı'pend]	*abhängen, sich verlassen auf*
It depends on the weather a bit, doesn't it?	*Das hängt ein wenig vom Wetter ab, nicht wahr?*
describe [dı'skraıb]	*beschreiben*
Can you describe it for me, please?	*Können Sie es mir bitte beschreiben?*
description [dı'skrıpʃn]	*Beschreibung*
Our holiday hotel sent me a description of the area where we're going to stay.	*Unser Ferienhotel hat mir eine Beschreibung der Gegend, in der wir wohnen werden, geschickt.*
desk [desk]	*Schreibtisch, Pult*
I've bought a new desk for my computer.	*Ich habe einen neuen Schreibtisch für meinen Computer gekauft.*

detail ['di:teɪl]
Can you give me some more details, please?

Einzelheit, Detail
Können Sie mir bitte weitere Einzelheiten nennen?

develop [dɪ'veləp]
I'd like to have this film developed.

entwickeln, sich entwickeln
Ich möchte diesen Film gerne entwickeln lassen.

development [dɪ'veləpmənt]
The development of new products costs a lot of money.

Entwicklung
Die Entwicklung neuer Produkte kostet viel Geld.

device [dɪ'vaɪs]
This is a very useful device.

Gerät, Vorrichtung, Trick
Das ist eine sehr nützliche Vorrichtung.

dictionary ['dɪkʃənerɪ]
I had to look up a couple of words in the dictionary.

Wörterbuch
Ich musste einige Wörter im Wörterbuch nachschlagen.

die [daɪ]
Seven people died in the accident.

sterben
Sieben Personen starben bei dem Unfall.

diet ['daɪət]
I'll have to go on a diet.

Abmagerungskur, Diät
Ich muss eine Abmagerungskur machen.

different [dɪfə'rent]
The two sisters are quite different.

verschieden, unterschiedlich, anders
Die beiden Schwestern sind sehr verschieden.

difference ['dɪfrəns]
What's the difference?

Unterschied
Was ist der Unterschied?

difficult ['dɪfɪkəlt]
It wasn't as difficult as it first seemed.

schwierig, schwer
Es war nicht so schwierig, wie es zuerst schien.

dining room ['daɪnɪŋru:m]
The dining room was quite small.

Esszimmer
Das Esszimmer war sehr klein.

dinner ['dɪnə]
We had dinner at six.

(Mittag-, Abend-)Essen, Hauptmahlzeit
Wir aßen um sechs zu Abend.

direct [dɪ'rekt]
You can get a direct flight to London.

direkt
Sie können einen Direktflug nach London bekommen.

direction [daɪ'rekʃn]
Angabe, Richtung, Anweisung

We couldn't understand the directions he gave us.
Wir konnten die Anweisungen, die er uns gab, nicht verstehen.

Which direction did she come from?
Aus welcher Richtung kam sie?

director [daɪ'rektə]
Direktor, -in, Leiter, -in

She was the director of a language school in Spain.
Sie war Leiterin einer Sprachenschule in Spanien.

dirty [dɜːtɪ]
schmutzig

Take your dirty shoes off before you come in the house.
Zieh deine schmutzigen Schuhe aus, bevor du ins Haus gehst.

disappear [dɪsə'pɪə]
verschwinden

The animals disappeared into the woods.
Die Tiere verschwanden im Wald.

disabled [dɪs'eɪbld]
behindert

I feel the government should do more for disabled people.
Ich bin der Meinung, die Regierung sollte mehr für Behinderte tun.

disagree [dɪsə'griː]
nicht einverstanden sein, nicht einer Meinung sein

I quite often disagree with my boss.
Ich bin mit meinem Chef oft nicht einer Meinung.

disappoint [dɪsə'pɔɪnt]
enttäuschen

Don't disappoint me, please.
Bitte enttäuschen Sie mich nicht!

disappointed [dɪsə'pɔɪntɪd]
enttäuscht

I was very disappointed.
Ich war sehr enttäuscht.

disappointing [dɪsə'pɔɪntɪŋ]
enttäuschend

How disappointing!
Wie enttäuschend!

discriminate [dɪ'skrɪmɪneɪt]
benachteiligen, diskriminieren

Many companies still discriminate against women.
Viele Firmen benachteiligen Frauen immer noch.

discrimination [dɪskrɪmɪ'neɪʃn]
Benachteiligung, Diskriminierung

There's still quite a lot of discrimination against handicapped people.
Behinderte werden immer noch sehr oft benachteiligt.

discuss [dɪ'skʌs]
diskutieren, besprechen

We need to discuss the problem.
Wir müssen das Problem besprechen.

discussion [dɪ'skʌsʌʃn] — *Diskussion*
We had a discussion on this subject last week. — *Wir haben dieses Thema letzte Woche diskutiert.*

dish [dɪʃ] — *Schüssel, Schale*
Could you pass me a dish for the soup? — *Kannst du mir eine Schüssel für die Suppe reichen?*
Who'll help me wash the dishes? — *Wer hilft mir beim Abwaschen?*

disk [dɪsk] — *Diskette*
I've got the information on disk. — *Ich habe die Informationen auf Diskette.*

distance ['dɪstəns] — *Entfernung*
I live within walking distance of my office. — *Ich kann mein Büro zu Fuß erreichen.*
Can I make a long-distance call? — *Darf ich ein Ferngespräch führen?*

divorced [dɪ'vɔ:st] — *geschieden*
My parents got divorced last year. — *Meine Eltern sind letztes Jahr geschieden worden.*

do [du:], did [dɪd], done [dʌn] — *tun, machen*
Do you know the way to the railway station? — *Können Sie mir den Weg zum Bahnhof sagen?*
Did they wake up during the night? — *Sind sie während der Nacht aufgewacht?*
The best thing to do is to ask again. — *Am besten fragen Sie noch einmal.*
I want to do a bit of shopping. — *Ich möchte ein bisschen einkaufen gehen.*
Do you speak English? — *Sprechen Sie Englisch?*
What do you do for a living? — *Womit verdienen Sie Ihren Lebensunterhalt?*
How do you do? — *Guten Tag.*
That'll do, thank you. — *Das ist genug, danke.*
Could you do me a favour? — *Können Sie mir einen Gefallen tun?*
So do I. — *Ich auch.*

doctor ['dɒktə] — *Arzt, Ärztin*
I had to go to the doctor's because I wasn't feeling very well. — *Ich musste zum Arzt, weil ich mich nicht wohl fühlte.*

dog [dɒg] — *Hund*
They've got a dog to protect the house when they're out. — *Sie haben einen Hund, um das Haus während ihrer Abwesenheit zu bewachen.*

dollar ['dɒlə]	*Dollar*
How much does it cost? – Ten dollars.	*Wie viel kostet das? – Zehn Dollar.*
door [dɔ:]	*Tür*
A student came and knocked on my door.	*Ein Student kam und klopfte an meine Tür.*
double [dʌbl]	*doppelt, Doppel-*
We'd like a double room with shower, please.	*Wir möchten bitte ein Doppelzimmer mit Dusche.*
doubt ['daʊt]	*Zweifel, zweifeln, bezweifeln*
I doubt that very much.	*Ich bezweifle das sehr.*
There's no doubt about it.	*Da gibt es keinen Zweifel.*
down ['daʊn]	*herunter, hinunter, nieder*
Go down here for about half a mile.	*Gehen Sie ungefähr eine halbe Meile hier hinunter.*
He ran down the road.	*Er rannte die Straße hinunter.*
Why don't you lie down for a few minutes?	*Warum legst du dich nicht ein paar Minuten hin?*
He fell down the stairs.	*Er fiel die Treppe hinunter.*
Shall I turn the heating down?	*Soll ich die Heizung zurückdrehen?*
downstairs [daʊn'steəz]	*(nach) unten, die Treppe hinunter*
They were running downstairs.	*Sie rannten die Treppe hinunter.*
draw [drɔ:], drew [dru:], drawn [drɔ:n]	*ziehen, zeichnen*
Can you draw it for me?	*Können Sie das für mich zeichnen?*
dream [dri:m]	*Traum, träumen*
I had a dream about you last night.	*Ich habe letzte Nacht von dir geträumt.*
I dreamed I was flying.	*Ich habe geträumt, ich würde fliegen.*
dress [dres]	*Kleid*
She was wearing a pink dress at the party.	*Sie trug auf der Party ein rosa Kleid.*
get dressed [get'drest]	*sich anziehen*
Get dressed! Breakfast's ready.	*Zieh dich an! Das Frühstück ist fertig.*
drink [drɪŋk], drank [dræŋk], drunk [drʌŋk]	*trinken, Getränk*
I'll go and sit in a bar somewhere and drink beer.	*Ich gehe jetzt los und setze mich irgendwo in eine Bar und trinke ein Bier.*
He drank ten glasses of beer and now he's drunk.	*Er hat zehn Gläser Bier getrunken und nun ist er betrunken.*
Would you like another drink?	*Möchten Sie noch etwas trinken?*

drive [draɪv], drove [drəʊv], driven [drɪvən] — *fahren*

Do either of you drive? — *Fährt einer von euch?*

I took my driving test last week. — *Ich habe letzte Woche meine Fahrprüfung gemacht.*

drop [drɒp] — *Tropfen, fallen lassen*

Don't drop it, it'll break. — *Lass es nicht fallen, sonst zerbricht es.*

drug [drʌg] — *Medikament, Droge, Rauschgift*

Drugs are one of the most serious problems at the moment. — *Drogen sind zur Zeit eines der größten Probleme.*

He looks as though he's been taking drugs. — *Er sieht aus, als hätte er Drogen genommen.*

The doctors have put me on drugs. — *Die Ärzte haben mir Medikamente verschrieben.*

dry [draɪ] — *trocken, trocknen*

Tomorrow will be sunny and dry. — *Morgen wird es sonnig und trocken.*

I have to dry my hair before I can go out. — *Ich muss meine Haare föhnen, bevor ich weggehen kann.*

hair drier ['heədraɪə] — *Föhn*

It's always a good idea to take a hair drier with you on holiday. — *Es ist immer gut, einen Föhn im Urlaub dabeizuhaben.*

due [dju:] — *aufgrund, wegen*

Due to an accident, delays can be expected. — *Wegen eines Unfalls ist mit Verspätungen zu rechnen.*

dull [dʌl] — *langweilig, trübe*

November's usually a dull month. — *Der November ist gewöhnlich ein trüber Monat.*

during ['djʊərɪŋ] — *während*

I never sleep during the day. — *Ich schlafe niemals während des Tages.*

duty ['dju:tɪ] — *Pflicht, Dienst*

She's not on duty today. — *Sie ist heute nicht im Dienst.*

It's a duty-free shop. — *Das ist ein Dutyfreeshop.*

E

each [iːtʃ] — *jeder, jede, jedes*
It's £ 49 return each. — *Hin- und Rückfahrt kosten 49 Pfund für jeden.*
Each of the rooms has colour television. — *In jedem Zimmer ist ein Farbfernseher.*
We don't really like each other. — *Wir mögen uns nicht besonders.*

ear [ɪə] — *Ohr*
My ear's hurting. — *Mein Ohr tut weh.*

earache [ˈɪəeɪk] — *Ohrenschmerzen*
I've got terrible earache this morning. — *Ich habe heute Morgen schreckliche Ohrenschmerzen.*

early [ˈɜːli] — *früh*
There is an early flight. — *Es gibt einen frühen Flug.*
She woke up early in the morning. — *Sie wachte früh am Morgen auf.*

earn [ɜːn] — *verdienen*
How much do you earn? — *Wie viel verdienst du?*

earth [ɜːθ] — *Erde*
People used to believe the earth was flat. — *Früher glaubten die Menschen, dass die Erde eine Scheibe sei.*

Easter [ˈiːstə] — *Ostern, Oster-*
Easter Monday is a public holiday in England. — *Ostermontag ist ein gesetzlicher Feiertag in England.*

easy [ˈiːzɪ] — *leicht*
It's very easy. — *Das ist sehr leicht.*

eat [iːt], ate [eɪt], eaten [iːtn] — *essen, fressen*
How about something to eat? — *Wie wäre es mit etwas zu essen?*
He eats far too many chocolates. — *Er isst viel zu viel Pralinen.*

economic [iːkəˈnɒmɪk] — *wirtschaftlich, Wirtschafts-*
The country's economic situation is bad. — *Die wirtschaftliche Lage des Landes ist schlecht.*

education [ˈedjuːˈkeɪʃn] — *Erziehung, Ausbildung*
I want my children to have a good education. — *Ich möchte, dass meine Kinder eine gute Ausbildung bekommen.*

effect [ɪˈfekt] — *Wirkung, Auswirkung, Effekt*
It had no effect on her. — *Es hatte keine Wirkung auf sie.*

effort ['efət]	*Anstrengung, Bemühung*
He made a great effort to be on time.	*Er bemühte sich sehr, pünktlich zu sein.*
egg [eg]	*Ei*
I always have an egg for breakfast at the weekend.	*Am Wochenende esse ich immer ein Ei zum Frühstück.*
either ['aɪðə, 'iːðə]	*entweder, auch, einer, eine, eines*
Do either of you drive?	*Fährt einer von euch?*
You can have either beer or wine.	*Sie können entweder Bier oder Wein haben.*
neither ['naɪðə, 'niːðə]	*weder, auch nicht, keiner, keine, keines*
Neither of us was able to translate the letter.	*Keiner von uns konnte den Brief übersetzen.*
elect [ɪ'lekt]	*wählen*
The Americans elect their President every four years.	*Die Amerikaner wählen ihren Präsidenten alle vier Jahre.*
election [ɪ'lekʃn]	*Wahl*
The Labour Party won the last election.	*Die Labour-Partei hat die letzte Wahl gewonnen.*
electric(al) [ɪ'lektrɪk]	*elektrisch, Elektro-*
That shop sells electrical goods.	*Dieses Geschäft verkauft Elektrogeräte.*
electricity [ɪ'lektrɪsətɪ]	*Elektrizität, Strom*
The electricity has been turned off.	*Der Strom wurde abgeschaltet.*
else [els]	*sonst, außerdem*
What else could she do?	*Was konnte sie sonst tun?*
There's something else I wanted to ask you.	*Da ist noch etwas, was ich Sie fragen wollte.*
e-mail [iːmeɪl]	*E-Mail*
Please call, write or e-mail me as soon as possible.	*Bitte rufen Sie mich so schnell wie möglich an, schreiben Sie mir oder schicken Sie mir eine E-Mail.*
embarrassing [ɪm'bærəsɪŋ]	*peinlich, unangenehm*
I found it quite embarrassing.	*Ich empfand das als sehr unangenehm.*

employ [ɪm'plɔɪ]
beschäftigen
The local factory used to employ over five hundred people.
Der hiesige Betrieb beschäftigte früher über fünfhundert Menschen.

employee [emplɔɪ'iː]
Beschäftigte, -r, Angestellte, -r
That company has about 500 employees.
Dieses Unternehmen hat etwa 500 Angestellte.

employer [ɪm'plɔɪə]
Arbeitgeber, -in
He is a difficult employer to work for.
Er ist schwierig, für diesen Arbeitgeber zu arbeiten.

empty ['emptɪ]
leer
My glass is empty. Is there any more wine?
Mein Glas ist leer. Ist noch Wein da?

end [end]
Ende, enden, beenden
There was a sharp bend at the end of the village.
Am Ende des Dorfes war eine scharfe Kurve.
In the end we landed safely.
Schließlich landeten wir sicher.
When does the show end?
Wann endet die Show?

enemy ['enəmɪ]
Feind, feindlich
It took them a long time to defeat the enemy.
Sie brauchten lange, um den Feind zu besiegen.

energy ['enədʒɪ]
Energie
We should try to save energy in the home.
Wir sollten versuchen, im Haus Energie zu sparen.
She has a lot of energy.
Sie hat viel Energie.

engaged [ɪn'geɪdʒd]
verlobt, besetzt
She's engaged to be married.
Sie ist verlobt und wird heiraten.
I tried to phone you yesterday but your phone was always engaged.
Ich habe gestern versucht Sie anzurufen, aber es war dauernd besetzt.

engine ['endʒɪn]
Motor, Lokomotive
There's something wrong with the engine.
Das stimmt etwas nicht mit dem Motor.

engineer [endʒɪ'nɪə]
Ingenieur, -in, Techniker, -in
She's an engineer at a British company in France.
Sie ist Ingenieurin in einem britischen Unternehmen in Frankreich.

engineering [endʒɪ'nɪərɪŋ]
Ingenieurwesen, Maschinenbau
She's an electrical engineering student at the University in Bochum.
Sie studiert Elektotechnik an der Universität Bochum.

enjoy [ɪn'dʒɔɪ] *sich (gut) amüsieren, genießen*
We enjoyed ourselves at the party. *Wir haben uns auf der Party gut amüsiert.*
I enjoyed the dinner very much. *Ich habe das Essen sehr genossen.*

enough [ɪ'nʌf] *genug, ausreichend*
There's not enough time, I don't think. *Ich denke, die Zeit reicht nicht.*
He's not quick enough. *Er ist nicht schnell genug.*
We haven't got enough room in our house. *Wir haben nicht genug Platz in unserem Haus.*

enquiries [ɪn'kwaɪərɪs] *anfragen, Erkundigungen, Auskunft*
Ask at "Enquiries" for the information you need. *Erkundigen Sie sich am Auskunftsschalter.*

entrance ['entrəns] *Eingang, Einfahrt*
You go out of the front entrance and turn right up Southport Road. *Gehen Sie durch den Haupteingang hinaus und dann rechts in die Southport Road.*

envelope ['envələʊp] *(Brief-) Umschlag*
I need twenty envelopes. *Ich brauche zwanzig Briefumschläge.*

environment [ɪn'vaɪərənmənt] *Umgebung, Umwelt*
We must do more to protect the environment. *Wir müssen mehr für den Umweltschutz tun.*

equal ['i:kwəl] *gleich*
All people are equal. *Alle Menschen sind gleich.*

equipment [ɪ'kwɪpment] *Anlage, Ausstattung, Einrichtung*
ATT is in the business of making telephone equipment. *ATT stellt Telefonanlagen her.*

especially [ɪ'speʃəli] *besonders*
We used to cycle down to the river, especially on foggy days. *Wir fuhren gewöhnlich mit dem Rad zum Fluss hinunter, besonders an nebligen Tagen.*

even ['i:vn] *sogar, auch*
Even then, it would take me about three months. *Sogar dann würde ich ungefähr drei Monate dafür brauchen.*
It was never like that years ago, even on a Saturday. *Das war früher nie so, nicht einmal an einem Samstag.*
It's too late now, even if it arrives on time. *Das ist jetzt zu spät, auch wenn es pünktlich kommt.*

evening ['iːvnɪŋ] — *Abend*

Good evening. — *Guten Abend.*

In the evening you could go to the Theatre Royal. — *Am Abend können Sie ins Theatre Royal gehen.*

event [ɪ'vent] — *Ereignis, Veranstaltung*

He likes watching sporting events on television. — *Er sieht sich gerne Sportveranstaltungen im Fernsehen an.*

eventually [ɪ'ventʃʊəlli] — *schließlich*

Well, eventually he came home. — *Nun, schließlich kam er nach Hause.*

ever ['evə] — *je(mals), immer*

Have you ever been there? — *Sind Sie jemals dort gewesen?*

I don't think I'll ever forget it. — *Ich glaube nicht, dass ich das jemals vergessen werde.*

Will you stay in Germany for ever? — *Wollen Sie für immer in Deutschland bleiben?*

every ['evrɪ] — *jeder, jede, jedes, alle*

There's a session every Sunday night in Cambridge in a pub. — *Jeden Samstagabend findet eine Veranstaltung in einem Pub in Cambridge statt.*

The Americans elect their President every four years. — *Die Amerikaner wählen ihren Präsidenten alle vier Jahre.*

everybody ['evrɪbɒdɪ] — *jeder, alle*

When I came out everybody was looking at me. — *Als ich herauskam, sahen mich alle an.*

everyone ['evrɪwʌn] — *jeder, alle*

Everyone helped to clean up the room after the party, so it didn't take very long after all. — *Jeder half mit, den Raum nach der Party sauber zu machen, sodass es nicht so lange dauerte.*

everything ['evrɪθɪŋ] — *alles*

Everything was really very funny. — *Alles war wirklich sehr lustig.*

everywhere ['evrɪweə] — *überall(hin)*

Everywhere you go people speak English. — *Überall, wo man hinkommt, sprechen die Leute Englisch.*

exact [ɪg'zækt] — *genau, exakt*

What's the exact time? — *Wie spät ist es genau?*

exactly [ɪg'zæktli] — *genau, exakt*

The twins look exactly the same. — *Die Zwillinge sehen genau gleich aus.*

examine [ɪɡ'zæmɪn]	*untersuchen*
The doctor examined me.	*Der Arzt hat mich untersucht.*
examination [ɪɡzæmɪ'neɪʃn]	*Prüfung, Examen*
At the end of the school year you will have an examination.	*Am Ende des Schuljahres musst du eine Prüfung ablegen.*
A close examination showed absolutely no mistakes.	*Eine genaue Untersuchung erbrachte keinerlei Fehler.*
example [ɪɡ'zɑ:mpl]	*Beispiel, Vorbild*
Can you give me an example, please?	*Können Sie mir bitte ein Beispiel nennen?*
For example ...	*Zum Beispiel ...*
excellent ['eksələnt]	*ausgezeichnet, hervorragend*
It's very good – excellent!	*Das ist sehr gut – hervorragend!*
exception [ɪk'sepʃn]	*Ausnahme*
We can't make any exceptions.	*Wir können keine Ausnahme machen.*
exchange [ɪks'tʃeɪndʒ]	*tauschen, austauschen, umtauschen, Tausch*
You can always exchange the book for another one.	*Sie können das Buch immer noch gegen ein anderes umtauschen.*
Do you think it's a fair exchange?	*Denken Sie, das ist ein fairer Tausch?*
We visited Ireland on a school exchange visit.	*Wir waren auf Schüleraustausch in Irland.*
exciting [ɪk'saɪtɪŋ]	*aufregend, spannend*
There was an exciting film on TV last night.	*Gestern Abend gab es einen spannenden Film in Fernsehen.*
excuse [ɪk'skju:z]	*entschuldigen, Entschuldigung*
Excuse me.	*Entschuldigung!*
I must try and find a good excuse for getting home late.	*Ich muss eine gute Entschuldigung dafür finden, dass ich so spät nach Hause gekommen bin.*
exercise ['eksəsaɪz]	*Übung, Training*
These grammar exercises are difficult.	*Diese Grammatikübungen sind schwierig.*
You need more exercise to keep fit.	*Du brauchst mehr Training, um fit zu bleiben.*
exit ['eksɪt]	*Ausgang, Ausfahrt*
We got out through the exit at the back of the store.	*Wir sind durch den hinteren Ausgang aus dem Laden gekommen.*

expect [ɪk'spekt] — *erwarten*
Do you expect the plane to arrive on time? — *Erwarten Sie, dass das Flugzeug pünktlich landet?*

expensive [ɪk'spensɪv] — *teuer*
It was quite expensive as well. — *Das war auch ziemlich teuer.*

experience [ɪk'spɪərɪəns] — *Erfahrung, Erlebnis*
I can type and have had experience working with several computer programmes. — *Ich kann Schreibmaschine schreiben und habe schon Erfahrung mit einigen Computerprogrammen.*

experienced [ɪk'spɪərɪənst] — *erfahren*
He's a very experienced teacher. — *Er ist ein sehr erfahrener Lehrer.*

expert ['ekspɜːt] — *Fachmann, Experte, Expertin*
She's an expert on that subject. — *Sie ist eine Expertin auf diesem Gebiet.*

explain [ɪk'spleɪn] — *erklären*
Can you explain it to me now? — *Können Sie mir das jetzt erklären?*

explanation [ekspləˈneɪʃn] — *Erklärung*
Your explanation helped me to understand the problem. — *Ihre Erklärung hat mir geholfen, das Problem zu verstehen.*

express [ɪk'spres] — *ausdrücken, äußern, Express*
She could not express her feelings. — *Sie konnte ihre Gefühle nicht ausdrücken.*
There's an express letter for you. — *Da ist ein Expressbrief für Sie.*

expression [ɪk'spreʃn] — *Ausdruck*
What's the English expression for that? — *Wie heißt das auf Englisch?*

extra ['ekstrə] — *zusätzlich, extra, Extra-*
You'll have to take on this extra work. — *Sie müssen zusätzliche Arbeit machen.*

eye [aɪ] — *Auge*
Susan's got light blue eyes. — *Susan hat hellblaue Augen.*

F

face [feɪs]
All I could see was his face.

Gesicht
Alles, was ich sehen konnte, war sein Gesicht.

fact [fækt]
That's a fact!

Tatsache, Wirklichkeit
Das ist eine Tatsache!

in fact [ɪn'fækt]
Mm, in fact it was a big piece and I had to cut it in half.
It shouldn't be any problem at all in fact.

eigentlich
Mm, eigentlich war es ein großes Stück und ich musste es halbieren.
Eigentlich sollte das überhaupt kein Problem sein.

factory ['fæktrɪ]
The chocolate factory closed a couple of years ago.

Fabrik
Die Schokoladenfabrik hat vor einigen Jahren zugemacht.

fail [feɪl]
I'm afraid I failed my driving test.

keinen Erfolg haben, scheitern, fehlschlagen
Ich fürchte, ich bin durch die Fahrprüfung gefallen.

fair [feə]
It would be only fair.
She's got fair hair.

fair, gerecht, blond, hell
Das wäre nur gerecht.
Sie hat helle Haare.

fairly [feəli]
I think you probably like the sort of clothes I like anyway, which is fairly simple.

ziemlich
Ich denke, Sie mögen wohl die einfache Art von Kleidung, die ich auch mag.

faithfully ['feɪθfəli]
Yours faithfully,

treu
Mit freundlichen Grüßen [Brief]

fall [fɔːl], fell [fel], fallen ['fɔːlən]
Careful, don't fall down the stairs.
Mary went with me of course in case I fell.

fallen
Vorsicht, fall nicht die Treppe hinunter!
Mary begleitete mich natürlich, für den Fall, dass ich fallen würde.

family ['fæməli]
This friend of mine brought photographs of the family with her.
My family holiday was extremely boring.

Familie
Meine Freundin brachte Familienfotos mit.
Mein Familienurlaub war ziemlich langweilig.

famous ['feɪməs] — *berühmt*
She was very famous for her paintings. — *Sie war durch ihre Bilder sehr berühmt.*

far [fɑ:] — *weit, fern*
As far as you can go. — *So weit du gehen kannst.*
Because the meals are so far apart I feel hungry most of the time. — *Weil die Mahlzeiten so weit auseinander liegen, habe ich die meiste Zeit Hunger.*

farther ['fɑ:ðə] — *weiter entfernt, weiter weg*
And farther on again is the fishing beach. — *Und noch etwas weiter weg liegt das Angelgebiet.*

further ['fɜ:ðə] — *weiter*
I should have gone a few yards further on and then turned left. — *Ich hätte ein paar Yards weiter und dann nach links gehen müssen.*

farm [fɑ:m] — *Bauernhof, Farm*
They have a small farm in Wales. — *Sie haben einen kleinen Bauernhof in Wales.*

fast [fɑ:st] — *schnell*
How fast were you going then? — *Wie schnell sind Sie dann gefahren?*
He's got a fast car. — *Er hat einen schnellen Wagen.*

fat [fæt] — *fett, dick*
The doctor says I'm getting too fat. — *Der Arzt sagt, dass ich zu dick werde.*

father ['fɑ:ðə] — *Vater*
Her father retired last year. — *Ihr Vater hat letztes Jahr aufgehört zu arbeiten.*

fault [fɔ:lt] — *Fehler, Schuld*
It's not my fault. — *Es ist nicht meine Schuld.*

favour ['feɪvə] — *Gefallen, Gefälligkeit*
Hello Chris, could you do me a great favour? — *Hallo Chris, kannst du mir einen großen Gefallen tun?*

favourite ['feɪvərɪt] — *Lieblings-*
The Beatles are my favourite pop group. — *Die Beatles sind meine Lieblingsband.*

fax [fæks] — *Fax, faxen*
Send it by fax. It's quicker. — *Schicken Sie es per Fax. Das geht schneller.*

fed up [fed'ʌp]
I'm getting very fed up with my job.

die Nase voll haben, es satt haben
Ich habe die Nase voll von meinem Beruf.

feel [fi:l], felt [felt], felt [felt]
I'm sure this camera's got no batteries in. It feels extremely light to me.

fühlen, sich (an)fühlen
Ich bin sicher, dass in dieser Kamera keine Batterien sind. Ich finde, sie fühlt sich ziemlich leicht an.

I'm feeling quite hungry.
Ich bin sehr hungrig.

How are you feeling?
Wie fühlen Sie sich?

feeling ['fi:lɪŋ]
No, it was a strange sort of feeling walking into that place.

Gefühl
Nein, es war ein seltsames Gefühl, als ich diesen Ort betrat.

ferry ['ferɪ]
We took the ferry across to France.

Fähre
Wir haben die Fähre nach Frankreich genommen.

few [fju:]
A few days later I was picking my daughter up again from school.

wenig, wenige, einige
Einige Tage später habe ich meine Tochter wieder von der Schule abgeholt.

There were very few people there.
Es waren nur sehr wenige Leute da.

field [fi:ld]
We went for a walk across the fields.

Feld, Acker
Wir haben einen Spaziergang durch die Felder gemacht.

file [faɪl]
I've got all the information I need on this file.

Aktenordner, Datei
Ich habe alle notwendigen Informationen in dieser Datei.

fill [fɪl]
Can you fill my glass, please?

Füllen
Kannst du mir bitte einschenken?

fill in ['fɪlɪn]
Could you help me to fill in this form?

Ausfüllen
Kannst du mir helfen, dieses Formular auszufüllen?

film [fɪlm]
Why don't I put your film in here?

Film
Warum lege ich Ihren Film nicht hier hinein?

Have you seen the latest James Bond film?
Hast du den neuesten James-Bond-Film gesehen?

finally ['faɪnəli]	*schließlich, endlich*
They finally arrived just after midnight.	*Kurz nach Mitternacht kamen sie endlich an.*
Finally put a little bit of cream on the top.	*Zum Schluss geben Sie ein bisschen Sahne darüber.*
find [faɪnd], found [faʊnd], found [faʊnd]	*finden*
Where can I find a chemist's?	*Wo kann ich eine Apotheke finden?*
He used to find it quite interesting.	*Früher fand er es ziemlich interessant.*
find out ['faɪndaʊt]	*herausfinden*
Depending on what you find out.	*Abhängig davon, was Sie herausfinden.*
I'm trying to find out where he lives.	*Ich versuche herauszufinden, wo er wohnt.*
fine [faɪn]	*fein, schön, Geldstrafe*
The weather is fine.	*Das Wetter ist schön.*
I'm feeling fine.	*Mir geht's bestens.*
It'll be fine.	*Das wäre prima.*
How are you? – We're fine, I'm pleased to say.	*Wie geht es euch? – Uns geht es wirklich gut.*
Yesterday I got a parking fine.	*Gestern habe ich einen Strafzettel für falsches Parken bekommen.*
finger ['fɪŋgə]	*Finger*
Put it there, look, where my finger is.	*Leg es dahin, schau, wo mein Finger ist.*
finish ['fɪnɪʃ]	*erledigen, fertig stellen, enden*
Do you want to call me at home when you've finished?	*Wollen Sie mich zu Hause anrufen, wenn Sie fertig sind?*
My course finishes at the end of June.	*Mein Kurs ist Ende Juni vorbei.*
Have you finished your work?	*Bist du mit deiner Arbeit fertig?*
fire ['faɪə]	*Feuer, Brand, entlassen*
There was a fire in the centre of town last night.	*In der Stadtmitte hat es gestern Abend gebrannt.*
The secretary was fired.	*Die Sekretärin wurde entlassen.*
firm [fɜ:m]	*Firma, fest*
There's a Rent-a-Car firm at the top of the road.	*Es gibt einen Autoverleih am Ende der Straße.*
first [fɜ:st]	*erster, erste erstes, zuerst*
I've seen it made for the first time today.	*Ich habe heute zum ersten Mal gesehen, wie es gemacht wird.*

When we got on the plane they took me on first. — *Als wir in das Flugzeug einstiegen, haben sie sich zuerst um mich gekümmert.*

First go straight down this road. — *Gehen Sie zuerst diese Straße hinunter.*
Then take the first left through to the ring road. — *Nehmen Sie die erste links zum Ring.*
It's not as difficult as it first seemed. — *Es ist nicht so schwierig, wie es zuerst schien.*

Jack is his first name. — *Jack ist sein Vorname.*
I bought ten first class stamps when I was in town today. — *Ich habe zehn Erster-Klasse-Briefmarken gekauft, als ich heute in der Stadt war.*

fish [fɪʃ] — *Fisch*
We had fish and chips for lunch. — *Wir hatten Fisch und Pommes frites zum Mittagessen.*

fishing ['fɪʃɪŋ] — *fischen, angeln*
My brother loves to go fishing down by the river. — *Mein Bruder angelt sehr gerne unten am Fluss.*

fit [fɪt] — *fit, in Form*
Oh, it's a long way. I hope you feel fit. — *Oh, es ist ein langer Weg. Ich hoffe, Sie fühlen sich in Form.*

fitness ['fɪtnɪs] — *Fitness, Kondition*
There's a new fitness club at the end of our street. — *Es gibt ein neues Fitnessstudio am Ende unserer Straße.*

flat [flæt] — *Wohnung, eben, flach*
Is that a private flat? — *Ist das eine Privatwohnung?*
It's flat you know, it's not hilly like Wales. — *Wissen Sie, es ist flach, nicht so hügelig wie Wales.*

flexi-time ['fleksɪtaɪm] — *Gleitzeit*
She works flexi-time. — *Sie arbeitet Gleitzeit.*

flight [flaɪt] — *Flug*
Have a good flight! — *Guten Flug!*

flight attendant [flaɪtə'tendənt] — *Flugbegleiter, Steward, -ess*
Can you call the flight attendant? — *Können Sie bitte den Flugbegleiter rufen?*

floor [flɔː]
Boden, Stockwerk
We were given separate rooms on completely different floors.
Wir bekamen getrennte Zimmer auf völlig unterschiedlichen Stockwerken.
The cup fell on the floor and broke.
Die Tasse fiel auf den Boden und zerbrach.

flower ['flaʊə]
Blume
She picked some flowers from the garden.
Sie hat im Garten ein paar Blumen gepflückt.

flu [fluː]
Grippe
My husband can't go to work this week. He's got the flu.
Mein Mann kann diese Woche nicht zur Arbeit gehen. Er hat Grippe.

fluent ['fluːənt]
fließend
I speak fluent German and French as well as English.
Ich spreche fließend Deutsch und Französisch sowie Englisch.

fluently ['fluːəntli]
fließend
Do you speak Spanish fluently?
Sprechen Sie fließend Spanisch?

fly [flaɪ], flew [fluː], flown [fləʊn]
fliegen
I'm not sure I'd fly with that airline again.
Ich bin nicht sicher, ob ich noch einmal mit dieser Fluglinie fliegen würde.

fog [fɒg]
Nebel
There was a lot of fog this morning.
Heute Morgen war es sehr nebelig.

foggy [fɒgɪ]
neblig
We used to cycle down to the river, especially on foggy days.
Wir fuhren gewöhnlich mit dem Rad zum Fluss hinunter, besonders an nebligen Tagen.

follow ['fɒləʊ]
folgen
They were all following me.
Alle folgten mir.
I'm sorry, I don't quite follow.
Entschuldigung, ich kann nicht ganz folgen.

food [fuːd]
Essen, Nahrung
Thank you, especially for the food. It was delicious.
Vielen Dank, besonders für das Essen. Es war köstlich.

foot [fʊt]
Fuß
Are you on foot or by car?
Sind Sie zu Fuß oder mit dem Wagen hier?

feet [fi:t]	*Füße*
Oh, he's touching my feet.	*Oh, er berührt gerade meine Füße.*
He's about six feet tall.	*Er ist ungefähr 1,80 groß.*
football ['fʊtbɔ:l]	*Fußball*
The boys were playing football.	*Die Jungen spielten Fußball.*
for [fɔ:, fə]	*für, zu*
I'll just draw it for you.	*Ich male das mal für Sie.*
I've seen it made for the first time today.	*Ich habe heute zum ersten Mal gesehen, wie es gemacht wird.*
You'll be late for the train.	*Du wirst den Zug verpassen.*
It's the same price for the two of us.	*Es ist derselbe Preis für uns beide.*
Then you walk for about two hundred yards.	*Und dann gehen Sie ungefähr zweihundert Yards.*
She'll want to rest for a little while.	*Sie wird sich etwas ausruhen wollen.*
Yeah, take her for a diet coke somewhere.	*Ja, laden Sie sie doch irgendwo auf eine Cola light ein.*
What if we want to go for a swim?	*Was ist, wenn wir schwimmen gehen wollen?*
I think it'll be too warm in here for her.	*Ich denke, es wird hier drin zu warm für sie sein.*
We are having fish for dinner today.	*Heute gibt es bei uns Fisch zum Essen.*
Thank you for phoning.	*Vielen Dank für Ihren Anruf.*
So we've only got the ones that are for sale.	*Also haben wir nur noch die zu verkaufen.*
That's for me to spend, is it?	*Ich muss einen ausgeben, nicht wahr?*
foreign ['fɒrən]	*ausländisch, fremd*
So far I've always had foreign cars.	*Bis jetzt hatte ich nur ausländische Autos.*
foreigner ['fɒrənə]	*Ausländer, -in*
Everyone is a foreigner somewhere.	*Jeder ist irgendwo Ausländer.*
forest ['fɒrɪst]	*Wald, Forst*
They're on holiday in the Black Forest.	*Sie sind in Urlaub im Schwarzwald.*
forget [fə'get], forgot [fəɒ'gɒt], forgotten [fəɒ'gɒtn]	*vergessen*
I shall never forget the time I went to Hungary.	*Ich werde meine Ungarnreise nie vergessen.*
I have forgotten where the village was, but there was a sharp bend.	*Ich habe vergessen, wo das Dorf war, aber da gab es eine scharfe Kurve.*
fork [fɔ:k]	*Gabel*
Help yourself to a knife and fork.	*Nehmen Sie sich selber Messer und Gabel.*

form [fɔ:m]	*Form, Formular, bilden*
They'll send you a form to fill in.	*Sie schicken Ihnen ein Formular zum Ausfüllen.*
formal ['fɔ:ml]	*formell, offiziell*
I'm writing this formal letter of complaint regarding the holiday we booked.	*Ich schreibe diesen Beschwerdebrief bezüglich des Urlaubs, den wir gebucht haben.*
informal [ɪn'fɔ:ml]	*formlos, inoffiziell*
She wrote an informal letter.	*Sie schrieb einen formlosen Brief.*
fortnight ['fɔ:tnaɪt]	*zwei Wochen, vierzehn Tage*
I was in Amsterdam a fortnight ago.	*Ich war vor zwei Wochen in Amsterdam.*
fortunately ['fɔ:tʃnətli]	*glücklicherweise, zum Glück*
Fortunately there were no other cars on the road at that time.	*Glücklicherweise waren zu der Zeit keine anderen Autos auf der Straße.*
unfortunately [ʌn'fɔ:tʃnətli]	*unglücklicherweise, leider*
Unfortunately our photocopying machine has broken down.	*Leider ist unser Fotokopierer kaputtgegangen.*
forward ['fɔ:wəd]	*vorwärts*
I look forward to hearing from you as soon as possible.	*Ich freue mich darauf, in Kürze von Ihnen zu hören.*
free [fri:]	*frei, kostenlos*
I'll be free for the next fifteen minutes.	*Ich habe in den nächsten fünfzehn Minuten Zeit.*
This is a free country.	*Dies ist ein freies Land.*
I got a free ticket.	*Ich habe eine Freikarte.*
freedom ['fri:dəm]	*Freiheit, Unabhängigkeit*
They had been given complete freedom.	*Sie wurden völlig unabhängig.*
freeze [fri:z], froze [frəʊz], frozen ['frəʊzn]	*frieren*
According to the weather report it's going to freeze tonight.	*Laut Wetterbericht wird es heute Nacht frieren.*
We've still got a lot of frozen food in the fridge.	*Wir haben immer noch eine Menge Tiefkühlkost im Kühlschrank.*
freezing ['fri:zɪŋ]	*eiskalt*
It's freezing. Please close the door.	*Es ist eiskalt. Bitte schließen Sie die Tür.*

freezer ['fri:zə]	*Tiefkühltruhe, Gefrierschrank*
The meat's in the freezer.	*Das Fleisch ist in der Tiefkühltruhe.*
fresh [freʃ]	*frisch*
Have some fresh orange juice.	*Nimm etwas frischen Orangensaft.*
Let's get some fresh air.	*Lasst uns ein bisschen an die frische Luft gehen.*
fridge [frɪdʒ]	*Kühlschrank*
We need a new fridge.	*Wir brauchen einen neuen Kühlschrank.*
friend [frend]	*Freund, -in*
So can you tell us how old your friend is?	*Kannst du uns sagen, wie alt dein Freund / deine Freundin ist?*
friendly ['frendli]	*freundlich*
She's a very friendly person.	*Sie ist ein sehr freundlicher Mensch.*
unfriendly [ʌn'frendli]	*unfreundlich*
He spoke to us in a very unfriendly way.	*Er sprach sehr unfreundlich mit uns.*
frighten ['fraɪtn]	*ängstigen, Angst machen*
All sorts of things frighten him, you know.	*Wissen Sie, alle mögliche Dinge ängstigen ihn.*
frightening ['fraɪtnɪŋ]	*beängstigend, schrecklich*
It was really frightening.	*Es war wirklich beängstigend.*
from [frɒm, frəm]	*von, aus*
We were coming back from Hong Kong.	*Wir kamen gerade aus Hongkong zurück.*
I'm not from Chorley.	*Ich bin nicht aus Chorley.*
You could get a programme from the Concert Hall.	*Sie können ein Programm von der Concert Hall bekommen.*
The company closes from the first of August to the twenty-second.	*Die Firma schließt vom 1. bis zum 22. August.*
Love from …	*Herzliche Grüße [Brief]*
I'm looking forward to hearing from you.	*Ich freue mich darauf, von Ihnen zu hören.*
front [frʌnt]	*Vorder-, vorn*
I went to the front door.	*Ich ging zum Vordereingang.*
I was sitting at the front.	*Ich saß vorn.*
in front of [ɪn'frʌntəv]	*vor*
The station is in front of you.	*Der Bahnhof ist vor Ihnen.*

fruit [fru:t]
Would you like some fruit juice?

Frucht, Früchte, Obst
Möchtest du Fruchtsaft?

fry [fraɪ]
Fry the garlic and then put the mushrooms in the saucepan.

braten
Braten Sie den Knoblauch an und geben Sie dann die Pilze in den Kochtopf.

fried [fraɪd]
Fried beef in mushroom sauce.

gebraten
Gebratenes Rindfleisch in Pilzsauce.

full [fʊl]
The hotel's full this week.

voll, ausgebucht
Das Hotel ist diese Woche ausgebucht.

full-time [fʊl'taɪm]
I normally work full-time, but I've just got a part-time job at the moment.

Vollzeit
Ich arbeite normalerweise Vollzeit, aber zur Zeit habe ich nur eine Teilzeit-stelle.

fun [fʌn]
We had a lot of fun at the party.

Spaß, Freude
Wir hatten viel Spaß auf der Party.

funny ['fʌnɪ]
It was quite funny though with the Christmas cake, wasn't it?
That's a funny-looking bottle.

lustig, komisch, seltsam
Das mit dem Weihnachtskuchen war doch sehr komisch, nicht wahr?
Diese Flasche sieht lustig aus.

furniture ['fɜ:nɪtʃə]
She's bought some new furniture for the dining room.

Möbel
Sie hat einige neue Möbel für das Esszimmer gekauft.

future ['fju:tʃə]
Be more careful in future!
I would also get useful experience for the future.

Zukunft, (zu)künftig
Seien Sie in Zukunft vorsichtiger!
Ich würde auch wertvolle Erfahrungen für die Zukunft machen.

G

gallery ['gælərɪ]
That's a really interesting place. It's a museum, an art gallery and a leisure centre.

Galerie
Das ist wirklich ein interessanter Ort. Es ist ein Museum, eine Galerie und ein Freizeitzentrum.

gallon ['gælən]
How many litres are there to a gallon?

Gallone
Wie viele Liter entsprechen einer Gallone?

game [geɪm] — *Spiel*
I should like to congratulate you on the game. — *Ich möchte Ihnen zum Spiel gratulieren.*

garage ['gærɑːʒ] — *Garage, Reparaturwerkstatt, Tankstelle*
I'm just going to the garage to get some petrol. — *Ich bin gerade auf dem Weg zur Tankstelle, um zu tanken.*
I wish I had a garage for the car. — *Ich wünschte, ich hätte eine Garage für das Auto.*

garden ['gɑːdn] — *Garten*
They have a beautiful garden. — *Sie haben einen schönen Garten.*

garlic ['gɑːlɪk] — *Knoblauch*
Mmm, I can smell garlic. — *Mm, es riecht nach Knoblauch.*

gas [gæs] — *Gas*
We've got gas central heating. — *Wir haben Gaszentralheizung.*

gate [geɪt] — *Tor, Flugsteig*
Go down this road till you see some big iron gates. — *Gehen Sie diese Straße hinunter, bis Sie einige große Eisentore sehen.*
The flight to Frankfurt? Gate 8. — *Der Flug nach Frankfurt? Flugsteig 8.*

general ['dʒenərəl] — *allgemein, General-*
In general we would probably have been quite comfortable at the Pondview Hotel. — *Im Allgemeinen wäre das Pondview Hotel für uns wahrscheinlich sehr angenehm gewesen.*

generally ['dʒenərəli] — *im Allgemeinen, gewöhnlich*
It was generally very quiet and the weather was excellent. — *Im Allgemeinen war es sehr ruhig und das Wetter war ausgezeichnet.*

gentlemen ['dʒentlmən] — *Herren*
Is that the building where they have the toilets marked "Gentlemen"? — *Ist das das Gebäude, in dem die Herrentoiletten sind?*

get [get], got [gɒt], got [gɒt] — *kommen, bekommen, (sich) besorgen*
How do I get to Kensington Road? — *Wie komme ich zur Kensington Road?*
Well, I've got the other camera. — *Nun, ich habe die andere Kamera.*
They've got to take on extra work. — *Sie müssen zusätzliche Arbeit machen.*
She only gets upset when she's feeling unwell. — *Sie regt sich nur auf, wenn sie sich nicht wohl fühlt.*
We could get the train to Bruges. — *Wir könnten den Zug nach Brügge nehmen.*

It's probably better to get your tickets when you're there. — *Es ist wahrscheinlich besser, die Fahrkarten dort zu kaufen.*

It might be an idea then to get a programme from the Concert Hall. — *Es ist sicherlich eine gute Idee, sich ein Programm der Concert Hall zu besorgen.*

I'm going to get my hair cut. — *Ich werde mir die Haare schneiden lassen.*

get back [get'bæk] — *zurückkommen*
When did you get back? — *Wann sind Sie zurückgekommen?*

get better [get'betə] — *besser gehen, gesund sein*
He was quite ill but he's getting better now. — *Er war sehr krank, aber es geht ihm jetzt schon besser.*

get dressed [get'drest] — *sich anziehen*
Get dressed! Breakfast's ready. — *Zieht euch an! Das Frühstück ist fertig.*

get in [get'ɪn] — *hineinkommen*
It's quite hard actually to get in. — *Es ist tatsächlich sehr schwierig hineinzukommen.*

get married [get'mærɪd] — *heiraten*
I'm getting married in the morning. — *Ich heirate heute Morgen.*

get off ['getɒf] — *aussteigen*
Get off the bus at the station. — *Steigen Sie am Bahnhof aus dem Bus.*

get on ['getɒn] — *einsteigen*
When we got on the plane they took me on first. — *Als wir in das Flugzeug einstiegen, haben sie sich zuerst um mich gekümmert.*

get ready [get'redɪ] — *sich fertig machen*
Get ready! We have to leave in a few minutes. — *Macht euch fertig! Wir müssen in ein paar Minuten gehen.*

get rid of [get'rɪdɒv] — *jemanden / etwas loswerden*
I had to get rid of my old bike. — *Ich musste mein altes Fahrrad loswerden.*

get together [gettə'geðə] — *treffen*
We could get together at five fifteen when I've finished work. — *Wir könnten uns um Viertel nach fünf treffen, wenn ich mit der Arbeit fertig bin.*

get up ['getʌp] — *aufstehen*
So, I got up and went to the door. — *Also stand ich auf und ging zur Tür.*

get used to ['get'ju:st tu:] — *sich an etwas gewöhnen*
You must get used to this. — *Sie müssen sich daran gewöhnen.*

girl [gɜ:l] — *Mädchen*
I had a joke with one of the girls you know. — *Wissen Sie/Weißt du, ich habe mich über eins der Mädchen lustig gemacht.*

girlfriend ['gɜ:lfrend] — *Freundin*
My son seems to come home with a different girlfriend every week! — *Mein Sohn scheint jede Woche eine andere Freundin mitzubringen.*

give [gɪv], gave [geɪv], given ['gɪvn] — *geben, schenken*
He gave us his map. — *Er gab uns seinen Stadtplan.*
We were given seperate rooms on completely different floors. — *Wir bekamen getrennte Zimmer auf völlig unterschiedlichen Stockwerken.*
So I'll try and give you a call. — *Ich werde also versuchen Sie anzurufen.*

give up [gɪv'ʌp] — *aufhören, aufgeben*
Have you given up smoking? — *Haben Sie mit dem Rauchen aufgehört?*

glad [glæd] — *froh*
Glad to see you. — *Ich freue mich, Sie zu sehen.*
I'd be glad to help you any time. — *Ich freue mich, wenn ich Ihnen irgendwann helfen kann.*

glass [glɑ:s] — *Glas*
It's made of glass. — *Das ist aus Glas.*
A big glass of orange juice with lots of ice. — *Ein großes Glas Orangensaft mit viel Eis.*

glasses ['glɑ:sɪz] — *Brille*
She wears glasses when she drives. — *Sie trägt beim Fahren eine Brille.*

go [gəʊ], went [went], gone [gɒn] — *gehen, fahren*
Drive straight on as far as you can go. — *Fahren Sie soweit wie möglich geradeaus.*
I can't really say that all this is going to work. — *Ich kann nicht genau sagen, ob das alles funktionieren wird.*
That one needs to go first class. — *Dieser muss erster Klasse geschickt werden.*
So, how's work going with you? — *Wie kommen Sie mit der Arbeit klar?*

go away [gəʊ'əweɪ] — *abreisen, weggehen*
Go away! — *Gehen Sie weg!*

go back [gəʊ'bæk]
Are you thinking of going back on the same train as me tomorrow then?
zurückfahren, zurückgehen
Denken Sie daran, morgen mit demselben Zug zurückzufahren wie ich?

go down [gəʊ'daʊn]
Go down there about half a mile.
hinuntergehen, hinunterfahren
Gehen Sie ungefähr eine halbe Meile dort hinunter.

go for ['gəʊfɔː]
What if we want to go for a swim?
gut finden, sich interessieren
Was ist, wenn wir zum Schwimmen gehen wollen?

go home [gəʊ'həʊm]
I'm going home in a minute.
nach Hause gehen
Ich gehe in einer Minute nach Hause.

go in [gəʊ'ɪn]
The pilot says you can go in the cabin.
hineingehen
Der Pilot sagt, Sie können ins Cockpit gehen.

go inside [gəʊɪn'saɪd]
Well, you can go inside and eat.
hineingehen
Nun, Sie können hineingehen und etwas essen.

go into [gəʊ'ɪntʊ]
You can go into Rivington to see the museum.
gehen zu / nach, fahren zu / nach
Du kannst nach Rivington fahren, um das Museum zu besuchen.

go left [gəʊ'left]
You want to go left again down towards Akers.
links abbiegen
Sie sollten in Richtung Akers noch einmal nach links abbiegen.

go off [gəʊ'ɒf]
The food has gone off.
schlecht werden
Die Nahrungsmittel sind schlecht geworden.

go on [gəʊ'ɒn]
Go on then, put the fruit in here.
weitermachen
Machen Sie weiter und legen Sie das Obst dort hinein.

go on [gəʊ'ɒn]
You see, I should have gone on another twenty yards.
weitergehen
Sie sehen, ich hätte noch zwanzig Yards weitergehen sollen.

go on holiday [gəʊɒn'hɒlədɪ]
When are you going on holiday?
Urlaub machen
Wann machen Sie Urlaub?

go out [gəʊ'aʊt]	*ausgehen*
Well, Mum and Dad went out so we went to Mary's to sleep.	*Nun, Mama und Papa sind ausgegangen, deshalb sind wir zum Schlafen zu Mary gegangen.*
go out of [gəʊ'aʊtɒv]	*hinausgehen, hinausfahren*
You go out of the entrance and turn right up Southport Road.	*Gehen Sie durch den Eingang hinaus und dann rechts in die Southport Road.*
go round [gəʊ'raʊnd]	*herumgehen, herumfahren*
Yes, it's beautiful I'd love to go round there.	*Ja, es ist schön, ich würde gerne hier herumgehen.*
go shopping [gəʊ'ʃɒpɪŋ]	*einkaufen gehen*
Pamela likes to go shopping.	*Pamela geht gerne einkaufen.*
go straight on [gəʊ'streɪtɒn]	*geradeaus gehen / fahren*
Yeah. And then you go straight on.	*Ja. Und dann fahren Sie geradeaus weiter.*
go through [gəʊ'θru:]	*durchgehen, durchfahren*
I went through the door.	*Ich bin durch die Tür gegangen.*
go to sleep [gəʊtu:'sli:p]	*schlafen gehen*
Sarah wouldn't go to sleep, and she wanted to ring Mum.	*Sarah wollte noch nicht schlafen gehen, aber sie wollte Mutti anrufen.*
go up [gəʊ'ʌp]	*hinaufgehen, hinauffahren*
Okay. Go up to the bridge, and that's on Farm Lane.	*Okay. Fahren Sie hinauf bis zur Brücke und das ist dann Farm Lane.*
go up [gəʊ'ʌp]	*steigen*
The prices have gone up 3% in the last twelve months.	*Die Preise sind in den letzten zwölf Monaten um drei Prozent gestiegen.*
go with [gəʊ'wɪð]	*passen zu*
It goes well with those trousers.	*Das passt gut zu dieser Hose.*
God [gɒd]	*Gott*
Oh my God, it happened in front of the police station.	*O mein Gott, es passierte vor dem Polizeigebäude.*
Good God, that must have been difficult.	*O Gott, das muss schwierig gewesen sein.*
Thank God we've got central heating!	*Gott sei Dank haben wir Zentralheizung!*

gold [gəʊld] — *Gold, golden*
It's made of gold. — *Das ist aus Gold.*
The sign was written in gold letters. — *Das Schild war mit Goldbuchstaben geschrieben.*

golf [gɒlf] — *Golf*
We play golf at least twice a week. — *Wir spielen mindestens zweimal pro Woche Golf.*

good [gʊd], better ['betə], best [best] — *gut*
He's very good at figures. — *Er ist sehr gut im Rechnen.*
Good idea! — *Gute Idee!*
It's very nice, it looks very, very good. — *Es ist sehr schön, es sieht sehr, sehr gut aus.*
I want it in good order. — *Ich möchte es in gutem Zustand.*
Very good. There's something else I wanted to ask you. — *Sehr gut. Da ist noch etwas, das ich Sie fragen wollte.*
That's very good. — *Das ist sehr gut.*
Have a good time. — *Amüsiert Euch gut!*
Have a good night. — *Gute Nacht.*

good-looking ['gʊdlʊkɪŋ] — *gut aussehend*
He's good-looking. — *Er sieht gut aus.*

Good Friday [gʊd'fraɪdɪ] — *Karfreitag*
We left on Good Friday. — *Wir fuhren am Karfreitag ab.*

goodbye [gʊd'baɪ] — *Auf Wiedersehen*
I'm afraid it's time to say goodbye. — *Ich fürchte, es ist Zeit, sich zu verabschieden.*

government ['gʌvnmənt] — *Regierung*
What do you think of the new government? — *Was halten Sie von der neuen Regierung?*

gram(me) [græm] — *Gramm*
There are about 450 grams to a British pound. — *Ein britisches Pfund entspricht etwa 450 Gramm.*

grammar ['græmə] — *Grammatik*
Look it up in your grammar book. — *Schau es in deiner Grammatik nach.*

grandparents['grænmɑ:] — *Großeltern*
John lives with his grandparents. — *John lebt bei seinen Großeltern.*

grandfather ['grændfɑ:ðə] — *Großvater*
He looks like Willy Carson's grandfather, you know. — *Wissen Sie, er sieht aus wie Willy Carsons Großvater.*

granddad ['grændæd]	*Großvater, Opa*
grandmother ['grænmʌðə]	*Großmutter*
Elsa has never seen her grandmother.	*Elsa hat ihre Großmutter nie gesehen.*
grandma ['grænmɑ:]	*Großmutter, Oma*
grandchildren ['grænmɑ:tʃɪldrən]	*Enkel*
They've got four grandchildren.	*Sie haben vier Enkel.*
granddaughter ['grændɔ:tə]	*Enkelin*
She is one of her granddaughters.	*Sie ist eine ihrer Enkelinnen.*
grandson ['grænsʌn]	*Enkel*
Their youngest grandson is called Ken.	*Ihr jüngster Enkel heißt Ken.*
grape [greɪp]	*Weintraube*
She loves grapes with cheese.	*Sie mag Weintrauben mit Käse sehr gerne.*
grapefruit ['greɪpfru:t]	*Grapefruit*
John always has grapefruit juice for breakfast.	*John trinkt immer Grapefruitsaft zum Frühstück.*
grass [grɑ:s]	*Gras, Grünfläche*
Keep off the grass.	*Betreten des Rasens verboten.*
great [greɪt]	*groß, großartig*
Yeah, it was great.	*Ja, es war großartig.*
Hello Chris, could you do me a great favour?	*Hallo Chris, kannst du mir einen großen Gefallen tun?*
Great! Let's go out to Trent Lock then. That would be nice.	*Großartig. Lasst uns nach Trent Lock fahren. Das wäre toll.*
green [gri:n]	*grün*
Oh, I want the green one.	*Oh, ich möchte das grüne.*
grey [greɪ]	*grau*
The sky is grey and cloudy today.	*Der Himmel ist heute bewölkt und grau.*
My hair's starting to turn grey.	*Meine Haare werden langsam grau.*
ground [graʊnd]	*Boden*
We live on the ground floor.	*Wir wohnen im Erdgeschoss.*
It fell to the ground and broke.	*Es fiel auf den Boden und zerbrach.*

group [gru:p]
A group of children has just arrived.
Gruppe
Ein Gruppe Kinder ist gerade angekommen.

grow [grəʊ], grew [gru:], grown [grəʊn]
It grows quickly.
She grows vegetable in her little garden.
wachsen, anbauen
Es wächst schnell.
Sie baut Gemüse in ihrem Gärtchen an.

grow up [grəʊ'ʌp]
And I mean I grew up in the city. I'm a city boy.
aufwachsen
Ich bin ja in der Stadt aufgewachsen. Ich bin ein Stadtjunge.

guess [ges]
The flight attendant said we were about to land. Then ... guess what happened.
Well, I guess this is all our news at the present time.
raten, erraten, vermuten
Die Flugbegleiterin sagte, wir seien im Landeanflug. Raten Sie, was dann geschah.
Nun, ich vermute, das sind im Moment alle unsere Neuigkeiten.

guest [gest]
Since when do guests of 2-star hotels get better service?
Gast
Seit wann bekommen Gäste eines Zweisternehotels besseren Service?

guest house ['gesthaʊs]
They found a nice little guest house near Halifax.
Pension
Sie fanden eine nette kleine Pension in der Nähe von Halifax.

guide [gaɪd]
It's a good guide.
We had a charming guide on our tour.
Fremdenführer, -in, Reiseführer, -in
Das ist ein guter Reiseführer.
Wir hatten eine nette Fremdenführerin auf unserer Fahrt.

guided ['gaɪdɪd]
We went on a guided tour of Paris.
gelenkt, gesteuert, mit Führer
Wir haben eine Stadtführung durch Paris gemacht.

guilty ['gɪltɪ]
He was found guilty of murder and sent to prison.
schuldig
Er wurde des Mordes für schuldig befunden und ins Gefängnis geschickt.

guitar [gɪ'tɑ:]
Do you still play the guitar?
Gitarre
Spielst du immer noch Gitarre?

gun [gʌn]
They had no guns.
Gewehr, Pistole, Revolver
Sie hatten keine Gewehre.

guy [gaɪ] — *Kerl, Typ*
I need a couple of strong guys to help me with this furniture. — *Ich brauche ein paar starke Kerle, die mir mit den Möbeln helfen können.*

gym [dʒɪm] — *Fitnessraum, Turnhalle*
He spent every evening training at the gym. — *Er trainierte jeden Abend im Fitnessraum.*

H

habit ['hæbɪt] — *Gewohnheit, Angewohnheit*
Everybody has got good and bad habits. — *Jeder hat gute und schlechte Angewohnheiten.*

hair [heə] — *Haar(e)*
Mary combed her hair, and then she went to sleep. — *Mary kämmte ihre Haare und ging dann zu Bett.*

hairdresser ['heədresə] — *Friseur, -in*
I've got to go to the hairdresser's. — *Ich muss zum Friseur.*

haircut ['heəkʌt] — *Haarschnitt*
I need a haircut. — *Ich muss meine Haare schneiden lassen.*

half [hɑ:f], halves [hɑ:fs] (Pl.) — *Hälfte, Hälften, halb*
Go down there about half a mile. — *Gehen Sie ungefähr eine halbe Meile dort hinunter.*

How long had we been flying, about half way, weren't we? — *Wie lange waren wir geflogen, ungefähr den halben Weg, oder?*
Yeah, it was about an hour or an hour and a half. — *Ja, es dauerte ungefähr eine oder eineinhalb Stunden.*
She only needs half of that anyway. — *Sie braucht sowieso nur die Hälfte davon.*

Mm, in fact it was a big piece and you cut it in half. — *Mm, eigentlich war es ein großes Stück und Sie haben es halbiert.*
It's a half pound of butter. — *Es ist ein halbes Pfund Butter.*
Well, in these places, you breakfast at eight, well, half past eight. — *Nun, in solchen Häusern frühstückt man um acht, vielleicht um halb neun.*

hall [hɔːl] — *Diele, Halle, Saal*

It might be an idea then to get a programme from the Concert Hall. — *Es ist sicherlich eine gute Idee, sich ein Programm der Concert Hall zu besorgen.*

He came into the hall through the front door. — *Er kam durch die Haustür in die Diele.*

ham [hæm] — *Schinken*

She made a lovely ham and cheese salad. — *Sie machte einen leckeren Schinken-Käse-Salat.*

hamburger ['hæmbɜːgə] — *Hamburger*

I'm afraid I just don't like hamburgers. — *Ich fürchte, ich mag einfach keine Hamburger.*

hand [hænd] — *Hand*

He cut his hand. — *Er schnitt sich in die Hand.*

Ah, I see, that was in your hand baggage, was it? — *Ah, ich verstehe, es war in Ihrem Handgepäck, nicht wahr?*

Turn right and it's about half a mile down on the left-hand side. — *Biegen Sie rechts ab und dann ist es ungefähr eine halbe Meile weiter unten auf der linken Seite.*

handicapped ['hændɪkæpt] — *behindert*

A friend of mine has got a handicapped daughter. — *Ein Freund von mir hat eine behinderte Tochter.*

handkerchief ['hæŋkətʃɪf] — *Taschentuch*

Sorry, have you got a paper handkerchief? — *Entschuldigung, haben Sie ein Tempo-Taschentuch?*

hanky ['hæŋkɪ] — *Taschentuch*

handsome ['hænsəm] — *gut aussehend*

He was a tall, dark, handsome man. — *Er war ein großer, dunkler, gut aussehender Mann.*

hang [hæŋ], hanged [hæŋd], hung [hʌŋ] — *hängen*

The picture is hanging on the wall. — *Das Bild hängt an der Wand.*

Oh, hang on. — *Oh, bleiben Sie dran.*

happen ['hæpən] — *passieren, sich ereignen, geschehen*

The flight attendant told us we were about to land. Then … guess what happened. — *Die Flugbegleiterin sagte, wir seien im Landeanflug. Raten Sie, was dann passiert ist.*

Lucky for me the police had seen it happen. — *Es war mein Glück, dass die Polizei gesehen hatte, wie es passiert war.*

happy ['hæpɪ]	*glücklich*
Ever since, I've never felt really happy while a plane's landed.	*Seitdem fühle ich mich immer unwohl, während ein Flugzeug landet.*
Happy Birthday!	*Alles Gute zum Geburtstag!*
hard [hɑ:d]	*hart, schwer*
It's quite hard to get in actually.	*Es ist tatsächlich sehr schwierig hineinzukommen.*
They're trying too hard.	*Sie versuchen es zu sehr.*
You wanted it hard boiled, didn't you?	*Sie wollten es hart gekocht, nicht wahr?*
hardly ['hɑ:dli]	*kaum*
You could hardly walk around there.	*Man konnte dort kaum herumgehen.*
hardware ['hɑ:dweə]	
Computer hardware has become a little less expensive.	*Computer-Hardware ist ein bisschen billiger geworden.*
hat [hæt]	*Hut*
It's cold outside. You'd better put a hat on.	*Es ist kalt draußen. Setz lieber einen Hut auf.*
hate [heɪt]	*hassen*
I hate milk.	*Ich hasse Milch.*
have [hæv], had [hæd], had [hæd]	*haben*
I just don't have the time.	*Ich habe einfach keine Zeit.*
D'you know I'm sure I've had this here before.	*Wissen Sie, ich bin sicher, dass ich das hier schon einmal hatte.*
Right, well you can have breakfast with me.	*In Ordnung, Sie können mit mir frühstücken.*
I had a shower before breakfast.	*Ich habe vor dem Frühstück geduscht.*
We could have a party with spaghetti or beans on toast, couldn't we?	*Wir könnten für die Party Spaghetti oder Bohnen auf Toast machen, nicht wahr?*
Well, I've got the other camera.	*Nun, ich habe die andere Kamera.*
I'll have the deep fried mushrooms with an Old Timer Burger.	*Ich nehme die gebratenen Pilze mit einem Old Timer Burger.*
It's the best place to have an accident anyway.	*Das ist sowieso der beste Ort für einen Unfall.*
Tony was saying they should have the heating on by Wednesday.	*Tony sagte, sie müssten die Heizung bis Mittwoch angestellt haben.*
I can have a walk on the sea front.	*Ich kann an der Strandpromenade spazieren gehen.*
Good God, that must have been terrible.	*O Gott, das muss schrecklich gewesen sein!*

have a look [hævə'lʊk]	*ansehen*
Maybe we'll go there tomorrow and have a look.	*Vielleicht fahren wir morgen hin und sehen uns das an.*
have to ['hævtu:]	*müssen*
I have to stay near the phone.	*Ich muss in der Nähe des Telefons bleiben.*
They took me on the plane first because they'd had to lift me on you know.	*Sie haben mich als Ersten ins Flugzeug gebracht, weil sie mich hineinheben mussten, wie Sie wissen.*
have got to [hæv'gɒttu:]	*müssen*
You've got to pay for the one, the other brochures are free of charge.	*Sie müssen den einen bezahlen, die anderen Prospekte sind kostenlos.*
had better [hæd'betə]	*besser etwas tun*
I'd better leave now.	*Ich gehe jetzt besser.*
he [hi:]	*er*
He gave us this map.	*Er gab uns diesen Stadtplan.*
head [hed]	*Kopf*
He hurt his head when he fell.	*Er verletzte sich am Kopf, als er hinfiel.*
headache['hedeɪk]	*Kopfschmerzen*
I've got a terrible headache.	*Ich habe schreckliche Kopfschmerzen.*
health [helθ]	*Gesundheit*
The children are all in good health.	*Die Kinder sind alle gesund.*
health food ['helθfu:d]	*Naturkost, Reformkost*
Health food is good for you.	*Naturkost ist gut für dich.*
healthy ['helθɪ]	*gesund*
She's hardly ever ill. She is very healthy.	*Sie ist selten krank. Sie ist sehr gesund.*
hear [hɪə], heard [hɜ:d], heard [hɜ:d]	*hören, erfahren*
I didn't hear a thing.	*Ich habe nichts gehört.*
Well I'd never heard that before.	*Nun, das habe ich noch nie gehört.*
We send our best wishes to you and hope to hear from you soon.	*Wir senden Ihnen die besten Wünsche und hoffen, bald von Ihnen zu hören.*
heart [hɑ:t]	*Herz*
It broke her heart.	*Es brach ihr das Herz.*

heating [hi:tɪŋ] — *Heizung*
Tony was saying they should have the heating on by Wednesday. — *Tony sagte, sie müssten die Heizung bis Mittwoch angestellt haben.*

heavy ['hevɪ] — *schwer*
Your suitcase is very heavy. — *Dein Koffer ist sehr schwer.*

hello [hə'ləʊ] — *Hallo, guten Tag*
Hello Chris, could you do me a great favour? — *Hallo Chris, kannst du mir einen großen Gefallen tun?*

help [help] — *helfen, Hilfe*
Can I help you? — *Kann ich Ihnen helfen?*
Mike, help yourself to a knife and fork. — *Mike, nimm dir selber Messer und Gabel.*
You've been a great help. — *Du warst eine große Hilfe.*

helpful ['helpfl] — *hilfreich, hilfsbereit*
The instructions weren't very helpful. — *Die Anleitung war nicht sehr hilfreich.*

her [hɜ:, hə] — *ihr, sie*
He'd never seen her. — *Er hatte sie nie gesehen.*
So we thought she could come over with her husband. — *Also dachten wir, sie könnte mit ihrem Mann herüberkommen.*
So he wrote her a letter. — *Also schrieb er ihr einen Brief.*

hers [hɜ:z] — *ihrer, ihre, ihres*
It's hers. — *Es gehört ihr.*

herself [hɜ:'self] — *sie selbst / selber*
She wanted to make them herself but she never really knew how. — *Sie wollte sie selber machen, aber sie wusste nicht genau wie.*
She threw herself in the lake. — *Sie stürzte sich in den See.*

here [hɪə] — *hier, da, hierher*
There's not actually anybody to play with around here, you know. — *Weißt du, hier gibt es eigentlich niemanden, mit dem man spielen kann.*
Why don't I put your film in here? — *Warum lege ich Ihren Film nicht hier hinein?*
Here we go then. — *Es geht los.*
Can you come up here for a minute? — *Können Sie eine Minute nach oben kommen?*
Thank you. Here's your receipt and change. — *Vielen Dank. Hier ist Ihre Quittung und das Wechselgeld.*
Here you are. — *Bitte sehr.*

Hi [haɪ]	*Hallo*
Hi!	*Hallo!*
hi-fi ['haɪfaɪ]	*Hi-Fi*
We've just bought some new hi-fi equipment.	*Wir haben uns gerade einige neue Hi-Fi-Komponenten gekauft.*
high [haɪ]	*hoch*
This is a very high building.	*Dies ist ein sehr hohes Gebäude.*
The prices are not very high, are they?	*Die Preise sind nicht sehr hoch, nicht wahr?*
hill [hɪl]	*Hügel*
Just follow your nose up the hill till you come to the Town Hall.	*Immer der Nase nach den Hügel hinauf, bis Sie zum Rathaus kommen.*
hilly ['hɪlɪ]	*hügelig*
It's flat you know, it's not hilly like Wales but you get used to that.	*Wissen Sie, es ist flach und nicht so hügelig wie Wales, aber man gewöhnt sich daran.*
him [hɪm]	*ihn, ihm*
All sorts of things frighten him you know.	*Weißt du, alle möglichen Dinge ängstigen ihn.*
I went up to him afterwards.	*Ich bin nachher zu ihm gegangen.*
himself [hɪm'self]	*er selbst / selber*
He got himself a whisky.	*Er holte sich selber einen Whisky.*
He hurt himself when he fell.	*Er verletzte sich selbst, als er hinfiel.*
his [hɪz]	*sein, seiner, seine, seines*
All I could see was his face.	*Alles, was ich sehen konnte, war sein Gesicht.*
It's his.	*Es gehört ihm.*
hire ['haɪə]	*mieten*
We hired a car in Valencia and toured along the Costa Blanca as far as Alicante.	*Wir haben in Valencia einen Wagen gemietet und sind die Costa Blanca entlang bis Alicante gefahren.*
history ['hɪstərɪ]	*Geschichte*
History was my favourite subject at school.	*Geschichte war mein Lieblingsfach in der Schule.*
hit [hɪt] hit, hit	*schlagen, treffen*
He hit me with a stick.	*Er schlug mich mit einem Stock.*

hobby ['hɒbɪ]	*Hobby, Steckenpferd*
John has got quite a lot of interesting hobbies.	*John hat viele interessante Hobbys.*
hold [həʊld], held [held], held [held]	*halten*
She was holding the baby in her arms.	*Sie hielt das Baby in ihren Armen.*
Hold on.	*Bleiben Sie dran.*
Hold the line, please.	*Bleiben Sie bitte am Apparat.*
In case I don't get hold of you on the phone.	*Für den Fall, dass ich Sie telefonisch nicht erreichen kann.*
hole [həʊl]	*Loch*
He fell into a deep hole.	*Er fiel in ein tiefes Loch.*
holiday ['hɒlədɪ]	*Feiertag, Urlaub, Ferien*
October 3rd is now a public holiday in Germany.	*Der 3. Oktober ist jetzt ein gesetzlicher Feiertag in Deutschland.*
As you're on holiday at the moment I thought I'd send you a card.	*Da Sie nun gerade im Urlaub sind, dachte ich, ich schicke Ihnen eine Karte.*
We had a lovely holiday.	*Wir hatten einen schönen Urlaub.*
holidays ['hɒlədez]	*Ferien*
When do the school holidays begin?	*Wann beginnen die Schulferien?*
home [həʊm]	*zu Hause, Haus, nach Hause*
I was taking the children home.	*Ich habe die Kinder nach Hause gebracht.*
She's probably not going to be in her own home for a year or so.	*Sie wird wahrscheinlich etwa ein Jahr nicht in ihrem eigenen Haus leben können.*
I've left them at home in my shopping bag.	*Ich habe sie zu Hause in meiner Einkaufstasche gelassen.*
Please come home.	*Komm bitte nach Hause!*
When did you get home last night?	*Wann bist du letzte Nacht nach Hause gekommen?*
honest ['ɒnɪst]	*ehrlich*
To be honest I have no idea on rental cars.	*Um ehrlich zu sein, ich habe von Leihwagen keine Ahnung.*
honestly ['ɒnɪstli]	*wirklich, tatsächlich*
Honestly, I can't help you.	*Ich kann Ihnen wirklich nicht helfen.*
honey ['hʌnɪ]	*Honig*
Sheila loves milk with honey.	*Sheila liebt Milch mit Honig.*

English	German
hope [həʊp]	*hoffen, Hoffnung*
Oh, it's a long way. I hope you feel fit.	*Oh, es ist ein langer Weg. Ich hoffe, Sie fühlen sich in Form.*
There was no hope for them.	*Es gab keine Hoffnung für sie.*
hopefully ['həʊpfli]	*hoffentlich*
Hopefully it'll be a nice day.	*Hoffentlich wird es ein schöner Tag.*
horse [hɔ:s]	*Pferd*
He was seen riding a horse.	*Er wurde auf einem Pferd gesehen.*
hospital ['hɒspɪtl]	*Krankenhaus*
Not all that long since, perhaps ten years ago this friend of mine was in hospital.	*Es ist gar nicht so lang her, vielleicht zehn Jahre, da war mein Freund im Krankenhaus.*
hot [hɒt]	*heiß, warm, scharf*
It should be quite hot inside.	*Es könnte drinnen sehr warm sein.*
It's boiling hot.	*Es ist kochend heiß.*
I wouldn't recommend the hot curry. Try the mild one.	*Ich würde das scharfe Currygericht nicht empfehlen. Versuchen Sie das milde.*
hotel [həʊ'tel]	*Hotel*
Our hotel was 5 km out of town.	*Unser Hotel lag fünf Kilometer außerhalb der Stadt.*
hour ['aʊə]	*Stunde*
Yeah, it was about an hour or an hour and a half.	*Ja, es dauerte ungefähr eine oder eineinhalb Stunden.*
It said 'Five miles an hour'.	*Da stand: „Fünf Meilen pro Stunde".*
quarter of an hour [kwɔ:təɒv æn'aʊə]	*eine Viertelstunde*
That takes about quarter of an hour, twenty minutes.	*Das dauert ungefähr eine Viertelstunde, zwanzig Minuten.*
half an hour [hɑ:fæn'aʊə]	*eine halbe Stunde*
Lyme Regis is half an hour's run.	*Bis Lyme Regis fährt man ungefähr eine halbe Stunde.*
house [haʊs]	*Haus*
Is that a private house?	*Ist das ein Privathaus?*
housewife ['haʊswaɪf]	*Hausfrau*
You still hear people say: "She's only a housewife".	*Manche Leute sagen noch immer: „Sie ist nur Hausfrau".*

how [haʊ]	*wie*
Can you tell me how to get to this place?	*Können Sie mir sagen, wie ich dahin komme?*
Now, how are we going to carry all these over?	*Wie werden wir all diese Dinge hinübertragen?*
Wow, how much is that?	*Mensch, wie teuer ist das?*
How far's Bruges from Amsterdam?	*Wie weit ist es von Brügge bis Amsterdam?*
It made me realize how lucky we were.	*Es machte mir klar, welches Glück wir gehabt haben.*
How would you like it cooked?	*Wie möchten Sie es zubereitet?*
How long ago was that?	*Wie lange ist das schon her?*
How fast were you going then?	*Wie schnell sind Sie dann gefahren?*
How old were the children?	*Wie alt waren die Kinder?*
So, how's work going with you?	*Und, wie kommen Sie mit der Arbeit klar?*
How many passengers?	*Wie viele Reisende?*
How do you spell Loescher?	*Wie buchstabiert man Loescher?*
I'd like to know how you do it then.	*Ich möchte gerne wissen, wie Sie das dann machen.*
humour ['hju:mə]	*Humor*
He's got a good sense of humour.	*Er hat wirklich Sinn für Humor.*
hungry ['hʌŋgrɪ]	*hungrig*
No, I'm getting quite hungry now, actually.	*Nein, jetzt kriege ich wirklich richtig Hunger.*
hurry ['hʌrɪ]	*eilen, sich beeilen*
I'm in a hurry.	*Ich bin in Eile.*
Hurry up! It's getting late.	*Beeil dich! Es ist schon spät.*
hurt [hɜ:t], hurt [hɜ:t], hurt [hɜ:t]	*verletzen, schmerzen, wehtun*
So it was a wonder he wasn't hurt, wasn't it?	*Es war also ein Wunder, dass er nicht verletzt worden ist, nicht wahr?*
Is this the tooth that hurts?	*Ist das der Zahn, der wehtut?*
husband ['hʌzbənd]	*(Ehe-)Mann*
So we thought she could come over with her husband.	*Also dachten wir, sie könnte mit ihrem Mann herüberkommen.*

I

I [aɪ]
I'll do the driving, I like driving.

Ich
Ich fahre, ich fahre gerne.

ice [aɪs]
Orange juice in a big glass with lots of ice.

Eis
Orangensaft mit viel Eis in einem großen Glas.

ice-cream ['aɪskri:m]
I love that ice-cream called Magnum.

Eis, Eiscreme
Ich mag Magnum-Eis sehr gerne.

idea [aɪ'dɪə]
He just had no idea.
Oh, look! What a good idea.

Idee, Vorstellung, Ahnung
Er hatte überhaupt keine Ahnung.
Oh, schau dir das an! Welch gute Idee.

identity card [aɪ'dentətɪkɑ:d]
The police wanted to see everybody's identity card.

(Personal-) Ausweis
Die Polizei wollte von jedem den Ausweis sehen.

if [ɪf]
No, well, yeah, if you want to use the film at some other time.
I just wanted to ask you if you happen to have one more stamp.
No, if I'd had, say, an hour to wait, I would then have gone to the car park.

wenn, falls, ob
Nun ja, wenn Sie den Film ein anderes Mal verwenden wollen.
Ich wollte Sie nur fragen, ob Sie noch eine Briefmarke haben.
Nein, wenn ich, sagen wir, eine Stunde hätte warten müssen, dann wäre ich zum Parkplatz zurückgefahren.

ignore [ɪg'nɔ:]
Ignore them.

nicht beachten
Beachten Sie sie nicht!

ill [ɪl]
He's ill in bed.

krank
Er liegt krank im Bett.

illness ['ɪlnɪs]
During his last illness we saw him only once or twice.

Krankheit
Während seiner letzten Krankheit haben wir ihn nur ein- oder zweimal gesehen.

illegal [ɪ'li:gl]
Illegal immigration from other parts of the world is increasing from year to year.

ungesetzlich, illegal
Illegale Einwanderung aus anderen Teilen der Erde nimmt von Jahr zu Jahr zu.

imagine [ɪ'mædʒɪn]	*sich vorstellen, sich denken*
I would imagine that's the way I came here.	*Ich denke, das ist der Weg, auf dem ich hergekommen bin.*
imagination [ɪmædʒɪ'neɪʃn]	*Einbildungskraft, Fantasie*
What this country needs is politicians with more imagination.	*Was dieses Land braucht, sind Politiker mit mehr Fantasie.*
immediately [ɪ'mi:dɪətli]	*sofort*
Come home immediately!	*Komm sofort nach Hause!*
immigrant ['ɪmɪgrənt]	*Einwanderer*
The number of immigrants has increased in the last ten years.	*Die Zahl der Einwanderer ist in den letzten zehn Jahren gestiegen.*
immigration [ɪmɪgr'eɪʃn]	*Einwanderung*
The government wants to stop illegal immigration.	*Die Regierung will illegale Einwanderung stoppen.*
important [ɪm'pɔ:tənt]	*wichtig, bedeutend*
It was important to find out everything.	*Es war wichtig, alles herauszufinden.*
unimportant [ʌnɪm'pɔ:tənt]	*unwichtig*
For my partner money is relatively unimportant.	*Für meinen Partner ist Geld relativ unwichtig.*
impossible [ɪm'pɒsəbl]	*unmöglich*
It's so dark in here, it's almost impossible to read.	*Es ist hier drin so dunkel, dass das Lesen fast unmöglich ist.*
improve [ɪm'pru:v]	*verbessern, sich bessern*
We could improve it if you give us time.	*Wir könnten es verbessern, wenn Sie uns Zeit geben.*
improvement [ɪm'pru:vmənt]	*Verbesserung*
He is showing great improvement.	*Er macht große Fortschritte.*
in [ɪn]	*in*
There's a concert every Sunday night in a pub in Cambridge.	*Es gibt jeden Sonntagabend ein Konzert in einem Pub in Cambridge.*
Well, they had a big one in '81.	*Nun, sie hatten 1981 eine große Sache.*
I used to be in the air force.	*Ich war früher in der Luftwaffe.*
The pilot was sitting in one of the seats.	*Der Pilot saß in einem der Sitze.*
Why don't I put your film in here?	*Warum lege ich Ihren Film nicht hier hinein?*
In the end we landed safely.	*Schließlich landeten wir sicher.*
I want it in good order.	*Ich möchte es in gutem Zustand.*

It's warm in here, shall I turn the heating down? — *Es ist warm hier drin, soll ich die Heizung zurückdrehen?*
Yes, you're right, well look, in a minute we'll know. — *Ja, Sie haben Recht; in einer Minute werden wir es ja wissen.*
Her son was in hospital. — *Ihr Sohn war im Krankenhaus.*
You're sitting in the wrong place there. — *Sie sitzen dort auf dem falschen Platz.*
Cook some garlic in a little bit of butter. — *Garen Sie etwas Knoblauch in ein wenig Butter.*
Actually, in the recipe it says cream cheese. — *Eigentlich steht Frischkäse im Rezept.*
I suppose in a way he's like me. — *Ich nehme an, in gewisser Weise ist er wie ich.*
It rained in the afternoon. — *Am Nachmittag regnete es.*
I'll have fried beef in mushroom sauce. — *Ich nehme gebratenes Rindfleisch in Pilzsauce.*

in case [ɪn'keɪs] — *im Fall, für den Fall*
Jeanne went with me of course in case I fell. — *Jeanne begleitete mich natürlich, für den Fall, dass ich stürzen würde.*

in cash [ɪn'kæʃ] — *bar*
Yes, and I could pay you back in cash. — *Ja, und ich könnte es Ihnen in bar zurückzahlen.*

in fact [ɪn'fækt] — *eigentlich*
Mm, in fact it was a big piece and I had to cut it in half. — *Mm, eigentlich war es ein großes Stück und ich musste es halbieren.*

in front of [ɪn'frʌntɒv] — *vorne, vor jemandem*
The station is in front of you. — *Der Bahnhof ist vor Ihnen.*

in general [ɪn'dʒenərəl] — *im Allgemeinen*
In general we would probably have been quite comfortable at the Pondview Hotel. — *Im Allgemeinen wäre es im Pondview Hotel für uns wahrscheinlich sehr gemütlich gewesen.*

in love [ɪn'lʌv] — *verliebt*
I think she was in love with the young man. — *Ich denke, sie war in den jungen Mann verliebt.*

in spite of [ɪn'spaɪtəv] — *trotz*
They went for a walk in spite of the rain. — *Sie gingen trotz des Regens spazieren.*

inch [ɪntʃ] — *Zoll [Maßeinheit]*
The car moved forward inch by inch. — *Der Wagen bewegte sich Zentimeter um Zentimeter vorwärts.*

include [ɪn'klu:d]	*einschließen, enthalten*
Does the price include service and tips?	*Sind im Preis Bedienung und Trinkgeld enthalten?*
inclusive [ɪn'klu:sɪv]	*einschließlich, inbegriffen*
It's all inclusive, isn't it?	*Es ist alles inbegriffen, nicht wahr?*
increase [ɪn'kri:s]	*vergrößern, vermehren, zunehmen, steigen*
The number of visitors to Britain has increased.	*Die Zahl der Besucher in Großbritannien ist gestiegen.*
There was a large increase in the number of visitors.	*Es gab einen großen Anstieg der Besucherzahlen.*
industry ['ɪndəstrɪ]	*Industrie*
There is a lot of industry in Leeds.	*In Leeds gibt es viel Industrie.*
industrial [ɪn'dʌstrɪəl]	*industriell, Industrie-*
Leeds is an industrial town.	*Leeds ist eine Industriestadt.*
informal [ɪn'fɔ:ml]	*formlos, inoffiziell*
She wrote an informal letter.	*Sie schrieb einen formlosen Brief.*
information [ɪnfə'meɪʃn]	*Information, Auskunft*
Have you got any written information about these places?	*Haben Sie irgendwelche schriftliche Informationen über diese Orte?*
injured ['ɪndʒəd]	*verletzt*
A number of people were seriously injured.	*Einige wurden schwer verletzt.*
insect ['ɪnsekt]	*Insekt*
There were hundreds of insects all around the lake.	*Es gab Hunderte von Insekten rund um den See.*
inside [ɪn'saɪd]	*(das) Innere, innen, in, hinein*
Yeah they're inside there now.	*Ja, sie sind nun da drin.*
The inside of the house was newly decorated.	*Das Innere des Hauses war frisch tapeziert.*
Well you can go inside and eat.	*Nun, Sie können hineingehen und essen.*
instead [ɪn'sted]	*statt, stattdessen*
Yeah but then it'll cost about £ 220 pounds each instead of £ 30.	*Ja, aber dann kostet es ungefähr 220 Pfund für jeden statt 30.*
Instead we were given seperate rooms on completely different floors.	*Stattdessen bekamen wir getrennte Zimmer auf völlig unterschiedlichen Stockwerken.*

instructions [ɪn'strʌktkʃnz]
We've got the instructions anyway.

Gebrauchsanweisung
Wir haben sowieso die Gebrauchsanweisung.

instrument ['ɪnstrʊmənt]
She can play a number of instruments.

Instrument, Gerät, Apparat
Sie kann einige Instrumente spielen.

insurance [ɪn'ʃʊərəns]
You have to have a car insurance.

Versicherung
Sie müssen eine Autoversicherung haben.

intelligent [ɪn'telɪdʒənt]
They're very intelligent students.

intelligent
Sie sind sehr intelligente Studenten.

interest ['ɪntrɪst]
That covers all the places of interest as well.

Interesse, interessieren
Das bezieht alle interessanten Orte mit ein.

interested ['ɪntrɪstɪd]
We would be interested to hear about your plans.

interessiert
Wir wären daran interessiert, etwas über Ihre Pläne zu erfahren.

interested in ['ɪntrɪstɪdɪn]
I'm interested in this sauce. I want to know if it's the same as a Hollandaise.

interessiert an
Mich interessiert diese Sauce. Ich möchte wissen, ob es die gleiche ist wie Hollandaise.

interesting ['ɪntrɪstɪŋ]
There are some interesting people who get there.
That's really interesting. It's a museum, an art gallery.

interessant
Es werden einige interessante Leute da sein.
Das ist sehr interessant. Es ist ein Museum, eine Kunstgalerie.

international [ɪntə'næʃənl]
It's an international meeting.

international
Das ist eine internationale Tagung.

internet ['ɪntənet]
In a few years time most people will be on the internet.

Internet
In ein paar Jahren werden die meisten Menschen im Internet sein.

interrupt [ɪntə'rʌpt]
Don't interrupt me, please, I haven't finished.
We turned round and he actually interrupted his phone-call to talk to us.

unterbrechen
Bitte unterbrechen Sie mich nicht, ich bin noch nicht fertig.
Wir drehten uns um und er unterbrach tatsächlich sein Telefongespräch, um mit uns zu sprechen.

interruption [ɪntə'rʌptpʃn]
It's impossible to work here without any interruptions.

Unterbrechung
Es ist unmöglich, hier ohne Unterbrechungen zu arbeiten.

interview ['ɪntəvjuː]
Interview, Vorstellungsgespräch
She had an interview at 10 a.m.
Sie hatte um zehn Uhr ein Interview.

into ['ɪntʊ, 'ɪntə]
in, in … hinein
When he goes into the office he's never quite sure where he's going to be sent.
Wenn er ins Büro geht, weiß er nie genau, wohin er geschickt werden wird.
If you take that road, that takes you into Chorley.
Wenn Sie diese Straße nehmen, kommen Sie direkt nach Chorley.
Change your dollars into pounds at the airport.
Wechseln Sie am Flughafen Ihre Dollars in Pfund.

introduce [ɪntrə'djuːs]
vorstellen, bekannt machen
They stopped and introduced us to their daughter.
Sie hielten an und stellten uns ihrer Tochter vor.

invite [ɪn'vaɪt]
einladen
He invited us to his birthday party.
Er hat uns zu seiner Geburtstagsparty eingeladen.

invitation [ɪnvɪ'teɪʃn]
Einladung
Thanks a lot for the invitation to your party.
Vielen Dank für die Einladung zu Ihrer Party.

iron ['aɪən]
Eisen, Bügeleisen
It's made of iron.
Es ist aus Eisen.
Don't forget to switch off the iron before you leave.
Vergiss nicht das Bügeleisen auszuschalten, bevor du gehst.
You should iron that blouse before wearing it.
Du solltest die Bluse vor dem Anziehen bügeln.

island ['aɪlənd]
Insel
It's a big island.
Es ist eine große Insel.

it [ɪt]
es, ihm
We listen to it quite a lot.
Wir hören uns das oft an.
And that's about it.
Und das wär's.
It's raining. It doesn't often rain here.
Es regnet. Es regnet nicht oft hier.
It's a long way to town.
Es ist ein langer Weg in die Stadt.
It was quite funny though with the Christmas cake, wasn't it?
Das mit dem Weihnachtskuchen war doch sehr komisch,nicht wahr?
It depends.
Das hängt davon ab.
It should be quite hot inside.
Es dürfte drinnen ziemlich heiß sein.
Would you believe it?
Würden Sie das glauben?
That's it.
Ja, genau.
That's right.
Das ist richtig.

its [ɪts]
Its museums are said to be very attractive.
sein, seine, ihr, ihre
Man sagt, dass seine Museen sehr fesselnd sind.

itself [ɪt'self]
Cambridge itself is not a very big town anyway.
sich (selbst), selbst
Cambridge selbst ist sowieso keine große Stadt.

J

jacket ['dʒækɪt]
What colour's your jacket?
Jacke, Jackett
Welche Farbe hat deine Jacke?

life-jacket ['laɪfdʒækɪt]
The flight attendant showed them how to use their life-jackets.
Schwimmweste
Die Flugbegleiterin zeigte ihnen, wie die Schwimmwesten zu benutzen sind.

jam [dʒæm]
We had coffee, bread and jam for breakfast.
Marmelade
Wir hatten Kaffee, Brot und Marmelade zum Frühstück.

jeans [dʒi:nz]
Where can I get some good jeans?
Jeans
Wo kann ich gute Jeans kaufen?

job [dʒɒb]
I think he's found the right job.
Arbeit, Stelle, Beruf, Job
Ich denke, er hat den richtigen Beruf gefunden.

join [dʒɔɪn]
He joined the company three years ago.
I've joined the French for Beginners course.
Will you join us for a drink?
sich anschließen, beitreten, eintreten
Er trat vor drei Jahren in die Firma ein.
Ich besuche den Französischkurs für Anfänger.
Wollen Sie einen mit uns trinken?

joke [dʒəʊk]
Oh, you're joking, it's our speciality of the house.
I had a joke with one of the girls.
Witz, Scherz, scherzen
Oh, Sie machen nur einen Scherz, das ist die Spezialität unseres Hauses.
Ich habe mich über eines der Mädchen lustig gemacht.

journey ['dʒɜːnɪ]
I remember that journey, it was terrible.

Reise
Ich erinnere mich an diese Reise, sie war schrecklich.

judge [dʒʌdʒ]
Judges are chosen by the government.

Richter, -in
Richter werden von der Regierung ausgewählt.

juice [dʒuːs]
Can I have orange juice in a large glass with lots of ice?

Saft
Kann ich ein großes Glas Orangensaft mit viel Eis haben?

just [dʒʌst]
I just don't have the time.
Just go down this road as far as you can.
I'll just telephone then.
I've just finished it.

nur, gerade, einfach
Ich habe einfach keine Zeit.
Fahren Sie einfach diese Straße so weit wie möglich hinunter.
Ich telefoniere nur mal eben.
Ich bin gerade damit fertig.

K

keen on [kiːnɒn]
She's not so keen on pubs actually, she doesn't drink.

scharf auf, sehr interessiert an
Sie interessiert sich eigentlich nicht besonders für Pubs; sie trinkt nicht.

keep [kiːp], kept [kept], kept [kept]
Keep going straight on, past the station as far as the roundabout.
I'd love to keep this bottle. I wish we could keep it.
And I kept thinking, I wonder where we are now.
Oh, fine actually. Yes, yes, it keeps us pretty busy.
Where do you keep your bottles?

halten, behalten
Folgen Sie der Straße weiter geradeaus, am Bahnhof vorbei bis zum Kreisverkehr.
Ich möchte diese Flasche gerne behalten. Ich wünschte, wir könnten sie behalten.
Und ich dachte immer, ich frage mich, wo wir nun sind.
Oh, eigentlich gut. Ja, ja, es beschäftigt uns sehr.
Wo lagern Sie Ihre Flaschen?

key [kiː]
We lost our car key somewhere in town.

Schlüssel
Wir haben unseren Autoschlüssel irgendwo in der Stadt verloren.

kill [kɪl] *töten, umbringen, ermorden*
Millions were killed in the Second World War. *Millionen sind im Zweiten Welkrieg getötet worden.*

kilo(gramme) ['kɪləgræm] *Kilogramm*
I'd like a kilo of fresh strawberries. *Ich möchte ein Kilo frische Erdbeeren.*

kilometre ['kɪləmi:tə] *Kilometer*
We discovered that our hotel was 5 km out of town. *Wir stellten fest, dass unser Hotel fünf Kilometer außerhalb der Stadt lag.*

kind [kaɪnd] *Art, freundlich*
What kind of music does she like? *Welche Art von Musik mag sie?*
It's kind of hilly and lots of little villages. *Es ist etwas hügelig und es gibt viele kleine Dörfer.*
That was very kind of you. *Das war sehr nett von Ihnen.*

king [kɪŋ] *König*
There aren't many European countries that still have kings and queens. *Es gibt nicht viele europäische Staaten, die immer noch Könige und Königinnen haben.*

kiss [kɪs] *küssen, Kuss*
I gave her a kiss. *Ich gab ihr einen Kuss.*
In some countries people often kiss each other when they meet. *In einigen Ländern küsst man sich zur Begrüßung.*

kitchen ['kɪtʃɪn] *Küche*
Help yourselves to food and drinks in the kitchen. *Nehmen Sie sich selbst zu essen und zu trinken in der Küche.*

knee [ni:] *Knie*
Have you hurt your knee? *Hast du dich am Knie verletzt?*

knife [naɪf], knives [naɪvz] *Messer*
Mike, help yourself to a knife and fork . *Mike, nimm dir selber Messer und Gabel.*

knock [nɒk] *klopfen*
A student came and knocked on the door. *Ein Student kam und klopfte an meine Tür.*

know [nəʊ], knew [nju:], known [nəʊn] *wissen, kennen*
You know the big block of flats? *Kennst du den großen Wohnblock?*
She always wanted to make them herself, but she never really knew how. *Sie wollte sie immer selber machen, aber sie wusste nie genau wie.*

And it's actually lovely to just be in the village you know. | *Wissen Sie, es ist wirklich schön, nur mal so im Dorf zu sein.*

knowledge ['nɒlɪdʒ] — *Kenntnis, Wissen*
I have a working knowledge of Spanish. — *Ich habe ausreichende Spanischkenntnisse.*

L

lady ['leɪdɪ] — *Dame*
A nice young lady came to see me, he said. — *Eine nette junge Dame hat mich besucht, sagte er.*

lake [leɪk] — *See*
Perhaps a walk around the lake on Sunday evening. — *Vielleicht ein Spaziergang um den See am Sonntagabend.*

lamb [læm] — *Lamm, Lammfleisch*
There's beef, pork or lamb for lunch. — *Es gibt Rind, Schweinefleisch oder Lamm zu Mittag.*

lamp [læmp] — *Lampe, Laterne*
She bought a new lamp for the living-room. — *Sie hat eine neue Lampe für das Wohnzimmer gekauft.*

land [lænd] — *Land, landen*
In the end we landed safely. — *Schließlich sind wir sicher gelandet.*

language ['læŋgwɪdʒ] — *Sprache*
Welsh is my first language. — *Walisisch ist meine Muttersprache.*

laptop ['læptɑp] — *Laptop*
He takes his laptop with him everywhere. — *Er nimmt seinen Laptop überall mit.*

large [lɑːdʒ] — *groß*
There's a large map of Chorley here. — *Es gibt hier einen großen Stadtplan von Chorley.*

last [lɑ:st]	*letzter, letzte, letztes, zuletzt, dauern*
What did you do last night?	*Was haben Sie letzte Nacht gemacht?*
And then we just got the last train back.	*Und dann haben wir gerade noch den letzten Zug zurück bekommen.*
Last time I saw it it was in perfect condition.	*Als ich es zuletzt gesehen habe, war es in ausgezeichnetem Zustand.*
When did you last see him?	*Wann haben Sie ihn zuletzt gesehen?*
The play lasted two hours.	*Das Theaterstück dauerte zwei Stunden.*
last name ['lɑ:stneɪm]	*Nachname*
And what's her last name?	*Und wie heißt sie mit Nachnamen?*
at last [æt/ət'lɑ:st]	*endlich*
There you are at last.	*Da bist du ja endlich!*
late [leɪt]	*spät, verspätet*
Yes we were late as usual.	*Ja, wir kamen wie immer zu spät.*
And but a few days later I was picking my daughter up again from school.	*Und nur ein paar Tage später habe ich meine Tochter wieder von der Schule abgeholt.*
I've booked my taxi from Maidstone at a later time.	*Ich habe mein Taxi von Maidstone für einen späteren Zeitpunkt bestellt.*
They arrived late.	*Sie kamen spät.*
latest ['leɪtəst]	*letzte/r/s, neueste/r/s*
He's got all the latest software.	*Er hat die gesamte neueste Software.*
lately [leɪtli]	*neulich, kürzlich*
I haven't seen much of her lately.	*Ich habe sie in letzter Zeit nicht oft gesehen.*
laugh [lɑ:f]	*lachen*
She laughed at me.	*Sie lachte über mich.*
law [lɔ:]	*Recht, Gesetz*
There's a law against it.	*Es gibt ein Gesetz dagegen.*
-in-law [ɪn'lɔ:]	*Schwieger-*
John is his son-in-law / brother-in-law / father-in-law.	*John ist sein Schwiegersohn / Schwager / Schwiegervater.*
Jean is his daughter-in-law / sister-in-law / mother-in-law.	*Jean ist seine Schwiegertochter / Schwägerin / Schwiegermutter.*
lawyer ['lɔ:jə]	*Rechtsanwalt, Rechtsanwältin*
We know a good lawyer.	*Wir kennen einen guten Anwalt.*
lazy ['leɪzɪ]	*faul, träge*
I've got one colleague who's really lazy.	*Ich habe einen Kollegen, der wirklich faul ist.*

lead [li:d], led [led], led [led]
The guide led us to the entrance.

führen
Der Fremdenführer führte uns zum Eingang.

learn [lɜ:n]
How many languages did you learn at school?

lernen
Wie viele Sprachen haben Sie in der Schule gelernt?

least [li:st]
We chose the least expensive restaurant we could find.

wenigste, geringste
Wir haben das billigste Restaurant ausgesucht, das wir finden konnten.

at least [æt/ət'li:st]
There were at least 500 people.
At least as far as the difference between a 3-star and a 2-star hotel is concerned.

wenigstens, mindestens
Es waren mindestens 500 Leute da.
Wenigstens, was den Unterschied zwischen einem 2-Sterne- und einem 3-Sterne-Hotel angeht.

leather ['leðə]
I have to wear leather shoes.

Leder
Ich muss Lederschuhe tragen.

leave [li:v], left [left], left [left]
We'll just leave the car here and go on the train.
I've left them at home in my shopping bag.
That's right, but if she ever leaves she can always change the address.
And I've got one left.

lassen, verlassen, weggehen, abfahren
Wir lassen einfach den Wagen hier und nehmen den Zug.
Ich habe sie zu Hause in meiner Einkaufstasche gelassen.
Das ist richtig, aber wenn sie jemals weggeht, kann sie die Adresse immer noch ändern.
Und ich habe einen übrig.

left [left]
Turn left and on your right there's Notts Country's football ground.
You go down here and take the third left.
Number two, the one on the left.
Turn right and it's about half a mile down on the left-hand side.

links, linke Seite
Biegen Sie links ab und auf der rechten Seite ist das Notts-Country-Stadion.
Sie fahren hier hinunter und nehmen die dritte Straße links.
Nummer zwei, das auf der linken Seite.
Biegen Sie rechts ab und dann ist es ungefähr eine halbe Meile weiter auf der linken Seite.

leg [leg]
She broke her leg.

Bein
Sie brach sich das Bein.

legal ['li:gl]
There are not many legal ways of making a lot of money quickly.

gesetz-, rechtmäßig, legal
Es gibt nicht viele legale Wege, um schnell viel Geld zu machen.

illegal [ɪ'li:gl] — *unerlaubt, ungesetzlich, illegal*
It's illegal to drive when you've been drinking. — *Es ist verboten, betrunken zu fahren.*

leisure ['leʒə] — *Freizeit*
We've got the all seasons leisure centre here in Chorley. — *Wir haben hier in Chorley ein Allwetter-Freizeitzentrum.*

lend [lend], lent [lent], lent [lent] — *(ver)leihen*
Can you lend me some money? — *Kannst du mir etwas Geld leihen?*

less [les] — *weniger, geringer*
It's more or less finished now. — *Es ist jetzt mehr oder weniger fertig.*
It'll be less of a problem. — *Das wird das geringste Problem sein.*
There might be some but it's less likely than on other nights. — *Es werden vielleicht einige da sein, aber es ist unwahrscheinlicher als in anderen Nächten.*

lesson ['lesn] — *Unterrichtsstunde*
We have two English lessons a week. — *Wir haben zwei Stunden Englisch pro Woche.*

let [let], let [let], let [let] — *lassen*
It's all right, they've just let me drive for a while. — *Das ist in Ordnung, sie haben mich nur eine Zeit lang fahren lassen.*
Let's go and have a drink. — *Lasst uns etwas trinken gehen.*
Let me know. — *Lassen Sie es mich wissen.*
That looks very nice, put it on and let's have a look at you. — *Das sieht nett aus; ziehen Sie es an und lassen Sie sich anschauen.*
Let's assume that she arrives on Friday. — *Nehmen wir an, sie kommt am Freitag an.*

letter ['letə] — *Brief*
So he wrote her a letter and explained that he was going to take a trip with Carol. — *Also schrieb er ihr einen Brief und erklärte, dass er Carol auf einen Ausflug mitnehmen werde.*

library ['laɪbrərɪ] — *Bücherei, Bibliothek*
The library opens from 10 a.m. to 4 p.m. — *Die Bücherei ist von 10 Uhr bis 16 Uhr geöffnet.*

licence ['laɪsəns] — *Erlaubnis, Genehmigung, Lizenz*
I need a TV licence for my Mum. — *Ich brauche ein Anmeldeformular für den Fernseher meiner Mutter.*
He lost his driving licence for three months. — *Sein Führerschein wurde für drei Monate eingezogen.*

lie [laɪ], lay [leɪ], lain [leɪn] — *liegen*

The paper was lying on the table. — *Die Zeitung lag auf dem Tisch.*

Why don't you lie down? — *Warum legen Sie sich nicht hin?*

life [laɪf], lives [laɪvz] (Pl.) — *Leben*

And just village life, no lights in the village but it's not far where I go in the winter. — *Und nur Dorfleben; keine Beleuchtung im Dorf, aber es nicht weit weg von dort, wo ich im Winter hinfahre.*

If you'd led a nice quiet life and hadn't drunk or smoked. — *Wenn Sie ein schönes, ruhiges Leben geführt und weder getrunken noch geraucht hätten.*

It would be a great surprise – after the life you've led. — *Es wäre eine große Überraschung – nach dem Leben, das Sie geführt haben.*

lift [lɪft] — *(hoch)heben, Aufzug, mitnehmen*

They had to lift me on the plane. — *Sie mussten mich in das Flugzeug heben.*

Can I give you a lift? — *Kann ich Sie mitnehmen?*

You can use the lift. — *Sie können den Aufzug nehmen.*

light [laɪt] — *anzünden, Licht, leicht, hell*

I'm sure this camera's got no batteries in. It feels extremely light to me. — *Ich bin sicher, dass in dieser Kamera keine Batterien sind. Sie fühlt sich meiner Meinung nach sehr leicht an.*

At the traffic lights at the top of the road you turn right. — *An der Ampel oben an der Straße biegen Sie rechts ab.*

There are no lights in the village. — *Es gibt keine Beleuchtung im Dorf.*

Have you got a light, please? — *Haben Sie bitte Feuer?*

like [laɪk] — *mögen, gern haben, ähnlich, wie*

Oh, Mummy doesn't worry about anything like that. — *Oh, Mutti macht sich keine Sorgen um so etwas.*

Well, she's like Aubrey was. — *Nun, sie ist so wie Aubrey war.*

I'll do the driving, I like driving. — *Ich fahre, ich fahre gerne.*

It was absolutely fantastic. I felt like a VIP. — *Es war einfach toll. Ich fühlte mich wie eine VIP.*

How would you like it cooked? — *Wie möchten Sie es zubereitet?*

Would you like another drink? — *Möchten Sie noch etwas zu trinken?*

You're probably right. Be interesting to see what he looks like. — *Sie haben wahrscheinlich Recht. Es könnte interessant sein zu sehen, wie er aussieht.*

What's it like? — *Wie ist es?*

That's if you go for like 17 days. — *Das gilt, wenn Sie circa 17 Tage buchen.*

It looked like we were flying right into it. — *Es sah so aus, als ob wir genau hineinfliegen würden.*

And providing services like BNT do. — *Und Service anbieten wie BNT es macht.*

There were people like Rob Lummel. — *Es waren Leute da wie Rob Lummel.*

It's flat you know, it's not hilly like Wales. — *Wissen Sie, es ist flach, nicht so hügelig wie Wales.*

likely [lakli] — *wahrscheinlich*

There might be some but it's less likely than on other nights. — *Es werden vielleicht einige da sein, aber es ist unwahrscheinlicher als in anderen Nächten.*

unlikely [ʌn'laɪkli] — *unwahrscheinlich*

He's unlikely to come so late. — *Es ist unwahrscheinlich, dass er so spät kommt.*

line [laɪn] — *Linie, Leitung*

I was coming down Southport Road near the police station and there was a line of traffic. — *Ich kam nahe der Polizeistation die Southport Road herunter und da war dann ein Verkehrsstau.*

Hold the line please. All our operators are currently busy. — *Bleiben Sie bitte dran. Alle Vermittlungen sind zur Zeit besetzt.*

The line was engaged all afternoon. — *Der Anschluss war den ganzen Nachmittag besetzt.*

Don't step over this line. — *Übertreten Sie nicht diese Linie.*

list [lɪst] — *Liste, Verzeichnis*

There's also a lot of local folk music – maybe you could get lists of who's playing there. — *Es gibt auch viel einheimische Folk-Musik – vielleicht können Sie ein Verzeichnis der Gruppen bekommen, die dort spielen.*

listen ['lɪsn] — *hören, zuhören*

Do you still listen to Scottish music? — *Hören Sie immer noch schottische Musik?*

Listen! Why don't we meet again tomorrow? — *Hören Sie! Warum treffen wir uns nicht morgen wieder?*

little ['lɪtl] — *klein, wenig*

It's nice, quiet, you know, just a little village with six hundred people. — *Wissen Sie, es ist nett, ruhig, nur ein kleines Dorf mit 600 Menschen.*

I've got very little time. — *Ich habe sehr wenig Zeit.*

There's very little to do here. — *Es gibt hier nur wenig zu tun.*

a little bit [ə'lɪtlbɪt] — *ein wenig*

You melt a little bit of butter and garlic. — *Sie mischen ein wenig Butter und Knoblauch.*

live [lɪv] — *leben, wohnen*

Where we live it is fantastic, you know. — *Wissen Sie, es ist wunderbar dort, wo wir wohnen.*

I might live for another ten years. — *Ich könnte noch weitere zehn Jahre leben.*

living ['lɪvɪŋ]	*Lebensunterhalt*
What do you do for a living?	*Womit verdienen Sie Ihren Lebensunterhalt?*
living-room ['lɪvɪŋru:m]	*Wohnzimmer*
They were sitting in the living-room, when suddenly the lamp fell down.	*Sie saßen gerade im Wohnzimmer, als die Lampe herunterfiel.*
local ['ləʊkl]	*örtlich, Orts-, hiesig*
There's also a lot of local folk music – maybe you could get lists of who's playing there.	*Es gibt auch viel einheimische Folk-Musik – vielleicht können Sie ein Verzeichnis der Gruppen bekommen, die dort spielen.*
It's only a local call. It doesn't cost much.	*Es ist nur ein Ortsgespräch. Das ist nicht teuer.*
What's their local time?	*Wie spät ist es dort Ortszeit?*
lock [lɒk]	*schließen, abschließen, verschließen, Schloss*
Lock the door so that no one can come in.	*Verschließen Sie die Tür, sodass niemand herein kann.*
I must have left the key in the lock.	*Ich muss den Schlüssel im Schloss stecken gelassen haben.*
lonely ['ləʊnli]	*einsam*
Pat sometimes feels very lonely.	*Pat fühlt sich manchmal sehr einsam.*
long [lɒŋ]	*lang*
Yeah. How long ago was that?	*Ja, wie lange ist das her?*
Well that's a long way then.	*Nun, das ist dann ein langer Weg.*
They've all closed down. There used to be one at Southpool but that closed a long time ago.	*Sie haben alle geschlossen. Es gab einmal eins in Southpool, aber das hat schon lange geschlossen.*
He didn't stay long.	*Er blieb nicht lange.*
She made a long distance call.	*Sie führte ein Ferngespräch.*
look [lʊk]	*sehen, schauen, aussehen*
That looks very nice, put it on and let's have a look at you.	*Das sieht nett aus; ziehen Sie es an und lassen Sie sich anschauen.*
Oh, look! What a good idea.	*Oh, schauen Sie sich das an! Welch gute Idee.*
Maybe we'll go there tomorrow and have a look.	*Vielleicht fahren wir morgen dorthin und sehen uns das an.*
It looked like we were flying right into it. It was really frightening.	*Es sah so aus, als ob wir genau hineinfliegen würden. Es war wirklich erschreckend.*

He looks like his father.	*Er sieht aus wie sein Vater.*
Yes, you're right . Well look, in a minute we'll know.	*Ja, Sie haben Recht. Nun, sehen Sie, in einer Minute werden wir es ja wissen.*
We left the plane all looking a bit pale.	*Wir verließen das Flugzeug und sahen alle ein bisschen blass aus.*
Does it look nice?	*Sieht das nicht nett aus?*
look after [lʊk'ɑːftə]	*sich kümmern um*
I've got to manage my money to look after myself in my old age.	*Ich muss mein Geld einteilen, damit ich im hohen Alter für mich selber sorgen kann.*
look at ['lʊkæt]	*ansehen*
You see I'd never get her into a museum to look at art.	*Wissen Sie, ich würde sie in kein Museum kriegen, um sich Kunst anzusehen.*
look for [lʊk'fɔː]	*suchen*
I'm looking for my glasses.	*Ich suche meine Brille.*
look forward to [lʊk'fɔːwθədtuː]	*sich freuen auf*
Okay, look forward to seeing you.	*Okay, freue mich darauf, Sie zu sehen.*
look into [lʊk'ɪntʊ]	*untersuchen*
G & E are looking into that at the moment.	*G & E untersuchen das zur Zeit.*
look like ['lʊklaɪk]	*aussehen*
It'll be interesting to see what he looks like.	*Es wird interessant sein zu sehen, wie er aussieht.*
look out [lʊk'aʊt]	*aufpassen*
Look out!	*Pass auf!*
lorry ['lɒrɪ]	*Lkw, Lastwagen*
All the lorry drivers were on strike.	*Alle Lastwagenfahrer streikten.*
lose [luːz], lost [lɒst], lost [lɒst]	*verlieren, verirren*
And now the company is losing 40000 jobs.	*Und nun verliert das Unternehmen 40 000 Stellen.*
If we are lost, we can ask again once we're at the station.	*Wenn wir uns verirren, können wir noch einmal fragen, wenn wir am Bahnhof sind.*
We lost the game.	*Wir haben das Spiel verloren.*
I've lost my keys.	*Ich habe meine Schlüssel verloren.*
lot [lɒt]	*eine Menge, viel*
We listen to Irish music quite a lot.	*Wir hören sehr viel irische Musik.*

That's a lot, isn't it?	*Das ist viel, nicht wahr?*
lots [lɒts]	*viele, eine Menge*
There are lots of caravan parks in the area.	*Es gibt eine Menge Wohnwagenplätze in der Gegend.*
We were just spending our weekend in Amsterdam 'cos there's lots to do.	*Wir haben unser Wochenende in Amsterdam verbracht, weil wir da viel unternehmen können.*
Yeah in a big glass with lots of ice.	*Ja, in einem großen Glas mit viel Eis.*
loud [laʊd]	*laut*
Suddenly there was a loud noise.	*Plötzlich gab es ein lautes Geräusch.*
lounge [laʊndʒ]	*Gesellschaftsraum, Halle*
Coffee will be served in the lounge.	*Kaffee wird im Gesellschaftsraum serviert.*
We had to wait for ages in the Departure Lounge.	*Wir mussten ewig in der Abflughalle warten.*
love [lʌv]	*Liebe, lieben, sehr gern haben*
I'd love to keep this bottle. I wish we could keep it.	*Ich möchte diese Flasche gerne behalten. Ich wünschte, wir könnten sie behalten.*
I think she was in love with the sales manager.	*Ich glaube, sie war in den Verkaufsleiter verliebt.*
I love the country, I always have.	*Ich liebe das Land, ich habe es immer geliebt.*
Love, from Jean	*Herzliche Grüße von Jean [Brief]*
lovely ['lʌvli]	*herrlich, großartig, schön*
It was lovely, wasn't it?	*Es war herrlich, nicht wahr?*
It's a lovely colour.	*Das ist eine schöne Farbe.*
Lovely, thank you.	*Großartig, vielen Dank.*
low [ləʊ]	*niedrig*
That's low down.	*Das ist niedrig.*
luck [lʌk]	*Glück*
I've had a lot of bad luck recently.	*Ich hatte viel Pech in letzter Zeit.*
lucky ['lʌkɪ]	*Glück haben*
It made me realize how lucky we were.	*Es machte mir klar, welches Glück wir gehabt haben.*
I'd run him over and lucky for me the police had seen it happen, you see.	*Sehen Sie, ich hätte ihn fast überfahren und hatte Glück, dass die Polizei sah, wie es passierte.*

luggage ['lʌgɪdʒ]
Gepäck
The only problem we've got then is carrying the luggage.
Das Tragen des Gepäcks ist dann das einzige Problem, das wir haben.

lunch [lʌntʃ]
Mittagessen
What about a nice traditional Sunday lunch in a pub?
Wie wäre es mit einem traditionellen Mittagessen am Sonntag in einem Pub?

lunchtime ['lʌntʃtaɪm]
Mittag(szeit)
Sunday morning church, Sunday lunchtime the pub, for the meal more than the drink!
Sonntagmorgen Kirche, Sonntagmittag der Pub, mehr wegen des Essens als um zu trinken!

M

machine [mə'ʃi:n]
Maschine
But unfortunately our photocopying machine has broken down.
Aber leider ist unser Fotokopierer kaputtgegangen.

mad [mæd]
verrückt
Well, it says here you would be mad to come to Flanders.
Nun, hier steht, man müsste verrückt sein, um nach Flandern zu kommen.

madam ['mædəm]
[Anrede für eine Frau]
Can I help you, madam?
Kann ich Ihnen helfen, Madam?
Dear Sir or Madam, …
Sehr geehrte Damen und Herren … [Brief]

magazine [mægə'zi:n]
Illustrierte, Zeitschrift, Magazin
Is this a woman's magazine?
Ist das eine Frauenzeitschrift?

main [meɪn]
Haupt-
And then you're in the main street.
Und dann sind Sie in der Hauptstraße.
But the main thing is that …
Aber die Hauptsache ist, dass …
You have to get off the main road.
Sie müssen die Hauptstraße verlassen.

mainly ['meɪnli]
hauptsächlich, in erster Linie
She likes all kinds of music, classical – mainly classical, I think.
Sie mag alle Arten von Musik, klassische – hauptsächlich klassische, meine ich.

make [meɪk], made [meɪd], made [meɪd]
machen
Her mum never makes cakes.
Ihre Mutti backt niemals Kuchen.
I don't think I can make it this morning.
Ich denke nicht, dass ich es heute Morgen schaffe.

Yes, I would, thank you, but make it a small one.	*Ja, ich würde schon, vielen Dank, aber nur etwas Kleines.*
ATT is really in the business at the moment of making equipment for telecommunications.	*ATT ist zur Zeit mit der Herstellung von Zubehör im Kommunikationsbereich groß im Geschäft.*
Make sure you've locked the door.	*Vergewissern Sie sich, dass die Tür verschlossen ist.*
I think you've made a mistake.	*Ich denke, Sie haben einen Fehler gemacht.*
Which makes it more difficult.	*Was es nur noch schwieriger macht.*
It made me realize how lucky we were.	*Es machte mir klar, welches Glück wir gehabt haben.*
made of ['meɪdɒv]	*aus*
It's made of wood.	*Es ist aus Holz.*
man [mæn], men [men] (Pl.)	*Mann, Mensch*
There was a young man with us that had been in our hotel.	*Bei uns war ein junger Mann, der in unserem Hotel gewohnt hatte.*
manage ['mænɪdʒ]	*zurechtkommen, es schaffen*
I managed to be a good teacher but I wasn't popular.	*Ich schaffte es, ein guter Lehrer zu sein, aber ich war nicht beliebt.*
Can you manage?	*Kommen Sie zurecht?*
I've got to manage my money to look after myself in my old age.	*Ich muss mein Geld einteilen, damit ich im hohen Alter für mich selber sorgen kann.*
manager ['mænɪdʒə]	*Geschäftsführer, -in, Manager, -in*
She's the manager of our department.	*Sie ist unsere Abteilungsleiterin.*
many ['menɪ]	*viele*
I don't know how many – four or five, I think.	*Ich weiß nicht wie viele – vier oder fünf, glaube ich.*
There are so many lovely places round the area.	*Es gibt so viele herrliche Orte in dieser Gegend.*
map [mæp]	*(Land-)Karte, Stadtplan*
You're going to buy this map? It's £ 1.25 please.	*Sie wollen diese Karte kaufen? Das macht 1 Pfund 25 bitte.*
mark [mɑːk]	*markieren, kennzeichnen, Mark*
Follow Route 31 South and it's clearly marked about 5 miles along to the right.	*Folgen Sie der Route 31 nach Süden und ungefähr fünf Meilen weiter ist es auf der rechten Seite deutlich gekennzeichnet.*

market ['mɑ:kɪt]
There's a market in the centre of town every Wednesday.

Markt
Jeden Mittwoch ist Markt im Stadtzentrum.

married ['mærɪd]
My sister's getting married next year.

verheiratet
Meine Schwester wird nächstes Jahr heiraten.

marvellous ['mɑ:vələs]
Marvellous, wasn't it?

wunderbar, fantastisch
Wunderbar, nicht wahr?

match [mætʃ]
Have you got a match?
I was watching the football match on television last night.

Wettkampf, Spiel, Streichholz
Haben Sie ein Streichholz?
Ich habe das Fußballspiel gestern Abend im Fernsehen gesehen.

material [mə'tɪərɪəl]
What sort of material is it?

Material, Stoff
Was für ein Material ist das?

maths [mæθs]
Is she good at maths?

Mathematik
Ist sie gut in Mathematik?

matter ['mætə]
What's the matter?
We're all having the same thing, so it won't matter, Matilde, don't worry.

Sache, Angelegenheit
Was ist los?
Wir haben alle das gleiche, also macht es nichts aus, Matilde, mach dir keine Sorgen.

may [meɪ]
I may have time tomorrow afternoon. I'll try and give you a ring then.

darf, kann (vielleicht), mag
Morgen Nachmittag dürfte ich Zeit haben. Ich versuche Sie dann anzurufen.

Mayor [meə]
The new museum was opened by the Mayor.

Bürgermeister, -in
Das neue Museum wurde vom Bürgermeister eröffnet.

me [mi:, mɪ]
Try to call me before four fifteen if you can.

mich, mir, ich
Versuchen Sie, mich vor Viertel nach vier anzurufen.

meal [mi:l]
It's difficult to find a reasonably priced meal.

Mahlzeit, Essen
Es ist schwierig, ein Essen zu einem vernünftigen Preis zu finden.

mean [mi:n], meant [ment], meant [ment]	*meinen, bedeuten, geizig, gemein*
Are you sure you want to go, I mean, we can go for a city break in Bruges.	*Bist du sicher, dass du fahren willst, ich meine, wir können einen Zwischenstopp in Brügge machen.*
What does this word mean?	*Was bedeutet dieses Wort?*
What do you mean?	*Was meinen Sie?*
He's really mean.	*Er ist wirklich geizig.*
meaning ['mi:nɪŋ]	*Bedeutung*
The meaning isn't really clear.	*Die Bedeutung ist tatsächlich nicht klar.*
meat [mi:t]	*Fleisch*
I don't eat as much meat as I used to do.	*Ich esse nicht mehr so viel Fleisch wie früher.*
medical ['medɪkl]	*medizinisch, ärztlich*
You should take out medical insurance before you go.	*Sie sollten vor Ihrer Abreise eine Krankenversicherung abschließen.*
medicine ['medsɪn]	*Medizin, Arznei, Medikament*
My daughter's studying medicine.	*Meine Tochter studiert Medizin.*
medium ['mi:dɪəm]	*Mitte, mittel*
How do you want your steak? Rare, medium or well done?	*Wie möchten Sie Ihr Steak? Blutig, medium oder durchgebraten?*
meet [mi:t], met [met], met [met]	*(sich) treffen, begegnen, kennen lernen*
We could have a walk around the lake on Sunday evening and then meet some friends for a drink.	*Wir könnten am Sonntagabend einen Spaziergang um den See machen und dann einige Freunde treffen, um etwas zu trinken.*
You haven't met Ian, have you?	*Sie haben Ian noch nicht kennen gelernt, oder?*
meeting [mi:tɪŋ]	*Besprechung, Sitzung, Veranstaltung*
There's a meeting at four.	*Um vier Uhr findet eine Sitzung statt.*
member ['membə]	*Mitglied*
He's been a member of the golf club for a long time now.	*Er ist schon seit langer Zeit Mitglied im Golfklub.*
memory ['memərɪ]	*Gedächtnis, Erinnerung*
My memory is getting worse and worse.	*Mein Gedächtnis wird immer schlechter.*
The visit to my old school brought back lots of memories.	*Der Besuch in meiner früheren Schule hat mich an vieles erinnert.*

mention ['menʃn]
Oh no, we haven't mentioned that yet.
erwähnen
Oh nein, wir haben das noch nicht erwähnt.

As I mentioned, the next meeting will be on Tuesday.
Wie ich bereits gesagt habe, das nächste Treffen ist am Dienstag.

menu ['menju:]
Could I have the menu, please?
Speisekarte
Kann ich bitte die Speisekarte haben?

merry ['merɪ]
Merry Christmas!
fröhlich
Fröhliche Weihnachten!

message ['mesɪdʒ]
Could you give her a message?
Nachricht, Mitteilung, Botschaft
Können Sie ihr etwas mitteilen?

metal ['metl]
No, it's not plastic, it's metal.
Metall
Nein, das ist nicht Plastik, das ist Metall.

method ['meθəd]
That's not a very good method.
Methode, Mittel
Das ist keine sehr gute Methode.

metre ['mi:tə]
It's about 200 metres from here.
Meter
Das ist ungefähr 200 Meter von hier.

microwave ['maɪkrəʊweɪv]
I don't know what I would do without the microwave. It's so useful.
Mikrowelle
Ich wüsste nicht, was ich ohne Mikrowelle machen würde. Das ist so praktisch.

middle ['mɪdl]
You'll find it in the middle row of shelves.
Mitte
Sie finden es in der mittleren Regalreihe.

midnight ['mɪdnaɪt]
And she got in after midnight!
Mitternacht
Und sie kam erst nach Mitternacht zurück!

might [maɪt]
I don't know. Actually it might be nice to spend a couple of hours in London anyway.
dürfte, könnte, wäre
Ich weiß nicht. Es wäre vielleicht ganz nett, ein paar Stunden in London zu verbringen.

mile [maɪl]
Turn right and it's about half a mile down on the left-hand side.
Meile
Biegen Sie rechts ab und dann ist es etwa eine halbe Meile weiter auf der linken Seite.

milk [mɪlk]
Do you want milk in your tea?
Milch
Möchten Sie Milch in Ihren Tee?

million ['mɪljən] — *Million*
There are millions of them. — *Es gibt Millionen davon.*

mind [maɪnd] — *etwas dagegen haben, Meinung*
He probably won't mind anyway. — *Wahrscheinlich wird er sowieso nichts dagegen haben.*
Would you mind if I opened the window? — *Hätten Sie etwas dagegen, wenn ich das Fenster öffne?*
Mind the door. — *Passen Sie auf die Tür auf!*
They've changed their minds once again. — *Sie haben ihre Meinung erneut geändert.*
I just can't make up my mind. — *Ich kann mich nicht entscheiden.*

mine [maɪn] — *meiner, meine, meines*
And Emma, a friend of mine, brought these photographs out. — *Und Emma, eine Freundin von mir, hat diese Fotos herausgebracht.*

mineral water ['mɪnərəl'wɔ:tə] — *Mineralwasser*
Can I have mineral water, please? — *Kann ich bitte ein Mineralwasser haben?*

minister ['mɪnɪstə] — *Minister, -in, Pfarrer, -in, Pastor, -in*
Who's the prime minister of India? — *Wer ist Premierminister von Indien?*

minority [maɪ'nɒrətɪ] — *Minderheit*
There are about 40 minority languages in the European Union. — *In der EU gibt es etwa 40 Minderheitensprachen.*

minute ['mɪnɪt] — *Augenblick, Minute*
Can you come up here for a minute? — *Können Sie einen Augenblick heraufkommen?*
I can type 80 words per minute. — *Ich kann 80 Wörter pro Minute tippen.*
I'm seven minutes on the bus away from West Bay. — *Ich lebe sieben Busminuten von West Bay entfernt.*
I'm going home in a minute. — *Ich gehe in einer Minute nach Hause.*

mirror ['mɪrə] — *Spiegel*
Look at yourself in the mirror. — *Sieh dich im Spiegel an.*

miss [mɪs] — *verfehlen, versäumen*
Do you miss the city? — *Fehlt Ihnen die Stadt?*
Yeah, you can't miss it. — *Ja, Sie können es nicht verfehlen.*
I missed the bus. — *Ich habe den Bus verpasst.*
My bag is missing. — *Meine Tasche ist weg.*

Miss [mɪs]
Miss Smith

[Anrede für ein junges Mädchen]
Miss Smith

mistake [mɪ'steɪk]
They've just realised they've made a mistake.

Fehler
Sie haben gerade festgestellt, dass sie einen Fehler gemacht haben.

mix [mɪks]
Can I have pineapple juice mixed with white wine?

mischen, vermischen, mixen
Kann ich Ananassaft mit Weißwein gemischt haben?

modern ['mɒdən]
It's a very modern building.

modern
Das ist ein sehr modernes Gebäude.

moment ['məʊmənt]
And there's a Picasso exhibition on at the moment.

Augenblick, Moment, Zeit
Und zur Zeit läuft eine Picasso-Ausstellung.

money ['mʌnɪ]
Have you got any money on you?

Geld
Haben Sie Geld dabei?

month [mʌnθ]
We were in Sydney a month ago.

Monat
Vor einem Monat waren wir in Sydney.

mood [mu:d]
The boss is in a bad mood again.

Stimmung, Laune
Der Chef hat wieder schlechte Laune.

moon [mu:n]
It must be full moon.

Mond
Es muss Vollmond sein.

more [mɔ:]
That makes it more difficult.
I thought it would cost more than that.

mehr
Das macht es schwieriger.
Ich dachte, es würde mehr kosten.

morning ['mɔ:nɪŋ]
If you got the earliest train in the morning, you'd arrive by lunchtime.

Morgen, Vormittag
Wenn Sie den ersten Zug am Morgen bekommen, könnten Sie bis mittags da sein.

Do you think she'd like to go to church on Sunday morning?

Meinen Sie, sie möchte am Sonntagmorgen in die Kirche gehen?

most [məʊst]
It's the most expensive hotel in town.
Most people don't realise how difficult it is to learn a foreign language.
I wonder which is the language with the most words.

der, die, das meiste, am meisten
Es ist das teuerste Hotel in der Stadt.
Die meisten wissen nicht, wie schwierig es ist, eine Fremdsprache zu lernen.
Ich frage mich, welche Sprache die meisten Wörter hat.

mother ['mʌðə]
Her mother lives just down the road.

Mutter
Ihre Mutter wohnt etwas weiter unten an der Straße.

mother-in-law [mʌðəɪn'lɔː]
My mother-in-law makes this sort of cake as well.

Schwiegermutter
Meine Schwiegermutter backt auch diese Kuchensorte.

motorbike ['məʊtəbaɪk]
She goes to work on her motorbike.

Motorrad
Sie fährt mit dem Motorrad zur Arbeit.

motorway ['məʊtəweɪ]
There was a terrible accident on the motorway last night.

Autobahn
Auf der Autobahn hat sich letzte Nacht ein schwerer Unfall ereignet.

mountain ['maʊntɪn]
We spent our holidays in the mountains last year.

Berg
Letztes Jahr haben wir unsere Ferien in den Bergen verbracht.

mouse ['maʊs], mice ['maɪs] (Pl.)
You use the left mouse button.

Maus
Benutzen Sie die linke Maustaste.

mouth [maʊθ]
Open your mouth, please.

Mund, Maul
Öffnen Sie bitte den Mund.

move [muːv]
It was so crowded you couldn't move.

bewegen, sich bewegen
Es war so voll, dass man sich nicht bewegen konnte.

They've moved to London.

Sie sind nach London gezogen.

movie ['muːvɪ]
I was thinking of going to a movie, do you want to come?

Film, Kino
Ich habe mir überlegt, ins Kino zu gehen. Willst du mitkommen?

Mr ['mɪstə]
Could I speak to Mr Tanaka, please?

Herr
Könnte ich bitte Herrn Tanaka sprechen?

Mrs ['mɪsɪz]
This is Mrs Haak's office.

Frau
Das ist Frau Haaks Büro.

Ms [mɪz]

Frau [Anrede für jede Frau]

much [mʌtʃ]
I don't want too much rice, thank you.

viel
Ich möchte nicht zu viel Reis, vielen Dank.

Alright. Thank you very much.
How much was it?
He's much happier now.

In Ordnung. Vielen Dank.
Wie viel hat es gekostet?
Er ist jetzt viel glücklicher.

multimedia [mʌltɪ'mi:djə]
My son wants a multimedia computer for Christmas.

Multimedia
Mein Sohn möchte einen Multimedia-Computer zu Weihnachten.

Mum [mʌm]
Well, Mum and Dad went out, so we went to Mary's to sleep.

Mutti, Mama
Nun, Mama und Papa sind ausgegangen, deshalb sind wir zum Schlafen zu Mary gegangen.

murder ['mɜ:də]
They were sent to prison for murder.

Mord, ermorden
Sie wurden wegen Mordes ins Gefängnis geschickt.

museum [mju:'zɪəm]
It's a museum and an art gallery.

Museum
Das ist ein Museum und eine Kunstgalerie.

mushroom ['mʌʃrʊm]
I'll have the deep fried mushrooms.

Pilz
Ich nehme die gebratenen Pilze.

music ['mju:zɪk]
Yeah. Mm. What kind of music does she like?

Musik
Ja. Mm. Welche Musik mag sie gerne?

musical ['mju:zɪkl]
We went to a musical when we were in London.

Musical
Als wir in London waren, sind wir in ein Musical gegangen.

musicians [mju:'zɪʃns]
There are a lot of good musicians in Ireland.

Musiker
In Irland gibt es eine Menge guter Musiker.

must [mʌst]
There must be something interesting on TV tonight.
You mustn't touch that key.

muss
Im Fernsehen muss es heute Abend etwas Interessantes geben.
Du darfst diesen Schlüssel nicht anrühren.

my [maɪ]
I could borrow my brother's car.

mein
Ich konnte den Wagen meines Bruders ausleihen.

myself [maɪ'self]
Actually I've never visited these places myself.
I've got to manage my money to look after myself in my old age.

mich (selbst), ich (selbst)
Tatsächlich habe ich diese Orte niemals selbst besucht.
Ich muss mein Geld einteilen, damit ich im hohen Alter für mich selber sorgen kann.

N

name [neɪm]
That's right ... that's my name there and that's the number.

Name, (be)nennen
Das ist richtig ... das da ist mein Name und das ist meine Nummer.

first name ['fɜːstneɪm]
My first name originally came from Scotland.

Vorname
Mein Vorname kommt ursprünglich aus Schottland.

last name ['lɑːstneɪm]
Do you know her last name?

Nachname
Kennen Sie ihren Nachnamen?

narrow ['nærəʊ]
Some of the roads in Scotland are very narrow.

eng, schmal
Einige Straßen in Schottland sind sehr schmal.

nation ['neɪʃn]
50 years ago the whole nation used to listen to the Queen's Christmas speech on the radio.

Nation, Volk, Staat
Vor 50 Jahren hörte sich gewöhnlich die ganze Nation die Weihnachtsansprache der Königin im Radio an.

national ['næʃənl]
We usually buy a national newspaper.

national, National-
Wir kaufen normalerweise eine landesweite Zeitung.

nationality [næʃə'nælətɪ]
What nationality is he?

Nationalität, Staatsangehörigkeit
Welche Staatsangehörigkeit hat er?

native ['neɪtɪv]
English is my native language.

Mutter-
Englisch ist meine Muttersprache.

nature ['neɪtʃə]
I saw an interesting nature programme on TV.

Natur
Ich habe einen interessanten Naturfilm im Fernsehen gesehen.

natural ['nætʃrəl]
It's quite natural.

natürlich
Das ist ganz natürlich.

near [nɪə]
I was coming down Southport Road near the police station.

nahe, in der Nähe
Ich kam nahe der Polizeistation die Southport Road herunter.

nearest ['nɪərəst]
Where's the nearest telephone?

nächste
Wo ist das nächste Telefon?

nearby [nɪə'baɪ]
in der Nähe
There are one or two very nice pubs nearby.
Es gibt ein oder zwei sehr nette Pubs in der Nähe.

nearly ['nɪəli]
beinahe, fast
Are you nearly ready?
Sind Sie fast fertig?

necessary ['nesəsərɪ]
notwendig, nötig
That's okay, it's not necessary.
Kein Problem, das ist nicht nötig.

unnecessary [ʌn'nesəsərɪ]
unnötig
That was quite unnecessary.
Das war völlig unnötig.

neck [nek]
Hals, Nacken
I've got a pain in my neck.
Ich habe Nackenschmerzen.

need [nɪ:d]
brauchen, benötigen
I need to go to the railway station. Could you tell me the way?
Ich muss zum Bahnhof. Können Sie mir den Weg sagen?
Right okay and the other thing I need is a TV licence form.
In Ordnung, und dann brauche ich noch ein Anmeldeformular für den Fernseher.

needn't [ni:dnt]
nicht müssen, nicht brauchen
You needn't come, if you don't want to.
Du musst nicht kommen, wenn du nicht willst.

don't need to [dəʊnt'ni:dtu:]
nicht müssen, nicht brauchen
You don't need to do that now.
Du musst das jetzt nicht machen.

neighbour ['neɪbə]
Nachbar, -in
What are your neighbours like?
Wie sind deine Nachbarn?

neither ['naɪðə, 'ni:ðə]
weder, auch nicht, keine, keiner, keines
Neither of us want to go there.
Keiner von uns will hingehen.
I don't like him. – Neither do I.
Ich mag ihn nicht. – Ich auch nicht.
Neither my parents nor my brother are coming to visit us at Christmas.
Weder meine Eltern noch mein Bruder kommen Weihnachten zu Besuch.

nervous ['nɜ:vəs]
nervös, Nerven-
I was so nervous before the interview.
Ich war so nervös vor dem Vorstellungsgespräch.

never ['nevə]
nie, niemals
Well, I'd never heard that before.
Nun, ich hatte das noch nie gehört.

new [nju:]
neu
You just don't have the time with the new house and the garden.
Man hat einfach keine Zeit mehr mit dem neuen Haus und dem Garten.

news [nju:z] — *Neuigkeit(en), Nachricht(en)*
Have you heard the news? — *Weißt du schon das Neueste?*
Switch on the TV. It's time for the news. — *Schalte den Fernseher ein. Es ist Zeit für die Nachrichten.*

newspaper ['nju:zpeɪpə] — *Zeitung*
Can I have a look at your newspaper? — *Darf ich einen Blick in Ihre Zeitung werfen?*

next [nekst] — *nächster, nächste, nächstes*
Yes, and the next thing we wanted to ask you is how to get to the Castle Museum. — *Ja und dann wollten wir Sie fragen, wie man zum Burgmuseum kommt.*
I'm having a birthday party next Friday starting at about 8. — *Am nächsten Freitag gebe ich eine Geburtstagsparty; sie beginnt gegen acht.*
He turned left, instead of going on to the next road. — *Er bog links ab, anstatt bis zur nächsten Straße weiterzufahren.*

next to ['neksttu:] — *neben*
The post office is next to the bank. — *Die Post ist neben der Bank.*

nice ['naɪs] — *nett, fein, hübsch, schön*
It was nice, wasn't it? — *Es war schön, nicht war?*

night ['naɪt] — *Nacht, Abend*
What did you do last night? — *Was haben Sie letzte Nacht gemacht?*
Do they sleep all night without waking up? — *Schlafen sie die ganze Nacht ohne aufzuwachen?*
But then you've got to add £ 50 a night for the hotel rooms. — *Aber dann müssen Sie 50 Pfund pro Nacht für die Hotelzimmer dazurechnen.*
The hotel was next to a very busy motorway which was very noisy at night. — *Das Hotel lag an einer stark befahrenen Autobahn, die nachts sehr laut war.*
We stayed in a hotel over night. — *Wir haben in einem Hotel übernachtet.*
Good night. — *Gute Nacht.*

no [nəʊ] — *nein, kein*
No, it's quite good. — *Nein, das ist sehr gut.*
Yes ... sure ... no problem at all. — *Ja ... sicher ... kein Problem.*

no one [nəʊ'wʌn] — *niemand, keiner*
There's no one here at all! — *Es ist überhaupt niemand da!*

nobody [nəʊ'bɒdɪ]
I went to the front door, nobody there.

niemand, keiner
Ich bin zur Haustür gegangen, aber es war niemand da.

noise ['nɔɪz]
What a terrible noise!

Lärm ,Geräusch
Was für ein schrecklicher Lärm!

noisy ['nɔɪzɪ]
It was so noisy I couldn't hear if anyone said "come in".

laut
Es war so laut, dass ich nicht hören konnte, ob jemand „Herein" sagte.

none [nʌn]
None of them are here.

keiner, keine, keines
Keiner von ihnen ist da.

nonsense ['nɒnsəns]
I don't believe that. That's nonsense.

Unsinn, Quatsch
Ich glaube das nicht. Das ist Unsinn.

nor [nɔ:]
I wouldn't do it. – Nor would I.

noch, auch nicht
Ich würde es nicht machen. – Ich auch nicht.

Neither my parents nor my brother are coming to visit us at Christmas.

Weder meine Eltern noch mein Bruder kommen Weihnachten zu Besuch.

normal ['nɔ:ml]
I was wondering whether to have a vegetarian burger or the normal burger.

normal
Ich überlegte, ob ich einen vegetarischen Hamburger oder einen normalen nehmen sollte.

normally ['nɔ:mli]
Jamie, normally, you put him in his bed and he's gone.

normalerweise
Normalerweise legt man Jamie ins Bett und weg ist er.

north [nɔ:θ]
It is the Venice of the North of Europe.

Nord-, nördlich
Das ist das Venedig des Nordens.

north-east [nɔ:θ'i:st]
We live north-east of Paris.

nordöstlich, Nordosten
Wir leben nordöstlich von Paris.

northern ['nɔ:ðən]
He has got a northern accent.

nördlich
Er hat einen nördlichen Akzent.

nose ['nəʊz]
The man with the big nose.

Nase
Der Mann mit der großen Nase.

not [nɒt]
Well I mean, Holland's only small, it's not a big place.
She's not so keen on pubs, actually she doesn't drink.

nicht
Nun, ich meine, Holland ist nur klein, es ist kein großes Land.
Sie interessiert sich nicht besonders für Pubs, weil sie eigentlich nichts trinkt.

Go for a drink maybe? – Yeah, why not.	*Wollen Sie vielleicht etwas trinken gehen? – Ja, warum nicht.*
No, I don't play very much now, no, not at all.	*Nein, ich spiele nicht mehr sehr viel, nein, eigentlich gar nicht.*
Thanks for your help. – Not at all.	*Vielen Dank für Ihre Hilfe. – Nichts zu danken.*
note [nəʊt]	*Note, Notiz, Anmerkung, beachten, notieren*
A 5 pound note.	*Ein 5-Pfund-Schein.*
Make a note of his address, please.	*Notieren Sie bitte seine Adresse.*
Could you note it down for me?	*Können Sie das für mich aufschreiben?*
nothing ['nʌθɪŋ]	*nichts*
What are you doing? – Nothing really.	*Was machen Sie gerade? – Eigentlich nichts.*
notice ['nəʊtɪs]	*bemerken, beachten, Bescheid, Kündigung*
He didn't notice the mistake.	*Er hat den Fehler nicht bemerkt.*
Have you heard? The boss's secretary has given in her notice.	*Haben Sie schon gehört? Die Chefsekretärin hat gekündigt.*
now [naʊ]	*jetzt, nun*
Are you ready now?	*Sind Sie jetzt fertig?*
Now, how are we going to carry all these over?	*Nun, wie werden wir die ganzen Sachen hinübertragen?*
The postman came just now.	*Der Postbote war gerade hier.*
nowhere ['nəʊweə]	*nirgends, nirgendwohin*
Where did you go last night? – Nowhere. We stayed at home.	*Wohin seid ihr gestern Abend gegangen? – Nirgendwohin. Wir sind zu Hause geblieben.*
nuclear ['njuːklɪə]	*Kern-, Nuklear-*
More and more people are against nuclear power.	*Immer mehr Leute sind gegen Kernenergie.*
number ['nʌmbə]	*Nummer, Zahl, Anzahl*
He lives at house number two, the one on the left.	*Er wohnt in Nummer zwei, dem Haus auf der linken Seite.*
A number of people left before the end of the play.	*Etliche Leute verließen vor Ende des Stücks das Theater.*
I've included her address, phone number and e-mail address in case you need to contact her.	*Ich habe ihre Adresse, Telefonnnummer und E-mail-Adresse beigefügt, falls du dich an sie wenden musst.*

nurse [nɜːs]
She's a nurse at the local hospital.

Krankenschwester, Krankenpfleger, -in
Sie ist Krankenschwester im örtlichen Krankenhaus.

nut [nʌt]
Would you like some nuts with your wine?

Nuss
Möchten Sie ein paar Nüsse zum Wein?

O

obviously ['ɒbvɪəsli]
They obviously won't come now.

offenbar
Sie werden offenbar nicht mehr kommen.

occasionally [ə'keɪʒnəli]
I occasionally have a glass of wine, but normally I don't drink alcohol.

gelegentlich, ab und zu
Ich trinke ab und zu ein Glas Wein, aber normalerweise trinke ich keinen Alkohol.

occupied ['ɒkjʊpaɪd]
I'm afraid the room is still occupied.

besetzt, belegt
Ich fürchte, das Zimmer ist immer noch belegt.

o'clock [ə'klɒk]
It's six o'clock.

Uhr
Es ist sechs Uhr.

of [ɒv, əv]
It is the Venice of the north of Europe.
I'll give you a cup of coffee.
A village of 5000 people.
They've got a daughter of fifteen.
It closes from the first of August to the twenty-second.

von
Es ist das Venedig Nordeuropas.
Ich gebe Ihnen eine Tasse Kaffee.
Ein Dorf mit 5000 Einwohnern.
Sie haben eine fünfzehnjährige Tochter.
Es schließt vom 1. bis zum 22. August.

of course [əv'kɔːs]
Could I borrow your pen? – Yes, of course.
Of course, what I didn't know was that the post had already arrived.

natürlich, selbstverständlich
Kann ich mir Ihren Kugelschreiber ausleihen? – Ja, natürlich.
Aber was ich natürlich nicht wusste, war, dass die Post schon da war.

off [ɒf]
And Kensington Road's off to the right.
Turn the lights off when you go to bed.

A week today ... I shall be off to Munich this time.
I walked off and left him.

ab, weg, fort
Und die Kensington Road geht rechts ab.
Mach das Licht aus, wenn du schlafen gehst.
Heute in einer Woche ... um diese Zeit bin ich auf dem Weg nach München.
Ich ging weg und ließ ihn stehen.

We went off for a trip. | *Wir machten einen Ausflug.*

offer ['ɒfə] | *Angebot,anbieten*
I offered to help. | *Ich bot Hilfe an.*
I'll make you an offer. | *Ich mache Ihnen ein Angebot.*

office ['ɒfɪs] | *Büro, Amt*
I'm not at the office at the moment. | *Ich bin zur Zeit nicht im Büro.*

officer ['ɒfɪsə] | *Beamter, Beamtin*
And of course the police officer came and I was a bit shocked. | *Natürlich kam der Polizeibeamte und ich war ein bisschen geschockt.*

official [ə'fɪʃl] | *offiziell, dienstlich, amtlich*
What's your official title? | *Was ist Ihr offizieller Titel?*

often ['ɒfn] | *oft, häufig*
The police told me that he'd often done that. | *Die Polizei erzählte mir, dass er das häufiger getan hätte.*
How often do you use a computer? | *Wie oft benutzen Sie einen Computer?*

oil [ɔɪl] | *Öl*
Does your car use much oil? | *Braucht Ihr Wagen viel Öl?*

OK / okay [əʊ'keɪ] | *okay, einverstanden, in Ordnung*
OK, you go up this road and turn left at the corner. | *Okay, Sie fahren diese Straße hoch und biegen an der Ecke rechts ab.*
Yeah, that's okay. | *Ja, das ist in Ordnung.*
Right okay and the other thing I need is a form for a TV licence. | *In Ordnung und dann brauche ich noch ein Anmeldeformular für den Fernseher.*

old [əʊld] | *alt*
There were all sorts of buildings you know little old cottages … | *Wissen Sie, da gab es alle möglichen Gebäude: kleine, alte Landhäuser …*
How old were the children? | *Wie alt waren die Kinder?*
So can you tell us how old your friend is? | *Kannst du uns also sagen, wie alt dein Freund ist?*
I've got to manage my money to look after myself in my old age. | *Ich muss mein Geld einteilen, damit ich im hohen Alter für mich selber sorgen kann.*

on [ɒn] | *auf, an, über, bei*
Turn left and on your right there's Notts Country's football ground there. | *Biegen Sie links ab und auf der rechten Seite ist dann das Notts-Country-Stadion.*
He was standing on the fourth floor. | *Er stand im vierten Stock.*

Yeah, we'll just leave the car behind and go on the train.
Ja, wir lassen den Wagen einfach hier und nehmen den Zug.

Can I have cheese on it?
Kann ich Käse darauf haben?

You could find out what's on at the Theatre Royal.
Du könntest versuchen herauszufinden, was im Theatre Royal gespielt wird.

The theatres are closed generally on Sundays.
Die Theater sind sonntags immer geschlossen.

I think we should turn on the heating.
Ich glaube, wir sollten die Heizung aufdrehen.

And then you press it down on the top.
Und dann müssen Sie oben draufdrücken.

I haven't got that much money on me.
Ich habe nicht so viel Geld bei mir.

As you're on holiday at the moment I thought I'd send you a note in case I don't get you on the phone.
Da Sie zur Zeit in Urlaub sind, dachte ich, ich schicke Ihnen eine kurze Nachricht für den Fall, dass ich Sie telefonisch nicht erreichen kann.

Dogs, cats and so on.
Hunde, Katzen und so weiter.

Have you by any chance got anything on Bath?
Haben Sie zufälligerweise etwas über Bath?

There's somewhere else nice on the way to Amsterdam.
Es gibt auch andere schöne Orte auf dem Weg nach Amsterdam.

I hope you'll have time to join me for lunch at noon on the 20th.
Ich hoffe, Sie haben Zeit, um mit mir am 20. zu Mittag zu essen.

House number two, the one on the left.
Nummer zwei, das Haus auf der linken Seite.

once [wʌns]
einmal

She was here once and I was baking one of those cakes.
Sie war einmal hier und ich habe einen dieser Kuchen gebacken.

Can I do it month by month or do you have to pay for it all at once?
Kann ich in Monatsraten zahlen oder muss ich es auf einmal bezahlen?

How often do you see him? – Once in a while.
Wie oft sehen Sie ihn? – Ab und zu mal.

Can you try it once more, please?
Können Sie es bitte noch einmal versuchen?

one [wʌn]
einer, eine, eines, eins

One of the pilots said you're looking down on Budapest.
Einer der Piloten hat gesagt, man sieht unten Budapest.

No I've bought one.
Nein, ich habe eines gekauft.

Well, do you want to have this one?
Nun, möchten Sie dieses haben?

One more time, please.
Noch einmal bitte.

We've seen far too little of one another since you moved to Chicago in '92.
Wir haben uns viel zu selten gesehen, seit du '92 nach Chicago gezogen bist.

You said you wanted the little ones as well.
Sie sagten, Sie möchten auch die kleinen.

And then one day we were in the local cinema.
Und dann waren wir eines Tages im hiesigen Kino.

onion ['ʌnɪən]	*Zwiebel*
And you put an onion and some pepper in the saucepan.	*Und dann geben Sie eine Zwiebel und etwas Pfeffer in den Kochtopf.*
only ['əʊnli]	*nur, einzig*
The only problem is that we've got then is carrying the luggage.	*Das Tragen des Gepäcks ist dann das einzige Problem, das wir haben.*
She only needs half of that anyway.	*Sie braucht sowieso nur die Hälfte davon.*
You could rent a car, yeah. I mean it's only four miles.	*Sie könnten einen Wagen mieten, sicher. Aber ich meine, es sind nur vier Meilen.*
I've only just arrived.	*Ich bin gerade erst angekommen.*
open ['əʊpən]	*offen, (sich) öffnen, eröffnen*
Shall we open a bottle?	*Sollen wir eine Flasche aufmachen?*
On a Sunday a lot of the little Covent Garden places are open.	*Sonntags sind viele der kleinen Geschäfte am Covent Garden geöffnet.*
The shops usually open about eleven o'clock.	*Die Geschäfte öffnen normalerweise gegen elf Uhr.*
operation [ɒpə'reɪʃn]	*Operation, Unternehmung*
She's gone into hospital for an operation.	*Sie ist wegen einer Operation im Krankenhaus.*
operator [ɒpə'reɪtə]	*Vermittler/in*
Hold the line please. All our operators are currently busy.	*Bleiben Sie bitte dran. Alle Vermittlungen sind gerade besetzt.*
opinion [ə'pɪnɪən]	*Meinung*
What's your opinion, John?	*Was ist deine Meinung, John?*
opportunity [ɒpə'tju:nətɪ]	*Gelegenheit*
I don't have many opportunities to go abroad.	*Ich habe selten Gelegenheit, ins Ausland zu fahren.*
opposite ['ɒpəzɪt]	*gegenüber, Gegenteil*
He went in the opposite direction.	*Er ging in die entgegengesetzte Richtung.*
The hotel is opposite the post office.	*Das Hotel liegt gegenüber der Post.*
What's the opposite of big?	*Was ist das Gegenteil von groß?*
or [ɔ:]	*oder*
Are you on foot or by car?	*Sind Sie zu Fuß oder mit dem Wagen unterwegs?*
Are you thinking of going back on the same train as me tomorrow then or what?	*Denken Sie daran, morgen mit demselben Zug zurückzufahren wie ich?*

orange ['ɒrɪndʒ]	*Orange, Apfelsine*
Would you like some orange juice?	*Möchten Sie etwas Orangensaft?*
order ['ɔːdə]	*Bestellung, Auftrag, Ordnung, bestellen, befehlen*
Are you ready to order?	*Sind Sie soweit, um zu bestellen?*
She's learning English in order to get a better job.	*Sie lernt gerade Englisch, um einen besseren Job zu finden.*
The machine is out of order.	*Die Maschine ist defekt.*
ordinary ['ɔːdnrɪ]	*gewöhnlich, normal*
It's nothing special, it's just an ordinary computer.	*Das ist nichts Außergewöhnliches, nur ein gewöhnlicher Computer.*
organize / organise ['ɔːgənaɪz]	*organisieren*
Who's organizing the meeting?	*Wer organisiert das Treffen?*
She's always very well-organized.	*Sie ist immer gut organisiert.*
organization / organisation [ɔːgənaɪ'zeɪʃn]	*Organisation*
It's an organization to help the poor.	*Das ist eine Organisation, die den Armen hilft.*
original [ə'rɪdʒənl]	*ursprünglich, originell*
The original plan was better than this one.	*Der ursprüngliche Plan war besser als dieser.*
originally [ə'rɪdʒənli]	*ursprünglich*
I originally came from the south.	*Ich komme ursprünglich aus dem Süden.*
other ['ʌðə]	*anderer, andere, anderes*
No, well, yeah, if you want to use the film at some other time.	*Nun ja, falls Sie den Film ein anderes Mal verwenden wollen.*
Fortunately there were no other cars on the road at the time.	*Glücklicherweise waren um diese Zeit keine anderen Autos unterwegs.*
They don't see each other very much.	*Sie sehen sich nicht sehr oft.*
Right okay, and the other thing I need is a form for a TV licence.	*In Ordnung, und dann brauche ich noch ein Anmeldeformular für den Fernseher.*
I saw John the other day at the station.	*Ich habe John neulich am Bahnhof gesehen.*
If you want it the other way round I can do this for you.	Wenn du das anders herum willst, kann ich das für dich machen.
otherwise ['ʌðəwaɪz]	*sonst, andernfalls, ansonsten*
You'd better take the umbrella, otherwise you might get wet.	*Nehmen Sie lieber den Schirm mit, sonst könnten Sie nass werden.*

ought to ['ɔːttə/tuː] — *sollte (eigentlich), müsste (eigentlich)*
You ought to have done it sooner. — *Sie hätten es eigentlich früher machen müssen.*
It ought to be here tomorrow. — *Ich sollte eigentlich morgen hier sein.*

ounce (oz.) [aʊns] — *Unze (= 28,35 Gramm)*
About 6 ounces of butter, yeah. — *Ja, ungefähr sechs Unzen Butter.*

our ['aʊə] — *unser*
On arrival at the airport we discovered that our hotel was 5 km out of town. — *Nach der Ankunft am Flughafen stellten wir fest, dass unser Hotel fünf Kilometer außerhalb der Stadt lag.*
It's our speciality of the house. — *Das ist unsere Spezialität des Hauses.*

ours ['aʊz] — *unser, unserer, unsere, unseres*
Is that their car? – No. It's ours. — *Ist das ihr Wagen? – Nein, unserer.*

ourselves [aʊə'selvz] — *uns, wir selbst*
We enjoyed ourselves very much. — *Wir haben uns sehr amüsiert.*
We didn't do it ourselves. — *Wir haben es nicht selbst gemacht.*

out [aʊt] — *hinaus, heraus, aus, außen, draußen*
You go out of the entrance and turn right up Southport Road. — *Gehen Sie durch den Eingang hinaus und dann nach rechts in die Southport Road.*
I'm afraid she's out at the moment. — *Ich fürchte, sie ist zur Zeit nicht da.*
Maybe some Friday evening you might be free to come out for supper. — *Vielleicht haben Sie an einem Freitagabend Zeit, um zum Essen zu gehen.*
Is this the way out? — *Ist das der Ausgang?*

outside [aʊt'saɪd] — *(nach) draußen, außerhalb*
It was really black outside. — *Es war wirklich schwarz draußen.*
We were standing outside the hotel. — *Wir standen draußen vor dem Hotel.*
We're eight miles outside of town. — *Wir sind acht Meilen außerhalb der Stadt.*

over ['əʊvə] — *über, herüber, hinüber, vorüber, zu Ende*
On your left you'll see the bridge over the river. — *Auf der linken Seite sehen Sie die Brücke über den Fluss.*
She wants the chair over here rather than over there. — *Sie möchte den Stuhl lieber hier als dort drüben haben.*
Our bedroom is over the living room. — *Unser Schlafzimmer ist über dem Wohnzimmer.*
I've got students from all over the world. — *Ich habe Studenten aus der ganzen Welt.*
There were over 200 people in the room. — *Es waren über 200 Leute im Raum.*
When is the meeting over? — *Wann ist die Sitzung zu Ende?*

own [əʊn] — *besitzen, eigener, eigene, eigenes*
Was that the driving school car or your own? — *War das der Fahrschulwagen oder Ihr eigener?*
Were you on your own at the time? — *Waren Sie zu dieser Zeit allein?*
Do you own your house or do you pay rent? — *Haben Sie ein eigenes Haus oder wohnen Sie zur Miete?*

owner ['əʊnə] — *Besitzer, -in*
Who is the owner of the car outside? — *Wem gehört der Wagen vor der Tür?*

P

pack [pæk] — *packen, einpacken, verpacken*
Have you packed yet? — *Haben Sie schon gepackt?*

unpack [ʌn'pæk] — *auspacken*
Have you unpacked yet? — *Haben Sie schon ausgepackt?*

packet ['pækɪt] — *Paket, Päckchen, Packung*
Can you bring me a packet of biscuits from the supermarket? — *Können Sie mir eine Packung Kekse aus dem Supermarkt mitbringen?*

page [peɪdʒ] — *Seite*
On page 363, it says that it's difficult to find a reasonably priced meal in Bruges. — *Auf Seite 363 steht, dass es schwierig ist, in Brügge zu einem vernünftigen Preis essen zu können.*

pain [peɪn] — *Schmerz(en)*
I've got a terrible pain in my leg. — *Ich habe schreckliche Schmerzen im Bein.*

paint [peɪnt] — *malen, anstreichen, Farbe, Lack*
We painted the kitchen ourselves. — *Wir haben die Küche selbst gestrichen.*
What colour paint do you want? — *Welche Farbe wollen Sie?*
This picture was painted by Picasso. — *Dieses Bild ist von Picasso gemalt worden.*

painting ['peɪntɪŋ] — *Bild, Malerei, Gemälde*
The museum has a lot of modern paintings on show. — *Das Museum stellt viele moderne Gemälde aus.*

pair [peə] — *Paar*
I need a pair of black shoes. — *Ich brauche ein Paar schwarze Schuhe.*

paper ['peɪpə] | *Papier, Zeitung*
I have an ad in the paper and I have to stay near the phone. | *Ich habe eine Annonce in der Zeitung aufgegeben und muss in der Nähe des Telefons bleiben.*
Do you need another piece of paper? | *Brauchen Sie noch ein Blatt Papier?*
Is that really made of paper? | *Ist das wirklich aus Papier?*

parcel ['pɑ:sl] | *Paket, Päckchen*
Would you take this parcel to the post office for me? | *Würden Sie dieses Paket für mich zur Post mitnehmen?*

pardon ['pɑ:dn] | *Entschuldigung, Verzeihung*
Pardon? | *Wie bitte?*

parents ['peərənts] | *Eltern*
The people in public schools get a better education because their parents can afford it. | *Schüler von Privatschulen bekommen eine bessere Ausbildung, weil die Eltern sich das leisten können.*

parents-in-law ['peərəntsɪn'lɔ:] | *Schwiegereltern*
I'll never forget the first time I met my parents-in-law. | *Ich werde nie vergessen, wie ich meine Schwiegereltern kennen gelernt habe.*

park [pɑ:k] | *Park, parken*
Well, have you been to Ashley Hall, the Elizabethan Hall in the park? | *Nun, haben Sie Ashley Hall, das elisabethanische Herrenhaus, im Park gesehen?*
I went down to the car park I'd always used before. | *Ich fuhr auf den Parkplatz, den ich immer benutzt hatte.*
It's very difficult to park in the city centre. | *Es ist sehr schwierig, im Stadtzentrum zu parken.*

parliament ['pɑ:ləmənt] | *Parlament*
We had a tour of the Houses of Parliament while we were in London. | *Wir hatten eine Führung durch das Parlamentsgebäude, als wir in London waren.*

part [pɑ:t] | *Teil, sich trennen, auseinander gehen*
What part of London would you be in? | *In welchem Teil Londons möchten Sie gerne wohnen?*
I didn't take part in the meeting. | *Ich habe an der Sitzung nicht teilgenommen.*

part-time ['pɑ:ttaɪm] | *Teilzeit*
She works part-time. | *Sie arbeitet Teilzeit.*

partner ['pɑ:tnə] | *Partner, -in*
Bring your partner along to the party. | *Bringen Sie Ihren Partner mit zur Party.*

We've got business partners all over Europe. — *Wir haben Geschäftspartner in ganz Europa.*

party ['pɑːtɪ] — *Partei, Party, Gesellschaft*
We could have a party, couldn't we? — *Wir könnten eine Party geben, oder?*
Which party do you think is going to win the election? — *Welche Partei wird Ihrer Meinung nach die Wahlen gewinnen?*

pass [pɑːs] — *vorbeigehen, vorbeifahren, herumreichen, eine Prüfung bestehen*
It was when I'd just passed my driving test. — *Es passierte, als ich gerade meine Fahrprüfung gemacht hatte.*
Can you pass the salt, please? — *Können Sie mir bitte das Salz geben?*
Go all the way up to the top until you pass the bank. — *Gehen Sie den ganzen Weg hinauf, bis Sie an der Bank vorbeikommen.*

passenger ['pæsɪndʒə] — *Passagier, Beifahrer, -in, Reisender, Reisende*
He said, "Get in the passenger seat", and he drove me to the police station. — *Er sagte: „Setzen Sie sich auf den Beifahrersitz" und fuhr mich zur Polizeistation.*

passport ['pɑːspɔːt] — *Pass, Reisepass*
I need a new passport. — *Ich brauche einen neuen Pass.*

past [pɑːst] — *vorbei, Vergangenheit*
Or it just might be a noisy car going past the window that wakes him up. — *Es könnte nur ein lautes Auto sein, das an seinem Fenster vorbeifährt und ihn weckt.*
It's half past three. — *Es ist halb vier.*
That's all in the past. — *Das liegt alles weit zurück.*

pay [peɪ], paid [peɪd], paid [peɪd] — *zahlen, bezahlen*
Do you have to pay for it all at once? — *Müssen Sie alles auf einmal bezahlen?*
Yes, and I could pay you back in cash. — *Ja und ich könnte es Ihnen in bar zurückzahlen.*

payment ['peɪmənt] — *Zahlung, Bezahlung*
They only accept payment by credit card. — *Sie nehmen nur Zahlungen mit Kreditkarte an.*

peace [piːs] — *Friede(n)*
He's done a lot for world peace. — *Er hat eine Menge für den Weltfrieden getan.*

peaceful [piːsfl] — *friedlich*
I love it here. It's so peaceful. — *Ich bin gerne hier. Es ist so friedlich.*

pen [pen] Can you lend me your pen?	*Kugelschreiber, Füller, Stift* *Können Sie mir Ihren Kugelschreiber leihen?*
pence [pens], (penny) ['penɪ] It costs sixty pence.	*Pence* *Es kostet sechzig Pence.*
pencil ['pensl] Do you want a pen or a pencil?	*Bleistift* *Möchten Sie einen Kugelschreiber oder einen Bleistift?*
pension ['penʃn] My pensions's about 75% of my last salary.	*Altersrente, Pension* *Meine Rente beträgt etwa 75 Prozent meines letzten Gehaltes.*
people ['pi:pl] It's a nice, quiet, little village – six hundred people.	*Menschen, Leute, Volk* *Es ist ein nettes, ruhiges, kleines Dorf – sechshundert Einwohner.*
pepper ['pepə] Could I have the salt and pepper, please?	*Pfeffer* *Könnte ich bitte Salz und Pfeffer haben?*
per cent (percent) [pə'sent] I got over seventy per cent in the last test.	*Prozent* *Ich hatte über siebzig Prozent im letzten Test.*
perfect ['pɜ:fɪkt] It's a perfect day for a walk, isn't it?	*vollkommen, perfekt, ideal* *Das ist der ideale Tag für einen Spaziergang, nicht wahr?*
performance [pə'fɔ:məns] When's the next performance?	*Aufführung, Vorstellung* *Wann ist die nächste Vorstellung?*
perhaps [pə'hæps, præps] Perhaps a walk around the lake on Sunday evening.	*vielleicht* *Vielleicht ein Spaziergang um den See am Sonntagabend.*
permit [pə'mɪt] I had to get a permit to work abroad.	*Erlaubnis, Genehmigung* *Ich brauchte eine Genehmigung, um im Ausland arbeiten zu können.*
person ['pɜ:sn] The flat will sleep up to eight persons.	*Person* *Bis zu acht Personen können in der Wohnung schlafen.*
personal ['pɜ:snəl] That's my personal opinion.	*persönlich, Privat-* *Das ist meine persönliche Meinung.*

personally ['pɜ:snəli]
persönlich
Personally, I don't believe what he says.
Ich persönlich glaube nicht, was er sagt.

pet [pet]
Haustier, streicheln
Pets aren't allowed in this building.
Haustiere sind in diesem Haus nicht erlaubt.

petrol ['petrəl], **gasoline** ['gæsəli:n], **gas** ['gœs] (US)
Benzin
How far is it to the nearest petrol station?
Wie weit ist es bis zur nächsten Tankstelle?
We have to stop for gas.
Wir müssen tanken.

phone [fəʊn]
Telefon, Hörer, anrufen
I'm going to book four cinema tickets on the phone.
Ich werde telefonisch vier Kinokarten vorbestellen.
Thank you for phoning up to invite me. I definitely will be there.
Vielen Dank für die telefonische Einladung. Ich werde bestimmt kommen.

photocopy ['fəʊtəʊkɒpɪ]
Kopie, Fotokopie
Unfortunately our photocopying machine has broken down.
Leider ist unser Fotokopierer kaputtgegangen.

photograph ['fəʊtəʊgrɑ:f] / **photo** ['fəʊtə]
Foto, Aufnahme
Well, I've got the camera, so we can take lots of photographs in the pub.
Nun, ich habe die Kamera dabei, sodass wir im Pub viele Fotos machen können.
And Emma, this friend of mine, brought photographs of the family through the years.
Und meine Freundin Emma brachte Familienfotos mit, die sie über die Jahre gemacht hatte.

piano ['pjænəʊ]
Klavier
Can you play the piano?
Können Sie Klavier spielen?

pick [pɪk]
(aus)wählen, aussuchen
Could you pick the newspaper up for me?
Können Sie mir die Zeitung mitbringen?
Be ready at ten and I'll come and pick you up.
Seien Sie um zehn fertig; ich komme dann um Sie abzuholen.

picture ['pɪktʃə]
Bild
I want to put up some more pictures.
Ich möchte mehr Bilder aufhängen.

piece [pi:s]
Stück
Would you like one piece of toast or two?
Möchten Sie ein oder zwei Stück Toast?
I need a clean piece of paper.
Ich brauche ein sauberes Blatt Papier.

pill [pɪl]
Take two pills with a glass of water.
Pille, Tablette
Nehmen Sie zwei Tabletten mit einem Glas Wasser.

pillow ['pɪləʊ]
How many pillows do you have, one, two?
Kopfkissen
Wie viele Kopfkissen haben Sie, eins oder zwei?

pilot ['paɪlət]
One of the pilots said, "You're looking down on Budapest".
Pilot
Einer der Piloten sagte: „Unter uns sehen Sie gerade Budapest."

pint [paɪnt]
A pint of bitter, please.
Pint (GB = 0,568 l, US = 0,473 l)
Ein Pint dunkles Bier, bitte.

pity ['pɪtɪ]
That's a pity.
Mitleid, bemitleiden
Das ist schade!

place ['pleɪs]
Can you tell me how to get to this place?
You're sitting in the wrong place there.
Have you got any written information about these places?
The meeting will take place at eight o'clock.
Platz, Stelle, Ort
Können Sie mir sagen, wie ich dorthin komme?
Sie sitzen auf dem falschen Platz.
Haben Sie irgendwelche schriftliche Informationen über diese Orte?
Die Sitzung findet um acht Uhr statt.

plan [plæn]
What are your plans for tomorrow?
I'm planning to spend a few days in the Penzance area.
Plan, planen
Was haben Sie morgen vor?
Im werde einige Tage in der Gegend von Penzance verbringen.

plane ['pleɪn]
What time's your plane tomorrow?
Flugzeug
Wann geht Ihr Flugzeug morgen?

plastic ['plæstɪk]
I don't like plastic cups.
Plastik, Kunststoff
Ich mag keine Plastiktassen.

plate ['pleɪt]
Can I have a different plate for the cheese?
Teller
Kann ich einen anderen Teller für den Käse haben?

platform ['plætfɔːm], **track** [træk] (US)
The train to Manchester leaves from platform 5.
Bahnsteig
Der Zug nach Manchester fährt von Bahnsteig 5 ab.

play [pleɪ]
Yeah, a lot of bands play in pubs too.
spielen, (Theater-)Stück
Ja, viele Bands spielen auch in Pubs.

We can have a cultural evening on Saturday either a play or a musical, something like that.	*Wir können am Samstag einen Kulturabend verbringen, entweder ein Theaterstück, ein Musical oder so etwas.*
She bought a ball for her children to play with.	*Sie kaufte ihren Kindern einen Ball zum Spielen.*
player ['pleɪə]	*Spieler, -in*
Bobby Charlton was a great player.	*Bobby Charlton war ein großartiger Spieler.*
pleasant ['pleznt]	*angenehm*
The colours are pleasant, aren't they?	*Die Farben sind angenehm, nicht wahr?*
please [pli:z]	*bitte*
Yes, please!	*Ja, bitte!*
I'd like a cab for 2.30 pm, please.	*Ich hätte gerne ein Taxi für 14.30 Uhr.*
pleased [pli:zd]	*erfreut, zufrieden*
Pleased to meet you.	*Sehr erfreut, Sie kennen zu lernen.*
Are you pleased with your new flat?	*Sind Sie zufrieden mit Ihrer neuen Wohnung?*
plenty ['plentɪ]	*eine Menge, sehr viel, reichlich*
Don't worry. We have plenty of time.	*Machen Sie sich keine Sorgen. Wir haben eine Menge Zeit.*
p.m. ['pi:əm]	*nachmittags*
Our flight leaves at 4 p.m.	*Unser Flug geht um 16 Uhr.*
pocket ['pɒkɪt]	*Tasche (von Kleidungsstücken)*
This coat hasn't got enough pockets.	*Dieser Mantel hat nicht genug Taschen.*
poem ['pəʊɪm]	*Gedicht*
Have you ever read any poems by Keats?	*Haben Sie schon einmal ein Gedicht von Keats gelesen?*
point [pɔɪnt]	*Punkt, zeigen, (hin)weisen*
What's the point of this?	*Worum geht es eigentlich?*
What's your point of view?	*Was ist Ihre Meinung?*
You get four points for the last question.	*Für die letzte Frage gibt es vier Punkte.*
My teacher pointed out all the mistakes I'd made.	*Mein Lehrer wies auf alle Fehler hin, die ich gemacht hatte.*
poisonous ['pɔɪznəs]	*giftig*
Don't eat that! It's poisonous.	*Essen Sie das nicht! Das ist giftig.*

police [pə'li:s]	*Polizei*
Lucky for me the police had seen it happen, you see.	*Es war mein Glück, dass die Polizei gesehen hatte, wie es passiert war.*
I was coming down Southport Road near the police station.	*Ich fuhr in der Nähe der Polizeistation die Southport Road hinunter.*
policeman [pə'li:smæn]	*Polizist*
policewoman [pə'li:swθʊmən]	*Polizistin*
police officer [pə'li:sɒfɪsə]	*Polizeibeamter, -beamtin*
polite [pə'laɪt]	*höflich*
The shop assistant was very polite.	*Der Verkäufer war sehr höflich.*
impolite [ɪmpə'laɪt]	*unhöflich*
Is it impolite to eat just with a fork?	*Ist es unhöflich, nur mit der Gabel zur essen?*
politics ['pɒlɪtɪks]	*Politik*
I never talk about religion and politics.	*Ich rede niemals über Religion und Politik.*
political [pə'lɪtɪkl]	*politisch*
What's your opinion of the main political parties?	*Was halten Sie von den wichtigsten politischen Parteien?*
politician [pɒlɪ'tɪʃn]	*Politiker, -in*
He's a real politician. He always tries to avoid answering difficult questions.	*Er ist ein echter Politiker. Er versucht immer, schwierigen Fragen auszuweichen.*
poor [pʊə]	*arm, dürftig, schlecht*
The people here are very poor.	*Die Menschen hier sind sehr arm.*
pop [pɒp]	*Popmusik*
Her mother hates pop music.	*Ihre Mutter hasst Popmusik.*
popular ['pɒpjʊlə]	*populär, beliebt*
He's not very popular with his colleagues.	*Er ist bei seinen Kollegen nicht sehr beliebt.*
pork [pɔ:k]	*Schwein, Schweinefleisch*
Sweet and sour pork you said, wasn't it?	*Schweinefleisch süß-sauer sagten Sie, nicht wahr?*
port [pɔ:t]	*Hafen*
The boat couldn't enter the port because of the bad weather.	*Das Schiff konnte wegen des schlechten Wetters nicht in den Hafen einlaufen.*

possible ['pɒsəbl]	*möglich*
Would it be possible to change my ticket?	*Ist es möglich, meine Karte umzutauschen?*
possibly ['pɒsəbli]	*vielleicht, möglicherweise*
Could you possibly help me?	*Können Sie mir vielleicht helfen?*
impossible [ɪm'pɒsəbl]	*unmöglich*
It's almost impossible to learn a language if you don't practise every day.	*Es ist fast unmöglich, eine Fremdsprache zu lernen, wenn man nicht jeden Tag übt.*
post [pəʊst]	*Post*
Can I post this second class, please?	*Kann ich das bitte zweiter Klasse schicken?*
Are you faxing it or sending it by post?	*Faxen Sie es oder schicken Sie es per Post?*
postcard ['pəʊstkɑ:d]	*Postkarte*
I think I'll send this postcard to Ann.	*Ich denke, ich werde Ann diese Postkarte schicken.*
post office ['pəʊstɒfɪs]	*Postamt*
Where's the nearest post office?	*Wo ist das nächste Postamt?*
postman ['pəʊstmæn]	*Briefträger*
postwoman ['pəʊstwʊmən]	*Briefträgerin*
potato [pə'teɪtəʊ], potatoes [pə'teɪtəʊz] (Pl.)	*Kartoffel*
How many potatoes do you want?	*Wie viele Kartoffeln wollen Sie?*
pound [paʊnd]	*Pfund*
It's 49 pounds return each.	*Hin- und Rückfahrt kosten 49 Pfund pro Person.*
It's a half pound of butter, I think, I put in that.	*Ich glaube, ich habe ein halbes Pfund Butter hineingegeben.*
power ['paʊə]	*Kraft, Macht, Strom, Energie*
There was a power cut because of the storm last night.	*Es gab wegen des Sturms letzte Nacht einen Stromausfall.*
The Labour Party came to power in 1997.	*Die Labour-Partei kam 1997 an die Macht.*
A lot of people are against nuclear power.	*Viele Menschen sind gegen Kernenergie.*
powerful ['paʊəfl]	*mächtig, stark, gewaltig*
That's a very powerful computer.	*Das ist ein sehr leistungsstarker Computer.*

practical ['præktɪkəl] — *praktisch*
My brother's not a very practical person. — *Mein Bruder ist kein sehr praktischer Mensch.*

practice ['præktɪs] — *Praxis, Übung*
I'm out of practice. — *Ich bin aus der Übung.*

practise ['præktɪs] — *üben*
I have to practise my English. — *Ich muss Englisch üben.*

prefer [prɪ'fɜː] — *vorziehen, bevorzugen, lieber haben*
I prefer coffee to tea. — *Ich nehme lieber Kaffee als Tee.*

prepare [prɪ'peə] — *zubereiten, (sich) vorbereiten*
I need to prepare for my test tomorrow. — *Ich muss mich auf meine morgige Prüfung vorbereiten.*

present ['preznt] — *Geschenk, Gegenwart*
Did you get a Christmas present from Terry? — *Haben Sie von Terry ein Weihnachtsgeschenk bekommen?*
He's not in the office at present. — *Er ist zur Zeit nicht im Büro.*
Well, I guess this is all our news at the present time. — *Nun, ich glaube, ansonsten gibt es zur Zeit nichts Neues.*

president ['prezɪdənt] — *Präsident, -in, Vorsitzender, Vorsitzende*
She's president of the company. — *Sie ist die Präsidentin des Unternehmens.*
The American President is on a visit to China. — *Der amerikanische Präsident ist zu Besuch in China.*

press [pres] — *Presse, drücken*
And then you press the button. — *Und dann drücken Sie auf den Knopf.*

pretty ['prɪtɪ] — *hübsch*
We've got some really pretty flowers in our garden. — *Wir haben einige sehr hübsche Blumen in unserem Garten.*

price ['praɪs] — *Preis*
It's the same price for the two of us. — *Es ist derselbe Preis für uns beide.*

priest [priːst] — *Priester, Pfarrer*
I had a word with our local priest after the Sunday service. — *Nach dem Sonntagsgottesdienst sprach ich mit unserem Pfarrer.*

prime minister [praɪm'mɪnɪstə] — *Premierminister, -in*
Who's the prime minister of India? — *Wer ist der Premierminister von Indien?*

print [prɪnt]	*drucken, Druck, Abzug, in Druckbuchstaben*
Please print your name in capital letters here.	*Bitte schreiben Sie hier Ihren Namen in großen Druckbuchstaben.*
I just want to print this out from the computer.	*Ich möchte das nur ausdrucken.*
prison ['prɪzn]	*Gefängnis*
He's been in prison for 3 years.	*Er war drei Jahre im Gefängnis.*
prisoner ['prɪznə]	*Gefangener, Gefangene*
As a social worker I have to visit prisoners in the local prison.	*Als Sozialarbeiter muss ich Gefangene im hiesigen Gefängnis besuchen.*
private ['praɪvɪt]	*privat, persönlich, Privat-*
Is that a private house or flat?	*Ist das ein privates Haus oder eine Privatwohnung?*
You can't go in there – it's private!	*Sie können da nicht hinein – das ist privat!*
prize [praɪz]	*Preis, Gewinn*
I won a prize for this photograph.	*Ich habe mit diesem Foto einen Preis gewonnen.*
probably ['prɒbəbli]	*wahrscheinlich*
You're probably right.	*Sie haben wahrscheinlich Recht.*
problem ['prɒbləm]	*Problem*
It is a bit of a problem.	*Das ist ein kleines Problem.*
Yeah. Sure. No problem.	*Ja, sicher. Kein Problem.*
The problem is I've forgotten my wallet.	*Das Problem ist, dass ich meine Brieftasche vergessen habe.*
produce [prɒd'juːs]	*produzieren, herstellen, erzeugen*
What kind of machines does the company produce?	*Welche Art von Maschinen produziert das Unternehmen?*
product ['prɒdʌkt]	*Ware, Produkt*
They've come out with a new product.	*Sie haben eine neues Produkt auf den Markt gebracht.*
production [prə'dʌkʃn]	*Herstellung*
It is all mass production.	*Das ist alles Massenproduktion.*
profession [prə'feʃn]	*Beruf*
He's got an unusual profession.	*Er hat einen ungewöhnlichen Beruf.*
professional [prə'feʃnəl]	*berufsmäßig, professionell, Berufs-, Profi*
It's not very professional to arrive late.	*Es ist nicht sehr professionell, zu spät zu kommen.*

programme ['prəʊgræm], **program** (US) — *Programm*
It might be an idea then to get a programme from the Concert Hall. — *Es wäre also eine gute Idee, sich das Programm der Concert Hall zu besorgen.*
What text program do you use on your computer? — *Welches Textverarbeitungsprogramm haben Sie auf Ihrem Computer?*

progress ['prəʊgres] — *Fortschritt(e)*
Have you made any progress with your book? — *Sind Sie mit Ihrem Buch vorangekommen?*

promise ['prɒmɪs] — *versprechen, Versprechen*
I promised to finish it by Monday. — *Ich habe versprochen, es bis Montag fertigzustellen.*

pronounce [prə'naʊns] — *aussprechen*
How do you pronounce your name? — *Wie spricht man Ihren Namen aus?*

properly ['prɒpəli] — *anständig, ordentlich*
I'm afraid it wasn't done properly the first time. — *Ich fürchte, beim ersten Mal wurde es nicht ordentlich gemacht.*

property ['prɒpətɪ] — *Eigentum, Besitz*
Have you checked at the lost property office? — *Haben Sie im Fundbüro nachgefragt?*
Private property. No trespassing. — *Privatbesitz. Betreten verboten.*

protect [prə'tekt] — *schützen, beschützen*
We need to protect our things while we're on holiday. — *Wir müssen unsere Sachen schützen, solange wir im Urlaub sind.*

protection [prə'tektkʃn] — *Schutz*
In summer I always have to wear sunglasses as protection against the sun. — *Im Sommer muss ich als Sonnenschutz immer eine Sonnenbrille tragen.*

protest [prə'test] — *protestieren*
All the neighbours are protesting against the new highway. — *Alle Nachbarn protestieren gegen die neue Autobahn.*

proud [praʊd] — *stolz*
Your mother would be proud of you. — *Deine Mutter wäre stolz auf dich.*

prove [pru:v] — *beweisen*
That doesn't prove anything. — *Das beweist überhaupt nichts.*

provide [prə'vaɪd] — *zur Verfügung stellen, versorgen*
Who's going to provide the food and drinks for the party? — *Wer wird das Essen und die Getränke für die Party liefern?*

pub [pʌb] — *Wirtshaus, Wirtschaft, Kneipe, Lokal*
What about a nice traditional Sunday Lunch in a pub? — *Wie wäre es mit einem traditionellen Mittagessen am Sonntag in einem Pub?*

public ['pʌblɪk] — *öffentlich, Öffentlichkeit*
State schools should have just as much money as public schools. — *Staatliche Schulen sollten ebenso viel Geld haben wie Privatschulen.*
We had to take a taxi because there was no public transport. — *Wir mussten einTaxi nehmen, weil es keine öffentlichen Verkehrsmittel gab.*

pull [pʊl] — *ziehen*
Look at the sign. You have to pull the door, not push it! — *Sehen Sie sich das Schild an. Sie müssen an der Tür ziehen, nicht drücken!*

pullover ['pʊləʊvə] — *Pullover*
What a lovely pullover! — *Was für ein schöner Pullover!*

punish ['pʌnɪʃ] — *bestrafen*
People should be punished for things like that! — *Die Leute sollten für so etwas bestraft werden!*

punishment ['pʌnɪʃmənt] — *Strafe*
Some people think the punishment criminals get is not enough. — *Einige meinen, dass die Strafe für Verbrecher nicht ausreichend sei.*

pure [pjʊə] — *rein*
The restaurant served pure orange juice, which was delicious. — *Im Restaurant wurde reiner Orangensaft serviert. Der war köstlich!*

purpose ['pɜ:pəs] — *Zweck, Absicht*
What's the purpose of this? — *Was wird damit bezweckt?*
I'm sure you didn't do it on purpose. — *Ich bin sicher, Sie haben das nicht absichtlich gemacht.*

purse [pɜ:s] — *Geldbörse, Portemonnaie*
I put the tickets in my purse. — *Ich habe die Karten in meine Geldbörse gesteckt.*

push [pʊʃ] — *schieben, drücken*
Look at the sign. You have to pull the door, not push it! — *Sehen Sie sich das Schild an. Sie müssen an der Tür ziehen, nicht drücken!*
Please stop pushing! — *Hören Sie bitte auf zu schieben!*

put [pʊt], put [pʊt], put [pʊt]
Just put the batteries in that camera.

He put it by the window.

tun, setzen, stellen, legen
Legen Sie die Batterien einfach in diese Kamera ein.
Er legte es ans Fenster.

put back ['pʊtbæk]
Did you remember to put the clocks back last night?

zurückstellen, -setzen
Haben Sie daran gedacht, gestern Nacht die Uhren zurückzustellen?

put off ['pʊtɒf]
I'll have to put our meeting off till next week, I'm afraid.

absagen, verlegen
Ich fürchte, ich muss unser Treffen auf nächste Woche verschieben.

put on ['pʊtɒn]
That looks very nice, put it on and let's have a look at you.

anziehen, tragen
Das sieht nett aus; ziehen Sie es an und lassen Sie sich anschauen.

put through ['pʊtθru:]
I'll put you through.

verbinden, durchstellen
Ich verbinde.

put up ['pʊtʌp]
Can you put us up for the night?

They're always putting up the prices.

unterbringen, erhöhen
Können Sie uns für die Nacht unterbringen?
Sie erhöhen ständig die Preise.

Q

quality ['kwɒlətɪ]
This coat is very expensive, but it's very high quality.

Qualität
Dieser Mantel ist sehr teuer, aber er ist qualitativ hochwertig.

quarter ['kwɔ:tə]
That takes about a quarter of an hour, twenty minutes.
It's about three quarters of a mile to my house.
It's a quarter past ten.

Viertel
Das dauert ungefähr eine Viertelstunde, zwanzig Minuten.
Es ist ungefähr eine dreiviertel Meile bis zu meinem Haus.
Es ist Viertel nach zehn.

queen [kwi:n]
You might have been able to look forward to a telegram from the Queen.

Königin
Sie hätten sich vielleicht auf ein Telegramm der Königin freuen können.

question ['kwestʃən]
Could I ask you a question?
I'm afraid it's out of the question.

Frage
Kann ich Sie etwas fragen?
Ich fürchte, das kommt nicht in Frage.

queue [kjuː] — *Schlange, Schlange stehen, anstehen*
We had to stand in a queue for hours to get tickets for the theatre. — *Wir mussten stundenlang anstehen, um Karten für das Theater zu bekommen.*

quick [kwɪk] — *schnell*
Lucy, I have a quick favour to ask. — *Lucy, ich muss Sie rasch um einen Gefallen bitten.*

quickly ['kwɪkli] — *schnell, rasch*
Thanks for phoning back so quickly. — *Vielen Dank, dass Sie so schnell zurückgerufen haben.*

quiet ['kwaɪət] — *ruhig*
It's a nice, quiet, little village, you know, six hundred people. — *Wissen Sie, es ist ein nettes, ruhiges, kleines Dorf mit sechshundert Einwohnern.*
It was generally very quiet. — *Es war im Allgemeinen sehr ruhig.*

quite [kwaɪt] — *ganz, völlig, ziemlich*
It's quite cheap actually. — *Es ist sogar ziemlich billig.*
I quite agree that people in public schools get a better education. — *Ich stimme völlig zu, dass Schüler einer Privatschule eine bessere Ausbildung erhalten.*
When I've had people to stay, they quite like going to Wollaton Hall. — *Immer wenn Leute hier übernachten, fahren sie ganz gerne zu Wollaton Hall.*
It's not quite the same thing to me. — *Das ist nicht ganz dasselbe für mich.*

R

race ['reɪs] — *Rennen, Wettlauf, Rasse*
There were race problems in parts of London a few years ago. — *In Teilen von London gab es vor ein paar Jahren Rassenkonflikte.*

racist ['reɪsɪst] — *Rassist*
Politicians on the right often suggest racist politics. — *Rechte Politiker schlagen oft rassistische Politik vor.*

racism ['reɪszəm] — *Rassismus*
You find racism all over the world. — *Rassismus gibt es auf der ganzen Welt.*

radio ['reɪdɪəʊ] — *Radio*
Did you hear the news on the radio? — *Haben Sie die Nachrichten im Radio gehört?*

rail [reɪl] — *Schiene*
But they do a Benelux tour rail card. — *Aber es gibt ein Sammelticket für die Eisenbahn in den Benelux-Ländern.*

railway ['reɪlweɪ] — *Eisenbahn*
Do you know the way to the railway station, please? — *Kennen Sie den Weg zum Bahnhof?*

rain [reɪn] — *Regen, regnen*
It rained all afternoon. — *Es regnete den ganzen Nachmittag.*
We had a lot of rain at the weekend. — *Wir hatten viel Regen am Wochenende.*

rather ['rɑːðə] — *ziemlich, lieber, vielmehr*
She said she wants the television over here rather than over there. — *Sie sagte, sie möchte den Fernseher lieber hier als dort drüben.*
It's rather cold this morning, isn't it? — *Es ist ziemlich kalt heute Morgen, nicht wahr?*
I'd rather go to the theatre. — *Ich würde lieber ins Theater gehen.*

reach [riːtʃ] — *erreichen*
We reached Manchester at 10 o'clock. — *Wir kamen um 10 Uhr in Manchester an.*
Can you reach the shelf? — *Kommen Sie ans Regal?*

ready ['redɪ] — *fertig, bereit*
Be ready at ten and I'll come and pick you up. — *Seien Sie 10 Uhr fertig; ich komme sie dann abholen.*
Are you ready to order? — *Sind Sie soweit, um zu bestellen?*
Lunch will ready by about 12.20. — *Das Mittagessen wird ungefähr um 12 Uhr 20 fertig sein.*

realise / realize ['rɪəlaɪz] — *verstehen, begreifen, erkennen*
I never realised that you made it. — *Ich habe gar nicht gewusst, dass Sie das gemacht haben.*
It made me realize how lucky we were. — *Es machte mir klar, welches Glück wir gehabt haben.*

really ['rɪəli] — *wirklich, tatsächlich*
I don't really know … you could try perhaps Pickfords in Littlewoods … — *Ich weiß es wirklich nicht … Sie könnten es vielleicht bei Pickfords in Littlewoods versuchen …*
… and Covent Garden's really nice. Have you ever been there? — *… und Covent Garden ist wirklich nett. Waren Sie schon einmal da?*
Do you miss the city? – Not really. — *Vermissen Sie die Stadt? – Nicht wirklich.*
Then you add a lot of double cream. – Really? — *Dann geben Sie viel Sahnecreme dazu. – Wirklich?*

reason ['ri:zn]	*Grund*
And the only reason they get better education is because there are more teachers.	*Und der einzige Grund, weshalb sie eine bessere Ausbildung bekommen, ist, dass sie mehr Lehrer haben.*
I'm very lucky, for the simple reason that I've always been healthy.	*Ich habe sehr viel Glück gehabt, aus dem einfachen Grund, weil ich bis jetzt immer gesund geblieben bin.*
reasonable ['ri:znebl]	*vernünftig, angemessen*
That's a reasonable price.	*Das ist ein angemessener Preis.*
He's quite a reasonable person.	*Er ist ein ganz vernünftiger Mensch.*
reasonably ['ri:znebli]	*vernünftig, ziemlich*
It's difficult to find a reasonably priced meal.	*Es ist schwierig, ein Lokal mit vernünftigen Preisen zu finden.*
receipt [rɪ'si:t]	*Quittung, Beleg*
Can I have a receipt, please?	*Kann ich bitte eine Quittung haben?*
receive [rɪ'si:v]	*erhalten, bekommen*
Many thanks for your letter, which I received on Monday.	*Vielen Dank für Ihren Brief, den ich am Montag erhalten habe.*
recently ['ri:sntli]	*vor kurzem, in der letzten Zeit*
I recently took the ICC examination.	*Ich habe vor kurzem die ICC-Prüfung abgelegt.*
reception [rɪ'sepʃn]	*Empfang*
There's a message for you at the reception.	*Da ist eine Nachricht für Sie am Empfang.*
receptionist [rɪ'sepʃnɪst]	*Empfangschef, Empfangsdame*
In previous summer holidays I have worked as a receptionist in hotels in France and Germany.	*In den vorherigen Sommerferien habe ich in französischen und deutschen Hotels am Empfang gearbeitet.*
recipe ['resɪpɪ]	*Rezept*
Actually, in the recipe it says Greek cheese – which I like.	*Im Rezept heißt es wirklich griechischer Käse – und den mag ich.*
recognise / recognize ['rekəgnaɪz]	*erkennen*
I'm sure I would recognize her if I saw her.	*Ich bin sicher, ich würde sie erkennen, wenn ich sie sehen würde.*
recommend [rekə'mend]	*empfehlen*
The Pondview was recommended as a 3-star hotel.	*Das Pondview wurde als 3-Sterne-Hotel empfohlen.*

record ['rekɔ:d] — *Schallplatte, aufnehmen, aufzeichnen*
We've bought a lot of records over the last few years. — *Wir haben in den letzten Jahren eine Menge Schallplatten gekauft.*
We're going out tonight, so we'll have to record the film on video. — *Wir gehen heute Abend aus, deshalb müssen wir den Film auf Video aufnehmen.*

tape recorder ['teɪprɪkɔ:də] — *Tonband*
Tape recorders are now found in most classrooms. — *Tonbandgeräte gibt es inzwischen in den meisten Klassenzimmern.*

video recorder ['vɪdɪəʊrɪkɔ:də] — *Videorekorder*
We have decided to buy a new video recorder. — *Wir haben uns entschlossen, einen neuen Videorekorder zu kaufen.*

recover [rɪ'kʌvə] — *sich erholen*
Have you fully recovered now? — *Haben Sie sich schon wieder vollständig erholt?*

red [red] — *rot*
Because of all the accidents the police have put up a red sign saying: 'Danger'. — *Wegen all der Unfälle hat die Polizei ein rotes Warnschild mit der Aufschrift „Gefahr" aufgestellt.*

reduce [rɪ'dju:s] — *abbauen, vermindern, verringern*
The United States want to reduce the number of nuclear weapons. — *Die USA wollen die Zahl der Atomwaffen verringern.*

reduction [rɪ'dʌkʃn] — *Verringerung, Abbau, Senkung*
In the last few years there's been a large reduction in the money paid to unemployed people. — *In den vergangenen Jahren wurde das Arbeitslosengeld erheblich gekürzt.*

refuse [rɪ'fju:z] — *ablehnen, sich weigern*
He refused to come. — *Er weigerte sich zu kommen.*

regards (Pl.) [rɪ'gɑ:dz] — *Grüße*
Give him my best regards. — *Grüßen Sie ihn von mir.*
With kind regards, — *Mit freundlichen Grüßen [Brief]*

regret [rɪ'gret] — *bedauern*
We regret the mistake and apologize for the problems caused. — *Wir bedauern den Fehler und entschuldigen uns für die entstandenen Probleme.*

relative ['relətɪv] — *Verwandter, Verwandte, relativ*
Fortunately all my relatives live in the south of the country. — *Glücklicherweise leben alle meine Verwandten im Süden des Landes.*

I'm a relative beginner in this area and need a little help.	*Ich bin relativ neu auf diesem Gebiet und brauche ein bisschen Hilfe.*
relatively ['relətɪvli]	*verhältnismäßig, relativ*
I found Italian relatively easy to learn.	*Ich fand es relativ einfach, Italienisch zu lernen.*
relaxing [rɪ'læksɪŋ]	*entspannend, erholsam*
Well, two hours is just nice, isn't it? – Yes, it'll be quite relaxing on a Sunday.	*Nun, zwei Stunden sind genau richtig, oder? – Ja, es wird ein recht erholsamer Sonntag.*
religion [rɪ'lɪdʒən]	*Religion, Glaube*
What is the main religion in your country?	*Welches ist die Hauptreligion in Ihrem Land?*
religious [rɪ'lɪdʒəs]	*religiös*
Is she a religious person?	*Ist sie ein religiöser Mensch?*
remember [rɪ'membə]	*sich erinnern*
Oh, do you remember Helen?	*Oh, erinnern Sie sich an Helen?*
Well, I'll always remember that time we were struck by lightning.	*Nun, ich werde mich immer an den Tag erinnern, als wir vom Blitz getroffen wurden.*
Remember me to your brother.	*Grüßen Sie Ihren Bruder von mir.*
remind [rɪ'maɪnd]	*erinnern*
You remind me of my sister.	*Du erinnerst mich an meine Schwester.*
Please remind me to phone him.	*Bitte erinnern Sie mich daran ihn anzurufen.*
rent [rent]	*Miete, mieten, vermieten*
You can rent a car at the garage at the top of the street.	*Sie können ein Auto an der Tankstelle am oberen Ende der Straße mieten.*
How much rent do you have to pay?	*Wie viel Miete müssen Sie zahlen?*
repair [rɪ'peə]	*reparieren*
Can you repair this for me, please?	*Können Sie das bitte für mich reparieren?*
repeat [rɪ'pi:t]	*wiederholen*
Could you repeat that, please?	*Können Sie das bitte wiederholen?*
reply [rɪ'plaɪ]	*antworten, Antwort*
Did you get a reply to your letter?	*Haben Sie eine Antwort auf Ihren Brief bekommen?*
He didn't reply to my question.	*Er hat meine Frage nicht beantwortet.*

report [rɪ'pɔ:t]	*Bericht*
I read the report in the newspaper this morning.	*Ich habe den Bericht heute Morgen in der Zeitung gelesen.*
reserve [rɪ'zɜ:v]	*reservieren*
Have you reserved a table for tomorrow?	*Haben Sie für morgen einen Tisch reserviert?*
reservation [rezə'veɪʃn]	*Reservierung*
I telephoned there and they said they don't do any reservations.	*Ich habe dort angerufen und sie haben gesagt, dass sie keine Reservierungen vornehmen würden.*
rest [rest]	*ruhen, sich ausruhen, Rest*
OK. Let's assume that she arrives on Friday, she'll want to rest for a little while.	*Gut. Nehmen wir an, dass sie am Freitag ankommt; dann wird sich erst ein wenig ausruhen wollen.*
What shall we do the rest of the day?	*Was sollen wir den Rest des Tages tun?*
restaurant ['restərɒnt]	*Restaurant*
So we're thinking about all going down to the Chinese restaurant at about twelve.	*Wir überlegen, ob wir nicht alle gegen 12 Uhr zum Chinesen gehen.*
result [rɪ'zʌlt]	*Ergebnis, Resultat*
Have you heard the football results?	*Haben Sie die Fußballergebnisse gehört?*
I lost my wallet.	*Ich habe meine Brieftasche verloren.*
retire [rɪ'taɪə]	*aufhören zu arbeiten, in Rente gehen*
Her father retired last year.	*Ihr Vater hat letztes Jahr aufgehört zu arbeiten.*
retired [rɪ'taɪəd]	*im Ruhestand*
My father's been retired for at least ten years now.	*Mein Vater ist schon seit zehn Jahren im Ruhestand.*
retirement [rɪ'taɪəmənt]	*Ruhestand*
I'd like to take early retirement if I can.	*Ich möchte, wenn möglich, gerne in Vorruhestand gehen.*
return [rɪ'tɜ:n]	*Rückkehr, zurückkommen, zurückgeben*
Yeah, it's £ 49 return each.	*Ja, jeder bekommt 49 Pfund zurück.*
Many happy returns of the day!	*Herzlichen Glückwunsch zum Geburtstag!*
We return home next week.	*Wir kommen nächste Woche nach Hause zurück.*
He still hasn't returned the book I lent him.	*Er hat mir das Buch, das ich ihm geliehen hatte, immer noch nicht zurückgegeben.*

rid of ['rɪdəv]	*befreien, loswerden*
I had to get rid of my old bike.	*Ich musste mein altes Fahrrad loswerden.*
right ['raɪt]	*rechts, richtig, Recht, in Ordnung*
I think he's ended up in the right job.	*Ich denke, er hat den richtigen Beruf gefunden.*
You're probably right.	*Sie haben wahrscheinlich Recht.*
It's the third street on the right.	*Es ist die dritte Straße rechts.*
Turn right and it's about half a mile down on the left-hand side.	*Biegen Sie rechts ab und dann es ist ungefähr eine halbe Meile weiter auf der linken Seite.*
Absolutely right.	*Völlig richtig.*
Oh I see, right okay.	*Oh, ich verstehe, in Ordnung.*
When you see the post office, it will be on your right-hand side.	*Wenn Sie die Post sehen, ist es auf der rechten Seite.*
I'm just talkinq with Rowena right now.	*Ich spreche gerade mit Rowena.*
That's right, but if she ever leaves she can always change the address.	*Das ist richtig, aber wenn sie jemals wegzieht, kann sie die Adresse immer noch ändern.*
Is that all right?	*Ist das in Ordnung?*
ring [rɪŋ], rang [ræŋ], rung [rʌŋ]	*klingeln, läuten, anrufen, Anruf, Ring*
Sarah wouldn't go to sleep, and she wanted to ring Mum.	*Sarah wollte nicht schlafen gehen; aber sie wollte ihre Mutti anrufen.*
He isn't in at the moment. Could you ring back later?	*Er ist im Moment nicht da. Können Sie später zurückrufen?*
Why do some people put rings in their ears?	*Warum tragen manche Leute Ringe im Ohr?*
rise [raɪz], rose [rəʊz], risen [rɪsn]	*steigen, aufgehen*
Food prices seem to rise faster every year.	*Die Lebensmittelpreise scheinen von Jahr zu Jahr schneller zu steigen.*
risk [rɪsk]	*Risiko, riskieren*
You shouldn't take so many risks, it's not worth it.	*Sie sollten nicht so viele Risiken eingehen, das ist es nicht wert.*
He's always risking his life for other people.	*Er riskiert ständig sein Leben für andere Menschen.*
risky ['rɪskɪ]	*riskant*
That's a bit risky, isn't it?	*Das ist ein bisschen riskant, nicht wahr?*
river ['rɪvə]	*Fluss*
How deep is the river here?	*Wie tief ist der Fluss an dieser Stelle?*

road [rəʊd] — *Straße*

At the traffic lights at the top of the road you turn right. — *An der Ampel am oberen Ende der Straße müssen Sie rechts abbiegen.*

roll [rəʊl] — *Brötchen*

We got rolls with jam and honey for breakfast. — *Wir bekamen Brötchen mit Marmelade und Honig zum Frühstück.*

room [ru:m] — *Zimmer, Raum, Platz*

I'd like a room with a shower. — *Ich möchte ein Zimmer mit Dusche.*

There's not enough room in my office. — *In meinem Büro ist nicht genügend Platz.*

rose [rəʊz] — *Rose*

My parents' garden is full of roses. — *Der Garten meiner Eltern ist voller Rosen.*

rough [rʌf] — *rau*

The ferry crossing wasn't all that pleasant 'cos the sea was really very rough. — *Die Überfahrt mit der Fähre war nicht so angenehm, weil das Meer wirklich sehr rau war.*

round [raʊnd] — *rund, um, herum*

You go round the left hand bend and follow the signs for Dover. — *Fahren Sie die Linkskurve und folgen Sie den Schildern nach Dover.*

Sorry, I've done it the wrong way round. — *Entschuldigung, ich habe es verkehrt herum gemacht.*

Yes, it's beautiful. I'd love to go round there. — *Ja, es ist wunderbar. Ich würde gerne dort herumgehen.*

It's really nice round there. — *Es ist wirklich schön in der Gegend.*

I'd love to travel right round the world. — *Ich möchte um die ganze Welt reisen.*

Come and sit round the table. — *Kommen Sie, setzen Sie sich um den Tisch herum.*

He turned round when he heard his name. — *Er drehte sich um, als er seinen Namen hörte.*

row [rəʊ] — *Reihe*

We managed to get tickets for the front row. — *Es ist uns gelungen, Karten für die erste Reihe zu bekommen.*

ruin ['rʊɪn] — *Ruine, zerstören, ruinieren*

The castle is just a ruin now. — *Das Schloss ist jetzt nur noch eine Ruine.*

The storm ruined everything. — *Der Sturm zerstörte alles.*

Don't ruin her chances of getting the job. — *Zerstören Sie nicht ihre Chancen, die Stelle zu bekommen.*

rule [ru:l] — *Regel*

Not many people understand the rules of cricket. — *Nicht viele Menschen verstehen die Cricket-Regeln.*

run [rʌn], ran [ræn], run [rʌn] — *rennen, laufen, leiten, Lauf*
He ran as fast as he could. — *Er rannte so schnell er konnte.*
They have run out of money. Can you help? — *Ihnen ist das Geld ausgegangen. Können Sie helfen?*
How often do the trains to Oxford run? — *Wie oft fahren Züge nach Oxford?*
It's about forty minutes run in the car. — *Es ist eine Fahrt von vierzig Minuten mit dem Wagen.*
I nearly ran over someone on the way here. — *Ich habe auf dem Weg hierher beinahe jemanden überfahren.*
My brother runs a small computer firm in Holland. — *Mein Bruder leitet eine kleine Computerfirma in Holland.*
We went for a run in the woods. — *Wir haben einen Waldlauf gemacht.*
What do you think is the best thing to do, in the long run? — *Was ist Ihrer Meinung nach langfristig das Beste?*

rush hour ['rʌʃaʊə] — *Hauptverkehrszeit*
I would avoid the rush hour if I were you. — *An Ihrer Stelle würde ich die Hauptverkehrszeit meiden.*

S

sad [sæd] — *traurig*
I was quite sad to hear that your mother is seriously ill. — *Ich war ganz traurig, als ich hörte, dass Ihre Mutter ernsthaft krank ist.*

sadness ['sædnɪs] — *Traurigkeit*
He was overcome with sadness. — *Er war todtraurig.*

safe [seɪf] — *sicher*
Is it safe here? — *Bin ich hier sicher?*

safely ['seɪfli] — *sicher*
In the end we landed safely . — *Schließlich sind wir sicher gelandet.*

safety ['seɪftɪ] — *Sicherheit*
Safety first! — *Sicherheit geht vor!*

salad ['sæləd] — *Salat*
What kind of salad would you like? — *Welchen Salat möchten Sie?*

salary ['sælərɪ] — *Gehalt*
I'm still on the same salary as I was five years ago. — *Ich bekomme immer noch das gleiche Gehalt wie vor fünf Jahren.*

sale [seɪl] — *Verkauf*
A street map. I've only got one that's for sale I'm afraid at the moment. — *Eine Straßenkarte. Ich verkaufe zur Zeit leider nur die eine.*

sales [seɪlz] — *Ausverkauf, Schlussverkauf*
I bought this furniture in the sales. — *Ich habe diese Möbel im Ausverkauf gekauft.*

salesman ['seɪlzmæn] — *Verkäufer, Vertreter*

salesperson ['seɪlzpɜ:sn] (US) — *Verkäufer, -in*

saleswoman ['seɪlzwʊmən] — *Verkäuferin*

salt [sɔ:lt] — *Salz*
Would you pass the salt, please? — *Würden Sie mir bitte das Salz geben?*

same [seɪm] — *selbe, gleiche*
Are you thinking of going back on the same train as me then? — *Denken Sie daran, morgen mit demselben Zug zurückzufahren wie ich?*
Look after yourself! – Same to you. — *Passen Sie auf sich auf! – Sie auch.*

all the same [ɔ:lðə'seɪm] — *trotzdem*
All the same, I think you'd better take a taxi. — *Trotzdem bin ich der Meinung, dass Sie lieber ein Taxi nehmen sollten.*

sandwich ['sænwɪdʒ] — *Sandwich, Butterbrot*
I wasn't very hungry, so I just had a sandwich at lunchtime. — *Ich war nicht sehr hungrig, also habe ich nur ein Sandwich zu Mittag gegessen.*

satisfy ['sætɪsfaɪ] — *befriedigen, zufrieden stellen*
We always put a little bit of garlic in, you know, just to satisfy Jonathan. — *Wissen Sie, wir geben immer ein bisschen Knoblauch hinein, damit Jonathan zufrieden ist.*

satisfied ['sætɪsfaɪd] — *zufrieden*
I'm not very satisfied with his work. — *Ich bin mit seiner Arbeit nicht sehr zufrieden.*

sauce [sɔ:s] — *Soße, Sauce*
I'll have chicken, chicken in mushroom sauce. — *Ich nehme Hähnchen, Hähnchen in Pilzsauce.*

saucer ['sɔ:sə] — *Untertasse*
We need one more cup and saucer. — *Wir brauchen noch eine Tasse und eine Untertasse.*

sausage ['sɒsɪdʒ] — *Wurst, Würstchen*
How many sausages would you like? — *Wie viele Würstchen möchten Sie?*

save [seɪv] — *retten, sparen*
We'll have to save a lot of money if we want to visit our friends in Australia. — *Wir werden eine Menge Geld sparen müssen, wenn wir unsere Freunde in Australien besuchen wollen.*

say [seɪ], said [sæd], said [sæd] — *sagen*
It says in my book the train's quite cheap. — *Hier steht, dass der Zug recht preiswert ist.*
No, if I'd had, say, an hour to wait, I would then have gone to the car park. — *Nein, wenn ich, sagen wir, eine Stunde hätte warten müssen, dann wäre ich zum Parkplatz zurückgefahren.*
Tony was saying they should have the heating on by Wednesday. — *Tony sagte, sie müssten die Heizung bis Mittwoch angestellt haben.*
How do you say that in English? — *Wie sagt man das auf Englisch?*
I telephoned there and they said they wouldn't do any reservations. — *Ich habe dort angerufen und sie sagten, dass sie keine Reservierungen vornehmen würden.*
It's said to be three hundred years old. — *Es soll dreihundert Jahre alt sein.*

school [sku:l] — *Schule*
A few days later I was picking my daughter up from school. — *Ein paar Tage später habe ich meine Tochter von der Schule abgeholt.*

science ['saɪəns] — *(Natur-)Wissenschaft, -en*
I never liked science at school. — *Ich habe Naturwissenschaften in der Schule nie gemocht.*

scientist ['saɪəntɪst] — *(Natur-)Wissenschaftler, -in*
There are not so many jobs for scientists at the moment. — *Es gibt zur Zeit nicht so viele Stellen für Wissenschaftler.*

sea [si:] — *Meer*
Are you near the sea where you are living now? — *Ist Ihr jetziger Wohnort in der Nähe des Meeres?*

seaside ['si:saɪd] — *am Meer*
We spent the weekend at the seaside. — *Wir haben das Wochenende am Meer verbracht.*

season ['si:zn] — *Jahreszeit, Saison*
There's an all seasons leisure centre in Chorley. — *Es gibt ein Allwetter-Freizeitzentrum in Chorley.*

seat [si:t] — *(Sitz-)Platz*
He said, "Get in the passenger seat", and drove me to the police station. — *Er sagte: „Setzen Sie sich auf den Beifahrersitz“ und fuhr mich zur Polizeistation.*

The Eurostar's usually quite full so it would be best to book a seat.
Der Eurostar ist gewöhnlich sehr voll, daher wäre es das Beste, einen Sitzplatz zu reservieren.

second ['sekənd]
zweiter, zweite, zweites, Sekunde
Can I have a second class stamp, please?
Kann ich bitte eine Zweiter-Klasse-Briefmarke haben?
The phone rang just a few seconds later.
Das Telefon klingelte nur ein paar Sekunden später.

second-hand [sekənd'hænd]
gebraucht, aus zweiter Hand
I never buy new cars, I always get them second-hand.
Ich kaufe nie neue Autos, ich kaufe sie immer gebraucht.

secretary ['sekrətrɪ]
Sekretär, -in
I can never find a thing when my secretary's on holiday.
Ich finde nichts wieder, wenn meine Sekretärin in Urlaub ist.

security [sɪ'kjʊərətɪ]
Sicherheit, Schutz
The cost of social security increases from year to year.
Die Kosten für Sozialhilfe steigen von Jahr zu Jahr.

see [siː], saw [sɔː], seen [siːn]
sehen
We'll have to go and see the Tales of Robin Hood.
Wir müssen die Tales of Robin Hood sehen.
You'll see the station in front of you.
Sie werden den Bahnhof vor sich sehen.
I wasn't going very fast, you see.
Wissen Sie, ich fuhr nicht sehr schnell.
Anyway, she went to see him one day.
Auf jeden Fall besuchte Sie ihn eines Tages.
We'll see what we can do.
Wir wollen mal sehen, was sich machen lässt.

... if you see what I mean.
... wenn Sie verstehen, was ich meine.
Oh, I see.
Oh, ich verstehe.
The heating in my room isn't working properly. Could you see to it?
Die Heizung in meinem Zimmer ist nicht in Ordnung. Könnten Sie sich darum kümmern?

See you later.
Bis bald.
Okay, look forward to seeing you.
Okay, freue mich darauf, Sie zu sehen.

seem [siːm]
scheinen
We haven't got any outdoor swimming-pools. We don't seem to have the weather here.
Hier gibt es keine Freibäder. Wir haben dafür anscheinend nicht das richtige Wetter.
It wasn't as difficult as it first seemed.
Es war nicht so schwierig, wie es anfangs schien.

She seems happy, doesn't she?
Sie scheint glücklich zu sein, nicht wahr?

self [self]	*selbst, selber*
I'll do it myself.	*Ich mache es selber.*
selves [selvz]	*selbst, selber*
They didn't believe me until they had seen it themselves.	*Sie glaubten mir nicht, bis sie es selber gesehen hatten.*
sell [sel], sold [səʊld], sold [səʊld]	*verkaufen*
Is there a shop round here that sells foreign newspapers?	*Gibt es hier in der Nähe ein Geschäft, das ausländische Zeitungen verkauft?*
send [send], sent [sent], sent [sent]	*schicken, senden, zuschicken*
I think they'll send you a form.	*Ich denke, sie werden Ihnen ein Formular zuschicken.*
Right, send that first class, please.	*In Ordnung, schicken Sie das bitte erster Klasse.*
sense [sens]	*Sinn*
She has a good sense of humour.	*Sie hat einen guten Sinn für Humor.*
sensible ['sensəbl]	*vernünftig*
It wouldn't really be sensible to wait much longer.	*Es wäre nicht sehr vernünftig, viel länger zu warten.*
sensitive ['sensɪtɪv]	*empfindlich*
Have you got anything for sensitive skin?	*Haben Sie etwas für empfindliche Haut?*
sentence ['sentəns]	*Satz, Urteil, Strafe, verurteilen*
I didn't quite understand that last sentence.	*Ich habe diesen letzten Satz nicht richtig verstanden.*
separate ['seprət]	*(sich) trennen*
My brother and his wife separated last month.	*Mein Bruder und seine Frau haben sich letzten Monat getrennt.*
Can we have a separate plate for the cake?	*Können wir einen Extra-Teller für den Kuchen haben?*
serious ['sɪərɪəs]	*ernst, ernsthaft, ernstlich, schwer*
He had a serious accident a few years ago.	*Er hatte vor einigen Jahren einen schweren Unfall.*
seriously ['sɪərɪəsli]	*ernstlich, schwer, sehr*
Seriously, I don't think we can afford a larger flat.	*Im Ernst, ich denke nicht, dass wir uns eine größere Wohnung leisten können.*
He was seriously injured in the accident.	*Er wurde beim Unfall schwer verletzt.*

serve [sɜ:v] — *dienen, bedienen, nützen*

We had to wait ages to be served. — *Wir mussten ewig warten, bis wir bedient wurden.*

This book will serve you as a useful guide. — *Dieses Buch wird Ihnen als Reiseführer nützlich sein.*

servant ['sɜ:vənt] — *Diener, -in*

My brother's a civil servant. He works for the local council. — *Mein Bruder ist Beamter. Er arbeitet für die Gemeindeverwaltung.*

service ['sɜ:vɪs] — *Dienst, Bedienung, Service, Kundendienst, Gottesdienst*

British Rail run services to Amsterdam from Liverpool Street and Victoria Stations. — *British Rail verkehrt von Liverpool Street und Victoria Stations nach Amsterdam.*

The service is very good here. — *Der Service ist sehr gut hier.*

My car needs a service every 10,000 kilometres. — *Mein Wagen muss alle 10000 Kilometer zum Kundendienst.*

I had a word with our local priest after the Sunday service. — *Nach dem Sonntagsgottesdienst sprach ich mit unserem Pfarrer.*

self-service [self'sɜ:vɪs] — *Selbstbedienung*

Is this a self-service restaurant? — *Ist das ein Selbstbedienungsrestaurant?*

several ['sevrəl] — *mehrere, verschiedene*

There were several people there that I hadn't met before. — *Es waren mehrere Leute da, die ich vorher noch nicht gesehen hatte.*

sex [seks] — *Geschlecht, Sex*

There's too much sex on TV nowadays. — *Heutzutage gibt es zu viel Sex im Fernsehen.*

sexy [seksɪ] — *aufreizend, sexy*

She was wearing a very sexy dress. — *Ihr Kleid war sehr sexy.*

shake [ʃeɪk], shook [ʃʊk], shaken [ʃeɪkn] — *schütteln, wanken, rütteln*

When do you normally shake hands? — *Wann gibt man sich normalerweise die Hand?*

The whole plane shook and a few people started shouting. — *Das ganze Flugzeug wankte und ein paar Leute begannen zu schreien.*

shall [ʃæl] — *soll*

It's warm in here. Shall I turn the heating down? — *Es ist warm hier drin. Soll ich die Heizung zurückdrehen?*

Where shall we go for a meal? — *Wohin sollen wir zum Essen gehen?*

shape [ʃeɪp] — *Form, Gestalt*

That's a strange shape, isn't it? — *Das ist eine seltsame Form, nicht wahr?*

share [ʃeə]
Let's share this bottle of wine, shall we?
Here you are. This is your share.

Anteil, teilen
Trinken wir diese Flasche Wein zusammen, ja?
Bitte. Das ist Ihr Anteil.

sharp [ʃɑ:p]
I need a sharp knife. Have you got one?

scharf
Ich brauche ein scharfes Messer. Haben Sie eins?

shave [ʃeɪv]
Do you shave every day?

(sich) rasieren
Rasieren Sie sich jeden Tag?

shaver ['ʃeɪvə]
He bought an electric shaver.

Rasierapparat
Er kaufte sich einen Elektrorasierer.

she [ʃi:]
I was speaking to Betty and she told me the news.

sie
Ich sprach mit Betty und sie erzählte mir das Neueste.

sheep [ʃi:p]
We saw lots of sheep while driving through Scotland.

Schaf(e)
Wir sahen viele Schafe auf unserer Fahrt durch Schottland.

sheet [ʃi:t]
Have you got a clean sheet of paper?
The hotel changed the sheets every second day.

Blatt, Laken
Haben Sie ein sauberes Blatt Papier?
Das Hotel hat die Laken alle zwei Tage gewechselt.

shelf [ʃelf]
Put the book back on the shelf, please.

Brett, Bord, Regal
Stellen Sie das Buch bitte ins Regal zurück.

shelves [ʃelvz]
You'll find the shaving cream on the second row of shelves.

Regale, Bretter
Die Rasiercreme finden Sie in der zweiten Regalreihe.

shine [ʃaɪn], shone [ʃɒn], shone [ʃɒn]
We were lucky. The sun was shining for most of our holiday.

scheinen
Wir hatten Glück. In unserem Urlaub war meistens Sonnenschein.

shirt [ʃɜ:t]
I need a clean shirt.

Hemd
Ich brauche ein sauberes Hemd.

shock [ʃɒk]
His death was a shock to us all.

Schock, Schlag, schockieren
Sein Tod war für uns alle ein Schock.

shocked [ʃɒkt]
And of course the police officer came and I was a bit shocked.

erschüttert, schockiert
Und natürlich kam der Polizeibeamte und ich war ein bisschen geschockt.

shoe [ʃuː]
Take your shoes off please, before you come into the house.

Schuh
Ziehen Sie bitte die Schuhe aus, bevor Sie ins Haus gehen.

shoot [ʃuːt], shot [ʃɒt, shot [ʃɒt]
A man was shot outside the theatre last night.

schießen
Gestern Abend wurde vor dem Theater ein Mann erschossen.

shop [ʃɒp]
I got it at a little bottle shop in the city called City Wines.

Laden, Geschäft, Werkstatt
Ich habe ihn in einem kleinen Weinladen in der Innenstadt gekauft, der City Wines heißt.

shop assistant ['ʃɒpəsɪstənt]
Ask the shop assistant to help you.

Verkäufer, -in
Bitten Sie den Verkäufer um Hilfe.

shopping ['ʃɒpɪŋ]
I need to do a bit of shopping before I go home.

Einkauf
Ich muss noch etwas einkaufen, bevor ich nach Hause gehe.

shopping bag ['ʃɒpɪŋbæg]
I've left my purse at home in my shopping bag.

Einkaufstasche
Ich habe meine Geldbörse zu Hause in der Einkaufstasche gelassen.

short [ʃɔːt]
I saw him a short time ago.
These trousers are too short for me.
I'm a bit short of money at the moment.

kurz, klein, knapp
Ich habe ihn vor kurzem gesehen.
Diese Hose ist zu kurz für mich.
Ich bin zur Zeit etwas knapp bei Kasse.

shorts [ʃɔːts]
I prefer to wear shorts in summer.

Shorts
Ich trage im Sommer lieber Shorts.

should [ʃʊd, ʃəd]
That's what we should do.
I should have gone a few yards further on and then turned left.
Then the hospital should be on that road.
You shouldn't have told us.

sollte, müsste
Das sollten wir tun.
Ich hätte ein paar Yards weiter fahren und dann rechts abbiegen müssen.
Das Krankenhaus müsste dann auf dieser Straße sein.
Sie hätten uns das nicht erzählen sollen.

shoulder ['ʃəʊldə]
I need a shoulder to cry on.

Schulter
Ich brauche eine Schulter zum Ausweinen.

shout [ʃaʊt]
He shouted "Stop!"

(laut) rufen, schreien, Ruf
Er rief: „Stopp!“

show [ʃəʊ], showed [ʃəʊd], shown [ʃəʊn] — *zeigen, Schau, Show, Vorstellung*

There was a good show on TV last night. — *Gestern Abend kam eine gute Show im Fernsehen.*

I had to show my passport at the border. — *Ich musste an der Grenze meinen Reisepass vorzeigen.*

shower ['ʃaʊə] — *Regenschauer, Dusche*

I had a shower when I got home. — *Ich duschte, als ich nach Hause kam.*

The weather report says showers in all areas. — *Der Wetterbericht sagt für überall Schauer voraus.*

shut [ʃʌt], shut [ʃʌt], shut [ʃʌt] — *zumachen, schließen*

Shut the door, please. — *Schließen Sie bitte die Tür.*

sick [sɪk] — *krank*

I felt seasick coming across on the ferry. — *Ich war seekrank, als ich mit der Fähre herüberkam.*

I'm sick and tired of cleaning the flat. — *Ich habe es gründlich satt, die Wohnung zu putzen.*

side [saɪd] — *Seite, Seiten-*

Turn right and the post office is about half a mile down on the left-hand side. — *Biegen Sie rechts ab und die Post ist ungefähr eine halbe Meile weiter auf der linken Seite.*

Whose side are you on? — *Auf wessen Seite stehen Sie?*

sight [saɪt] — *Anblick, Sicht, Sehenswürdigkeit*

We went to Rome last year to see the sights. — *Wir waren letztes Jahr in Rom, um uns die Sehenswürdigkeiten anzuschauen.*

sightseeing ['saɪtsiːŋ] — *Rundfahrt*

If you go to Paris you should start with a sightseeing tour. — *Wenn Sie nach Paris fahren, sollten Sie mit einer Stadtrundfahrt beginnen.*

sign [saɪn] — *Schild, Zeichen, unterschreiben*

Why can't the traffic signs be the same in all countries? — *Warum können die Verkehrsschilder nicht in allen Ländern gleich sein?*

There were no signs to show me the way. — *Es gab keine Schilder, um mir den Weg zu zeigen.*

Would you please sign here? — *Würden Sie bitte hier unterschreiben?*

silver ['sɪlvə] — *Silber, silbern*

The knives and spoons are made of silver. — *Die Messer und Löffel sind aus Silber.*

similar ['sɪmɪlə] — *ähnlich*

We both have similar interests. — *Wir haben beide ähnliche Interessen.*

simple ['sɪmpl] — *einfach*
This computer is quite simple to use. — *Dieser Computer ist sehr einfach zu bedienen.*

simply ['sɪmpli] — *ganz einfach, bloß, nur*
Well, she went to the school simply because she wanted to meet the teachers. — *Nun, sie ist nur in die Schule gegangen, weil sie die Lehrer kennen lernen wollte.*

since [sɪns] — *seit, seitdem*
I haven't seen him since Monday. — *Ich habe ihn seit Montag nicht gesehen.*
We haven't been there since I was a boy. — *Wir waren nicht mehr hier, seit ich ein Junge war.*

sincerely [sɪn'sɪəli] — *aufrichtig*
Yours sincerely, — *Mit freundlichen Grüßen [Brief]*

sing [sɪŋ], sang [sæŋ], sung [sʌŋ] — *singen*
Jenny used to sing with a pop group. — *Jenny hat früher in einer Popgruppe gesungen.*
Everyone sang "Happy Birthday". — *Alle sangen „Happy Birthday".*

singer ['sɪŋə] — *Sänger, -in*
I'd love to be a professional singer. — *Ich möchte Sänger werden.*

single ['sɪŋgl] — *einzig, einzeln, ledig, unverheiratet*
Have you got a single room with a shower? — *Haben Sie ein Einzelzimmer mit Dusche?*
A single to Glasgow, please. — *Bitte eine Fahrkarte nach Glasgow, einfach.*
There are more and more single parents today. — *Es gibt heutzutage immer mehr Allein-erziehende.*

sir [sɜː] — *Herr*
Dear Sir, — *Sehr geehrter Herr, [Brief]*

sister ['sɪstə] — *Schwester*
Have you heard of the Brontë sisters? — *Haben Sie von den Brontë-Schwestern gehört?*

sister-in-law [sɪstəɪn'lɔː] — *Schwägerin*
We're going to spend our next holiday at my sister-in-law's. — *Wir werden unseren nächsten Urlaub bei meiner Schwägerin verbringen.*

sit [sɪt], sat [sæt], sat [sæt] — *sitzen*
I'll go and sit in a café. — *Ich gehe los und setze mich in ein Café..*
Sit down, please. — *Setzen Sie sich bitte.*
I'm afraid you're sitting in the wrong place there. — *Ich fürchte, Sie sitzen auf dem falschen Platz.*

babysitting ['beɪbɪsɪtɪŋ]
My children earn a few pounds each month babysitting for the neighbours.

Babysitten
Meine Kinder verdienen sich jeden Monat ein paar Pfund mit Babysitten bei den Nachbarn.

situation ['sɪtjʊ'eɪʃn]
The situation seems to be getting worse.

Situation, Lage
Die Lage scheint sich zu verschlechtern.

size [saɪz]
What size shoes do you take?
It's the same size as my old car.

Größe, Nummer
Welche Schuhgröße haben Sie?
Das ist die gleiche Größe wie mein alter Wagen.

skiing ['ski:ɪŋ]
Do you do a lot of skiing?

Ski fahren
Fahren Sie oft Ski?

skill [skɪl]
Computer skills are becoming more and more important today.

Geschick, Fertigkeit, Kenntnis
Computerkenntnisse sind heutzutage immer wichtiger.

skillful [skɪlfl]
My father's very skillful with a camera.

geschickt
Mein Vater geht sehr geschickt mit der Kamera um.

skin [skɪn]
I've got very sensitive skin.

Haut, Fell
Ich habe sehr empfindliche Haut.

skirt [skɜ:t]
She bought a new skirt for the wedding.

Rock
Sie hat sich für die Hochzeit einen neuen Rock gekauft.

sky [skaɪ]
There was a clear sky last night.

Himmel
Letzte Nacht war der Himmel klar.

sleep [sli:p], slept [slept], slept [slept]
Do the children sleep all night without waking up?

schlafen
Schlafen die Kinder in der Nacht durch?

slim [slɪm]
You're looking a lot slimmer these days.

schlank
Sie sehen zur Zeit viel schlanker aus.

slow [sləʊ]
Because of the traffic it was a very slow journey.

langsam
Wegen des Verkehrs war es eine langsame Fahrt.

slowly ['sləʊli]
Could you please speak a little more slowly?

langsam
Könnten Sie bitte etwas langsamer sprechen?

small [smɔːl] — *klein*

It's quite a big change when you go to live in these small country places. — *Es ist wirklich etwas ganz anderes, in einen dieser kleinen Orte auf dem Land zu ziehen.*

Have you got any small change? — *Haben Sie etwas Kleingeld?*

smell [smel], smelt [smelt], smelt [smelt] — *Geruch, riechen*

Mmm … I can smell garlic. — *Mm … Ich rieche Knoblauch.*

That smells delicious! — *Das riecht toll!*

There was a terrible smell coming in from outside. — *Von draußen kam ein schrecklicher Geruch herein.*

smile [smaɪl] — *Lächeln, lächeln*

Don't forget to smile at the camera. — *Vergessen Sie nicht, in die Kamera zu lächeln.*

She has a very nice smile. — *Sie hat ein sehr nettes Lächeln.*

smoke [sməʊk] — *rauchen, Rauch*

Please don't smoke in this part of the restaurant. It's a no-smoking area. — *Bitte rauchen Sie nicht in diesem Teil des Restaurants. Das ist der Bereich für Nichtraucher.*

There was a lot of smoke from the factories. — *Aus den Fabriken kam viel Rauch.*

smoker ['sməʊkə] — *Raucher, -in*

There were so many smokers in the room, I had to go out and get some fresh air. — *Es waren so viele Raucher im Raum, dass ich hinausgehen musste, um etwas frische Luft zu bekommen.*

non-smoker [nɒn'sməʊkə] — *Nichtraucher, -in*

I wish there were more restaurants for non-smokers. — *Ich wünschte, es gäbe mehr Restaurants für Nichtraucher.*

snack [snæk] — *Imbiss, Kleinigkeit zu essen*

I try to avoid having snacks between meals. — *Ich versuche, nichts zwischendurch zu essen.*

snack bar ['snækbɑː] — *Imbissstube*

Is there a good snack bar round here? — *Gibt es hier in der Nähe eine gute Imbissstube?*

snow [snəʊ] — *Schnee, schneien*

There hasn't been much snow this year. — *Dieses Jahr hat es nicht viel Schnee gegeben.*

It's been snowing all night. — *Es hat die ganze Nacht geschneit.*

so [səʊ]	*so, deshalb, daher*
So I think it's okay as long as one is careful, very careful.	*Deshalb glaube ich, es ist in Ordnung, solange man vorsichtig, sehr vorsichtig ist.*
I don't think so.	*Ich glaube nicht.*
She's not so keen on pubs actually.	*Sie interessiert sich eigentlich nicht besonders für Pubs.*
I didn't come in because it was so noisy.	*Ich bin nicht hereingekommen, weil es so laut war.*
So, how's work going with you?	*Nun, wie kommen Sie mit der Arbeit klar?*
Alright. Just give me the number so I remember.	*In Ordnung. Geben Sie mir nur die Nummer, damit ich daran denken kann.*
It was so cold that we couldn't go out.	*Es war so kalt, dass wir nicht hinausgehen konnten.*
There hasn't been much rain so far.	*Bislang hat es nicht viel geregnet.*
I think we should have a break. – So do I.	*Ich meine, wir sollten eine Pause machen. – Ich auch.*
I told you so.	*Ich habe es Ihnen gesagt.*
This was not possible to change so we spent the next seven nights sharing our bed with our 3 ½ year old daughter.	*Es war nicht zu ändern, also haben wir unser Bett in den folgenden sieben Nächten mit unserer 3 ½-jährigen Tochter geteilt.*
soap [səʊp]	*Seife*
There was no soap in the bathroom.	*Im Badezimmer war keine Seife.*
social ['səʊʃl]	*sozial, gesellschaftlich*
We still have to solve a large number of social problems.	*Wir haben immer noch zahlreiche soziale Probleme zu lösen.*
society [sə'saɪətɪ]	*Gesellschaft*
British society changed a lot during the eighties.	*Die britische Gesellschaft hat sich im Lauf der achtziger Jahre stark verändert.*
sock [sɒk]	*Socke*
My grandmother always sends me socks for Christmas.	*Meine Großmutter schickt mir immer Socken zu Weihnachten.*
soft [sɒft]	*weich, sanft, zart, leise*
The bed was so soft, I couldn't sleep very well.	*Das Bett war so weich, dass ich nicht sehr gut schlafen konnte.*
software ['sɒftweə]	*Software*
I need a lot of software for my computer.	*Ich brauche viel Software für meinen Computer.*

soldier ['səʊldʒə] — *Soldat, -in*

The government has decided to reduce the number of soldiers. — *Die Regierung hat beschlossen, die Zahl der Soldaten zu verringern.*

some [sʌm, səm] — *einige, etwas, irgendein*

There are some interesting characters who get there. — *Einige interessante Leute kommen dorthin.*

If you want to use the film at some other time. — *Wenn Sie den Film ein andermal verwenden wollen.*

Perhaps you could arrange to meet some of your friends. — *Vielleicht könnten Sie ein Treffen mit einigen Ihrer Freunde vereinbaren.*

Maybe some Friday evening you might be free to come out for supper, right? — *Vielleicht hätten Sie ja an einem Freitagabend Zeit, um zum Essen zu gehen?*

I need some advice about which computer software to buy. Have you got a moment? — *Ich brauche etwas Hilfe bei der Frage, welche Computersoftware ich kaufen soll. Haben Sie einen Moment Zeit?*

somebody ['sʌmbɒdɪ] — *jemand*

Somebody sent for an ambulance. — *Jemand rief einen Krankenwagen.*

somehow ['sʌmhaʊ] — *irgendwie*

I'll get to the airport somehow. — *Ich komme schon irgendwie zum Flughafen.*

Somehow I don't understand what he's talking about. — *Irgendwie verstehe ich nicht, wovon er redet.*

someone ['sʌmwʌn] — *jemand, einer*

Is there someone here who could help me? — *Ist hier jemand, der mir helfen könnte?*

something ['sʌmθɪŋ] — *(irgend)etwas, irgend*

Yes, well, Jen could go and look at something more interesting while you go to the pub. — *Ja, nun, Jen könnte sich etwas Interessanteres ansehen, während ihr in den Pub geht.*

She can have a diet coke or something. — *Sie kann eine Cola light oder so trinken.*

There's something else I wanted to ask you. — *Da ist noch etwas, was ich Sie fragen wollte.*

sometimes ['sʌmtaɪmz] — *manchmal*

Sometimes you don't have time to unpack all your luggage when you arrive. — *Manchmal hat man nicht die Zeit, bei der Ankunft das ganze Gepäck auszupacken.*

somewhere ['sʌmweə] — *irgendwo(hin)*

Yeah, I'll go and sit in a café, a street terrace bar somewhere. — *Ja, ich gehe und setze mich in ein Café, irgendwo in eine Straßenbar.*

son [sʌn]
Sohn
Not all that long since her son was in hospital.
Es ist gar nicht so lange her, dass ihr Sohn im Krankenhaus war.

son-in-law [sʌnɪn'lɔː]
Schwiegersohn
What does your son-in-law do for a living?
Womit verdient Ihr Schwiegersohn seinen Lebensunterhalt?

song [sɒŋ]
Lied, Song
I heard a lovely song on the radio this morning.
Heute Morgen habe ich ein nettes Lied im Radio gehört.

soon [suːn]
bald
See you soon!
Bis bald!
Let me know as soon as you're ready.
Sagen Sie mir Bescheid, sobald Sie fertig sind.
The sooner the better.
Je früher, desto besser.
Sooner or later we'll find a cheaper flat.
Früher oder später finden wir eine billigere Wohnung.

sore [sɔː]
wund, weh, schlimm
I've got a sore throat.
Ich habe Halsweh.

sorry ['sɒrɪ]
Verzeihung, Leid tun
I'm sorry, I can't come this evening.
Tut mir Leid, ich kann heute Abend nicht kommen.
Sorry, but I think you're wrong.
Verzeihung, aber ich glaube, Sie haben Unrecht.

sort [sɔːt]
Art, Sorte
You mustn't bother about this sort of thing.
Darüber brauchen Sie sich nicht aufzuregen.
Aubrey was the sort of person who would help anybody in trouble.
Aubrey war die Art von Mensch, der jedem in einer schwierigen Lage helfen würde.
What sort of cheese would you like?
Welchen Käse möchten Sie?

sorts[sɔːts]
Arten
There were all sorts of buildings there, you know, little old cottages ...
Wissen Sie, da gab es die unterschiedlichsten Gebäude: kleine, alte Landhäuser ...

sound [saʊnd]
Klang, Ton, Laut, sich anhören
So, now that, that sounds quite promising, really.
Also das, das hört sich jetzt wirklich viel versprechend an.
We heard a strange sound.
Wir hörten ein seltsames Geräusch.
Turn the sound up, I can't hear the news.
Stellen Sie den Ton lauter, ich kann die Nachrichten nicht verstehen.

soup [su:p]
We started the meal with chicken soup.

Suppe
Wir hatten Hühnersuppe als Vorspeise.

sour ['saʊə]
I'll have sweet and sour pork.

sauer
Ich nehme Schweinefleisch süß-sauer.

south [saʊθ]
Our village is just south of Nottingham.

Süden, Süd-, südlich
Unser Dorf liegt genau südlich von Nottingham.

We always spend our holidays in the South of France.

Wir verbringen unsere Ferien immer in Südfrankreich.

southern ['sʌðən]
Our neighbours have gone to live in Southern Germany.

südlich, Süd-
Unsere Nachbarn sind nach Süddeutschland gezogen.

space [speɪs]
It's difficult to find a parking space in town.

Platz, Raum, Abstand, Lücke, Weltraum
Es ist schwer, in der Stadt einen Parkplatz zu finden.

Our flat is so small there's not enough space to invite friends to stay.

Unsere Wohnung ist so klein, dass wir nicht genug Platz haben, um Freunde zu beherbergen.

Space travel may be quite normal in the 21st century.

Ausflüge ins All dürften im 21. Jahrhundert ganz normal sein.

spare ['speə]
You can spend the night in our spare room, if you like.

Ersatz-, Reserve-
Sie können die Nacht in unserem Gästezimmer verbringen, wenn Sie möchten.

I wish I had more spare time.

Ich wünschte, ich hätte mehr Freizeit.

I always have a spare pair of glasses in the car.

Ich habe immer eine Ersatzbrille im Auto.

speak [spi:k], spoke [spəʊk], spoken [spəʊkn]

sprechen, reden

How many languages do you speak?

Wie viele Sprachen sprechen Sie?

Have you spoken to the manager about it?

Haben Sie mit dem Geschäftsführer darüber gesprochen?

special [speʃl]

besonderer, besondere, besonderes, speziell, Sonder-

It was a special offer.

Das war ein Sonderangebot.

There was no special reason for going there.

Es gab keinen besonderen Grund dorthin zu gehen.

specialist ['speʃlɪst] — *Spezialist, -in*
My doctor sent me to see a specialist. — *Mein Arzt hat mich zu einem Spezialisten geschickt.*

speciality [speʃɪ'ælətɪ] — *Spezialität*
It's the speciality of the house. — *Das ist die Spezialität des Hauses.*

speech [spi:tʃ] — *Rede*
The Prime Minister made an important speech last night. — *Der Premierminister hat gestern Abend eine wichtige Rede gehalten.*

speed [spi:d] — *Geschwindigkeit*
There's a speed limit of 50 mph on this part of the road. — *In diesem Abschnitt der Straße ist die Höchstgeschwindigkeit auf 50 Meilen pro Stunde begrenzt.*

spell [spel], spelt [spelt], spelt [spelt] — *buchstabieren*
How do you spell Loescher? — *Wie buchstabiert man Loescher?*

spend [spend], spent [spent], spent [spent] — *ausgeben, verbringen*
It might be nice to spend a couple of hours in London anyway. — *Es könnte schön sein, ein paar Stunden in London zu verbringen.*
What did you spend the money on? — *Wofür haben Sie das Geld ausgegeben?*

spoil [spɔɪl], spoilt [spɔɪlt], spoilt [spɔɪlt] — *verderben, verwöhnen*
The bad weather spoilt our day. — *Das schlechte Wetter hat uns den Tag verdorben.*
Grandparents often spoil children. — *Großeltern verwöhnen oft die Kinder.*

spoon [spu:n] — *Löffel*
Waiter, could you bring me a clean spoon? — *Herr Ober, können Sie mir bitte einen sauberen Löffel bringen?*

sport [spɔ:t] — *Sport*
Do you do much sport? — *Treiben Sie viel Sport?*

square ['skweə] — *Platz, Quadrat, quadratisch*
I met him by chance in the middle of Trafalgar Square. — *Ich traf ihn zufällig mitten auf dem Trafalgar Square.*

stage [steɪdʒ] — *Bühne*
From our seats we had a good view of the stage. — *Von unseren Plätzen aus hatten wir eine gute Sicht auf die Bühne.*

stairs [steəz] — *Treppe*
He's just gone up the stairs. — *Er ist gerade die Treppe hinaufgegangen.*

upstairs [ʌp'steəz] — *(nach) oben, die Treppe hinauf*
The bathroom's upstairs. — *Das Badezimmer ist oben.*

downstairs [daʊn'steəz] — *(nach) unten, die Treppe hinunter*
This house has a downstairs toilet. — *In diesem Haus gibt es eine Toilette im Erdgeschoss.*

stamp [stæmp] — *Briefmarke, Stempel*
Can I have a second class stamp, please? — *Kann ich bitte eine Zweiter-Klasse-Briefmarke haben?*

stand [stænd], stood [stʊd], stood [stʊd] — *stehen, ausstehen, vertragen*
He was standing outside the pub. — *Er stand draußen vor dem Pub.*
I can't stand people who smoke in restaurants. — *Ich kann Leute, die in Restaurants rauchen, nicht leiden.*

star [stɑː] — *Stern, Star*
It was too cloudy to see the stars last night. — *Letzte Nacht war es zu bewölkt, um die Sterne zu sehen.*
The Pondview was recommended as a 3-star hotel. — *Das Pondview wurde als 3-Sterne-Hotel empfohlen.*
Who's your favourite film star? — *Wer ist Ihr Lieblingsschauspieler?*

start [stɑːt] — *Anfang, Beginn, Start, anfangen, beginnen*
What time do you start work in the morning? — *Um welche Zeit fangen Sie morgens zu arbeiten an?*
Look, it's starting to rain. — *Schau, es beginnt zu regnen.*
He suddenly started shouting. — *Plötzlich fing er an zu schreien.*
These are all ancient pubs, that's a good start. — *Das sind alles uralte Pubs, das ist ein guter Beginn.*
I'm having a birthday party next Friday starting at about 8. — *Am nächsten Freitag gebe ich eine Geburtstagsparty; sie beginnt gegen acht.*

starter ['stɑːtə] — *Vorspeise*
Mm, are you going to have a starter? — *Mm, nehmen Sie eine Vorspeise?*

state [steɪt] — *Staat, Zustand*
State schools should get just as much money as public schools. — *Staatliche Schulen sollten genauso viel Geld bekommen wie Privatschulen.*
The kitchen's in a terrible state. — *Die Küche ist in einem schrecklichen Zustand.*

station ['steɪʃn] — *Bahnhof, Station*
Do you know the way to the railway station? — *Kennen Sie den Weg zum Bahnhof?*
The accident happened in front of the police station. — *Der Unfall ereignete sich vor der Polizeistation.*

stay [steɪ]	*bleiben, (vorübergehend) wohnen*
Are you staying with friends?	*Wohnen Sie vorübergehend bei Freunden?*
I have to stay near the phone.	*Ich muss in der Nähe des Telefons bleiben.*
Please stay a little bit longer.	*Bitte bleib noch ein bisschen länger hier.*
steak [steɪk]	*Steak*
How would you like your steak?	*Wie möchten Sie Ihr Steak?*
steal [sti:l], stole [stəʊl], stolen [stəʊln]	*stehlen*
My wallet's been stolen.	*Meine Brieftasche wurde gestohlen.*
steel [sti:l]	*Stahl*
We've bought some modern steel furniture for our living-room.	*Wir haben einige moderne Möbel aus Stahl für unser Wohnzimmer gekauft.*
steep [sti:p]	*steil*
The road up to our hotel was quite steep.	*Die Straße hinauf zu unserem Hotel war sehr steil.*
step [step]	*Schritt, Stufe, treten*
How many steps are there up to the church?	*Wie viele Stufen sind es bis zur Kirche hinauf?*
stereo ['sterɪəʊ]	*Stereo*
I've just bought a stereo video recorder.	*Ich habe gerade einen Stereo-Videorekorder gekauft.*
stick [stɪk]	*(an-, auf-) kleben, Stock*
Since my father came out of hospital he's had to use a stick for getting around.	*Nach seinem Krankenhausaufenthalt musste mein Vater zum Gehen einen Stock benutzen.*
stiff [stɪf]	*steif*
I got a stiff neck from sitting near the open window.	*Durch das Sitzen am offenen Fenster habe ich einen steifen Nacken bekommen.*
still [stɪl]	*(immer) noch, trotzdem*
Do you still listen to Scottish music?	*Hören Sie immer noch schottische Musik?*
Still, I suppose they had a good time.	*Trotzdem, ich nehme an, sie haben sich amüsiert.*
stocking ['stɒkɪŋ]	*Strumpf*
She had to buy a new pair of stockings.	*Sie musste sich ein neues Paar Strümpfe kaufen.*

stomach ['stʌmək]	*Magen, Bauch*
My brother suffers from stomach problems.	*Mein Bruder leidet an Magenproblemen.*
stomachache ['stʌməkeɪk]	*Magenschmerzen*
stop [stɒp]	*(an)halten, aufhören, Haltestelle*
I waited for him at the bus stop.	*Ich habe an der Bushaltestelle auf ihn gewartet.*
Luckily a passing motorist stopped and offered to help.	*Glücklicherweise hielt jemand an und bot seine Hilfe an.*
I tried to stop him from driving home from the pub.	*Ich habe versucht, ihn davon abzuhalten, dass er vom Pub nach Hause fährt.*
store [stɔː]	*Laden, Kaufhaus*
There's a new department store in the centre of town.	*Im Stadtzentrum gibt es ein neues Kaufhaus.*
storm [stɔːm]	*Sturm, Gewitter*
We drove through a terrible storm on our way home last night.	*Gestern Abend sind wir auf dem Nachhauseweg durch einen schrecklichen Sturm gefahren.*
stormy ['stɔːmɪ]	*stürmisch*
It was a very stormy night.	*Es war eine sehr stürmische Nacht.*
story ['stɔːrɪ]	*Geschichte*
He told us the story about his uncle.	*Er hat uns die Geschichte von seinem Onkel erzählt.*
straight ['streɪt]	*geradeaus, direkt*
Go straight down this road and turn right at the lights.	*Fahren Sie geradeaus die Straße hinunter und biegen Sie an der Ampel rechts ab.*
I'll do it straight away.	*Ich werde es sofort erledigen.*
And then you have to go left and then straight on.	*Und dann müssen Sie links und dann geradeaus fahren.*
strange ['streɪndʒ]	*seltsam, sonderbar, merkwürdig, fremd*
No, it was a strange sort of feeling walking into that place.	*Nein, es war ein seltsames Gefühl, dort hineinzugehen.*
strangely ['streɪndʒli]	*seltsam, merkwürdig*
Strangely enough I met the same people again the following year.	*Seltsamerweise traf ich im Jahr darauf dieselben Leute wieder.*

stranger ['streɪndʒə]
Sorry, I can't help you, I'm a stranger here myself.
Fremder, Fremde
Tut mir Leid, ich kann Ihnen nicht helfen, ich bin selber fremd hier.

street [striːt]
Have you got a street map of Chorley?
Straße
Haben Sie eine Straßenkarte von Chorley?

stress [stres]
A lot of people complain about stress at work.
Belastung, Stress
Viele Menschen klagen über Stress im Beruf.

stressful ['stresfəl]
Sorry to hear life is so stressful.
anstrengend
Es tut mir Leid zu hören, dass das Leben so anstrengend ist.

strike [straɪk]
We couldn't get home last night because of the rail strike.
Streik, streiken
Wir konnten gestern Abend wegen des Eisenbahnerstreiks nicht nach Hause fahren.
The teachers haven't been on strike for a long time.
Die Lehrer haben lange nicht gestreikt.

strong [strɒŋ]
I need a couple of strong guys to help me carry this furniture.
stark, kräftig
Ich brauche ein paar starke Jungs, die mir beim Tragen dieser Möbel helfen können.

study ['stʌdɪ]
What did you study at university?
studieren
Was haben Sie studiert?

student ['stjuːdnt]
How many students were there on the course?
Student/in
Wie viele Studen waren im Kurs?
Astrid is an electrical engineering student at Bochum University.
Astrid studiert Elektrotechnik an der Universität Bochum.

stuff [stʌf]
Old chairs and tables and that kind of stuff.
Zeug, Sachen
Alte Stühle und Tische, lauter so altes Zeug.

stupid ['stjuːpɪd]
That's a stupid idea.
dumm, blöd
Das ist eine dumme Idee.

subject ['sʌbdʒɪkt]
How many subjects did you take at school?
Thema, Fach
Wie viele Fächer hatten Sie in der Schule?

suburbs ['sʌbɜ:bz]	*Vorort, Stadtrand*
We now live in the suburbs.	*Wir wohnen jetzt am Stadtrand.*
success [sək'ses]	*Erfolg*
The course was a great success.	*Der Kurs war ein voller Erfolg.*
successful [sək'sesfəl]	*erfolgreich*
He wasn't very successful at his job.	*Er war beruflich nicht sehr erfolgreich.*
unsuccessful [ʌnsək'sesfəl]	*erfolglos*
such [sʌtʃ]	*solch, derartig, so*
I'm quite fond of foreign food, such as curries and stuff like that.	*Ich mag ausländisches Essen, wie Currygerichte oder solches Zeug.*
I've never heard such nonsense.	*Ich habe noch nie so einen Unsinn gehört.*
sudden ['sʌdn]	*plötzlich, unerwartet*
There was a sudden thunderstorm.	*Es gab ein unerwartetes Gewitter.*
suddenly ['sʌdnli]	*plötzlich*
Suddenly there was a loud noise.	*Plötzlich gab es ein lautes Geräusch.*
suffer ['sʌfə]	*leiden*
My brother suffers from stomach problems.	*Mein Bruder leidet an Magenproblemen.*
sugar ['ʃʊgə]	*Zucker*
Pass the sugar, would you?	*Geben Sie mir bitte den Zucker.*
suggest [sə'dʒest]	*vorschlagen, anregen*
Well, you know, Alice and I were just suggesting having a meal at the Chinese restaurant.	*Nun, wissen Sie, Alice und ich schlugen gerade vor, zum Essen in ein chinesisches Restaurant zu gehen.*
suggestion [sə'dʒestʃən]	*Vorschlag*
What else did we say – what other suggestions?	*Was haben wir sonst noch gesagt – weitere Vorschläge?*
suit [su:t]	*Anzug, Kostüm, passen*
That's a nice suit you're wearing.	*Ein schöner Anzug, den Sie da tragen.*
That dress suits you.	*Das Kleid steht Ihnen.*
Tuesday would suit me fine.	*Dienstag würde mir gut passen.*
suitable ['su:təbəl]	*geeignet, passend*
I don't think they've found a suitable flat yet.	*Ich glaube nicht, dass sie schon eine passende Wohnung gefunden haben.*

unsuitable [ʌn'su:təbəl] — *ungeeignet, unpassend*
That film is unsuitable for young children. — *Dieser Film ist für kleine Kinder ungeeignet.*

suitcase ['su:tkeɪs] — *Koffer*
My suitcase got lost somewhere between London and Chicago. — *Mein Koffer ist irgendwo zwischen London und Chicago verloren gegangen.*

sun [sʌn] — *Sonne*
We went south this year to enjoy a holiday in the sun. — *Wir sind dieses Jahr in den Süden gefahren, um sonnige Ferien zu genießen.*

sunny ['sʌni] — *sonnig*
Christmas Day was quite sunny. — *Der 1. Weihnachtstag war sehr sonnig.*

sunshine ['sʌnʃaɪn] — *Sonnenschein*
We had a wonderful holiday with lots of sunshine every day. — *Wir hatten einen wunderbaren Urlaub mit viel Sonne jeden Tag.*

supermarket ['su:pəmɑ:kɪt] — *Supermarkt*
I bought the red wine at our local supermarket. — *Ich habe den Rotwein in unserem hiesigen Supermarkt gekauft.*

supper ['sʌpə] — *Abendessen*
Maybe some Friday evening you might be free to come out for supper, right? — *Vielleicht haben Sie ja an einem Freitagabend Zeit, um zum Essen herauszukommen?*

support [sə'pɔ:t] — *unterstützen, Unterstützung*
Which political party do you support? — *Welche politische Partei unterstützen Sie?*
I offered my support for his plans. — *Ich bot ihm für seine Vorhaben meine Unterstützung an.*

suppose [sə'pəʊz] — *vermuten, annehmen*
I suppose we were about 50 miles out. — *Ich vermute, dass wir 50 Meilen außerhalb waren.*
I don't suppose you can lend me £ 50, can you? — *Sie können mir wahrscheinlich keine 50 Pfund leihen, oder?*
I was supposed to go to the doctor's this morning. — *Ich sollte heute Morgen zum Arzt gehen.*
Will they be playing today? – I suppose so. — *Werden sie heute spielen? – Ich nehme an.*

sure [ʃʊə] — *sicher, gewiss*
Yes, sure, no problem at all. — *Ja, sicher, überhaupt kein Problem.*
I'm not sure it's worth visiting. — *Ich bin nicht sicher, ob sich ein Besuch lohnt.*

Are you sure you don't want a cigarette?	*Sind Sie sicher, dass Sie keine Zigarette wollen?*
surely ['ʃʊəli]	*sicherlich, gewiss*
Surely you're not going to wear jeans for the concert, are you?	*Sicherlich werden Sie keine Jeans zum Konzert anziehen, oder?*
Yeah, that looks right, surely.	*Ja, das sieht gewiss richtig aus.*
surname ['sɜ:neɪm]	*Nachname, Familienname*
I'm sorry, can you spell your surname for me?	*Entschuldigung, können Sie mir Ihren Nachnamen bitte buchstabieren?*
surprise [sə'praɪz]	*Überraschung, überraschen*
It was a nice surprise to meet them again.	*Es war eine nette Überraschung, sie wieder zu treffen.*
surprised [sə'praɪzd]	*überrascht*
I was very surprised to get a letter from him.	*Ich war sehr überrascht, einen Brief von ihm zu bekommen.*
surprising [sə'praɪzɪŋ]	*überraschend*
It was surprising how cheap the holiday actually was.	*Es war überraschend, wie billig der Urlaub tatsächlich war.*
sweet [swi:t]	*süß, reizend, Bonbon, Nachtisch*
I'll have sweet and sour pork with rice, please.	*Ich nehme Schweinefleisch süß-sauer mit Reis, bitte.*
Would you like a sweet?	*Möchten Sie ein Bonbon?*
swim [swɪm], swam [swæm], swum [swʌm]	*schwimmen*
What if we want to go for a swim?	*Was ist, wenn wir zum Schwimmen gehen wollen?*
I'm afraid I can't swim.	*Ich kann leider nicht schwimmen.*
swimming-pool ['swɪmɪŋpu:l]	*Schwimmbad, Pool*
Is there a swimming-pool near here?	*Gibt es in der Nähe ein Schwimmbad?*
swimsuit ['swɪmsu:t]	*Badeanzug*
If we go to the south of France I'll have to buy a new swimsuit.	*Wenn wir nach Südfrankreich fahren, muss ich mir einen neuen Badeanzug kaufen.*
switch [swɪtʃ]	*Schalter, einschalten*
Where's the switch for the lamp?	*Wo ist der Lampenschalter?*
Switch on the TV. It's time for the news.	*Schalten Sie den Fernseher ein. Es ist Zeit für die Nachrichten.*

system ['sɪstəm]
I can never understand the system for getting underground train tickets.
System, Methode
Ich kann nie das System verstehen, wie man sich U-Bahn-Fahrkarten kauft.

T

table ['teɪbl]
Good evening. I've booked a table for four. The name's Brown.
Tisch, Tabelle
Guten Abend. Ich habe einen Tisch für vier Personen auf den Namen Brown reserviert.

take [teɪk], took [tʊk], taken ['teɪkən]
nehmen, bringen, dauern

Which course are you taking?
Welchen Kurs belegen Sie?

Are you taking the later train?
Nehmen Sie den späteren Zug?

If you take that road, that takes you into Chorley.
Wenn Sie diese Straße nehmen, kommen Sie direkt nach Chorley.

It takes about quarter of an hour, twenty minutes.
Das dauert ungefähr eine Viertelstunde, zwanzig Minuten.

Why don't you take your umbrella with you?
Warum nehmen Sie keinen Regenschirm mit?

I'm afraid she's not here at the moment. Can I take a message?
Sie ist zur Zeit leider nicht da. Kann ich etwas ausrichten?

Take your time, there's no hurry.
Lassen Sie sich Zeit, es eilt nicht.

We had to take a taxi.
Wir mussten ein Taxi nehmen.

How often do you have to take these pills?
Wie oft müssen Sie diese Tabletten einnehmen?

How many photos did you take at the wedding?
Wie viele Fotos haben Sie auf der Hochzeit gemacht?

When are you taking your driving test?
Wann machen Sie Ihre Fahrprüfung?

My youngest daughter was about five years old and I was taking her to the dentist.
Mein jüngste Tochter war ungefähr fünf Jahre alt und ich brachte sie zum Zahnarzt.

A little bit of hope is all it takes.
Es braucht nur ein bisschen Hoffnung.

takeaway ['teɪkəweɪ]
There's an Indian takeaway round the corner.
Essen zum Mitnehmen
Gleich um die Ecke gibt es indisches Essen zum Mitnehmen.

take off ['teɪkɒf]
Take off your shoes before you go into the house.
ausziehen, starten
Ziehen Sie die Schuhe aus, bevor Sie hineingehen.

take part [teɪk'pɑ:t]	*teilnehmen*
We didn't take part in the discussion.	*Wir haben an der Diskussion nicht teilgenommen.*
take place [teɪk'pleɪs]	*stattfinden*
The meeting will take place at eight o'clock.	*Die Sitzung findet um 8 Uhr statt.*
talk [tɔ:k]	*sprechen, reden, Gespräch, Vortrag*
We were just talking about the air force.	*Wir haben gerade über die Luftwaffe gesprochen.*
So I have to talk to Hamish.	*Also muss ich mit Hamish reden.*
I'm just talking with Rowena right now.	*Ich spreche gerade mit Rowena.*
We listened to a talk on social problems.	*Wir hörten uns einen Vortrag über soziale Probleme an.*
tall [tɔ:l]	*groß, hoch*
He's very tall.	*Er ist sehr groß.*
tape [teɪp]	*Band*
Have you got the music on tape?	*Haben Sie die Musik auf Band?*
taste [teɪst]	*Geschmack, schmecken*
This soup has a strange taste.	*Diese Suppe hat einen seltsamen Geschmack.*
This tastes good. What is it?	*Das schmeckt gut. Was ist das?*
tax [tæks]	*Steuer*
Are taxes high in your country?	*Sind die Steuern in Ihrem Land hoch?*
taxi ['tæksɪ]	*Taxi*
We had to take a taxi because there was no public transport to our hotel.	*Wir mussten ein Taxi nehmen, weil es keine öffentlichen Verkehrsmittel zu unserem Hotel gab.*
tea [ti:]	*Tee*
Can I offer you a cup of tea?	*Kann ich Ihnen eine Tasse Tee anbieten?*
What's for tea?	*Was gibt's zum Abendbrot?*
teach [ti:tʃ], taught [tɔ:t], taught [tɔ:t]	*lehren, unterrichten, beibringen*
Who taught you to swim?	*Wer hat Ihnen das Schwimmen beigebracht?*
teacher ['ti:tʃə]	*Lehrer, -in*
What do you think of our new teacher?	*Was halten Sie von unserem neuen Lehrer?*

team [tiːm]	*Mannschaft, Team*
Did your team win last Saturday?	*Hat Ihre Mannschaft letzten Samstag gewonnen?*
I like working in a team.	*Ich arbeite gerne in einem Team.*
technical ['teknɪkl]	*technisch*
I've just started a course in Technical English.	*Ich habe gerade einen Kurs „Technisches Englisch“ begonnen.*
technology [tek'nɒlədʒɪ]	*Technologie*
He works in the field of space technology.	*Er arbeitet auf dem Gebiet der Weltraumtechnologie.*
telephone ['telɪfəʊn]	*Telefon*
Is there a public telephone near here?	*Gibt es in der Nähe ein öffentliches Telefon?*
phone [fəʊn]	*Telefon, anrufen*
I'll phone you tomorrow.	*Ich rufe Sie morgen an.*
television ['telɪvɪʒn]	*Fernsehen, Fernseher*
What's on television tonight?	*Was kommt heute Abend im Fernsehen?*
TV [tiː'viː]	*Fernseher, Fernsehen*
We've just bought a new TV.	*Wir haben gerade einen neuen Fernseher gekauft.*
tell [tel], told [təʊld], told [təʊld]	*erzählen, sagen*
Can you tell me how to get to this place?	*Können Sie mir sagen, wie ich dorthin komme?*
I need to go to the railway station. Could you tell me the way?	*Ich muss zum Bahnhof. Können Sie mir den Weg sagen?*
Can you tell me the time?	*Können Sie mir sagen, wie spät es ist?*
He can tell really good jokes.	*Er kann wirklich gute Witze erzählen.*
It's a secret, I'm not going to tell you.	*Das ist ein Geheimnis; ich werde es Ihnen nicht verraten.*
So can you tell us how old your friend is?	*Können Sie uns also sagen, wie alt Ihr Freund ist?*
I told him to phone back later.	*Ich habe ihm gesagt, er solle später zurückrufen.*
temperature ['temprətʃə]	*Temperatur, Fieber*
I think I've got a temperature.	*Ich glaube, ich habe Fieber.*
What's the temperature today?	*Wie viel Grad haben wir heute?*
tend [tend]	*tendieren, dazu neigen*
He tends to forget names.	*Er neigt dazu, Namen zu vergessen.*

tennis ['tenɪs]	*Tennis*
There's a tennis match on TV this afternoon.	*Heute Nachmittag kommt ein Tennismatch im Fernsehen.*
tent [tent]	*Zelt*
I hate sleeping in tents.	*Ich hasse es, im Zelt zu schlafen.*
terrible ['terəbl]	*schrecklich, furchtbar*
The weather's been terrible so far this year.	*Das Wetter ist in diesem Jahr bislang schrecklich gewesen.*
terribly ['terəbli]	*schrecklich, furchtbar*
I'm terribly sorry.	*Es tut mir furchtbar Leid.*
test [test]	*Test, Prüfung, Probe, Versuch, prüfen*
I passed my driving test last week. – Congratulations!	*Ich habe letzte Woche meine Fahrprüfung bestanden. – Herzlichen Glückwunsch!*
text [tekst]	*Text*
I can't understand this text.	*Ich kann diesen Text nicht verstehen.*
than [ðæn, ðən]	*als [bei Vergleichen]*
I thought it would cost more than that.	*Ich dachte, es würde mehr (als das) kosten.*
thank [θæŋk]	*danken*
Alright, thank you very much.	*In Ordnung, vielen Dank.*
Would you like a drink? – Yes, I would, thank you, but make it a small one.	*Möchten Sie einen Drink? – Ja, gerne, vielen Dank, aber nur einen kleinen.*
Thank you. Here's your receipt.	*Vielen Dank. Hier ist Ihre Quittung.*
OK. Well thanks. You've been a great help. Let's go and have a drink.	*Okay. Dankeschön. Sie waren eine große Hilfe. Lassen Sie uns etwas trinken gehen.*
No, thanks.	*Nein, danke.*
Thanks a lot.	*Vielen Dank.*
Many thanks for your help.	*Vielen Dank für Ihre Hilfe.*
that [ðæt, ðət]	*dieser, diese, dieses, jener, jene, jenes, der, die, das, dass*
That's the young lady that came to see me.	*Das ist die junge Frau, die mich besucht hat.*
What's that?	*Was ist das?*
That's right.	*Das ist richtig.*
No, you have that one.	*Nein, Sie nehmen das da.*
I can't really say that all this is going to work.	*Ich kann nicht genau sagen, ob das alles so funktionieren wird.*
I remember that journey.	*Ich erinnere mich an diese Reise.*

We took a taxi so that we would get to the airport in time. *Wir nahmen ein Taxi, um rechtzeitig am Flughafen anzukommen.*

the [ðə, ðɪ] *der, die, das*
Could you just tell us the way to the station, please? *Könnten Sie uns bitte den Weg zum Bahnhof sagen?*
The sooner, the better. *Je früher, desto besser.*

theatre ['θɪətə] *Theater*
The theatres are closed generally on Sundays. *Die Theater sind gewöhnlich sonntags geschlossen.*

their [ðeə] *ihr, ihre*
Their daughter's in Australia, and they've never been to Australia to see her. *Ihre Tochter ist in Australien und sie waren noch nie in Australien, um sie zu besuchen.*
Somebody actually broke their neck. *Jemand hat ihnen tatsächlich das Genick gebrochen.*

theirs [ðeəz] *ihrer, ihre, ihres*
We'll take our car, and they can take theirs. *Wir werden unser Auto nehmen, sie können dann ihres nehmen.*

them [ðem, ðəm] *sie, ihnen*
Mm, yes, the children like them very much. *Mm, ja, die Kinder lieben sie sehr.*

themselves [ðem'selvz, ðəm'selvz] *sich (selbst), sie (selbst)*
They didn't believe me until they had seen it themselves. *Sie glaubten mir nicht, bis sie es selbst gesehen hatten.*

then [ðen] *dann, damals*
Then ... guess what happened. *Raten Sie mal, was dann passiert ist.*
How fast were you going then? *Wie schnell sind Sie dann gefahren?*
And then one day we were in the local pub. *Und dann waren wir eines Tages im örtlichen Pub.*
Alright then. Bye! *Also dann. Tschüss!*
Now then, what about you two? *Nun, was ist mit Ihnen beiden?*

there [ðeə] *da, dahin, dort, dorthin*
There you are. *Hier, bitte.*
Your toast is there, mum. *Dein Toast ist dort, Mutti.*
How could we get there? *Wie könnten wir dahin kommen?*
Do you want me to come down there? *Wollen Sie, dass ich dort hinunterkomme?*
You can find still find them here and there. *Sie können sie immer noch hier und da finden.*
There's something else I wanted to ask you. *Da ist noch etwas, was ich Sie fragen wollte.*

these [ðiːz]	*diese*
Actually I've never visited these places myself.	*Tatsächlich habe ich diese Orte niemals selbst besucht.*
How much do these cost?	*Wie viel kosten diese?*
they [ðeɪ]	*sie*
I'm going to book four cinema tickets on the phone and they need a credit card number.	*Ich werde telefonisch vier Kinokarten bestellen und sie (= das Kino) brauchen eine Kreditkartennummer.*
You could try perhaps Pickfords in Littlewoods, they might be able to help you.	*Sie könnten es vielleicht bei Pickfords in Littlewoods versuchen, die könnten Ihnen helfen.*
And their daughter's in Australia, and they've never been to Australia to see her.	*Ihre Tochter ist in Australien und sie waren noch nie in Australien, um sie zu besuchen.*
thin [θɪn]	*dünn*
Is your father ill? He's got very thin.	*Ist Ihr Vater krank? Er ist so dünn geworden.*
thing [θɪŋ]	*Ding, Sache*
What's this thing called in English?	*Wie heißt dieses Ding auf Englisch?*
I didn't hear a thing.	*Ich habe nichts gehört.*
The best thing to do is to ask again when you get into the centre of town.	*Am besten Sie fragen noch einmal, wenn Sie ins Stadtzentrum kommen.*
You mustn't bother about this sort of thing.	*Über so etwas müssen Sie sich nicht aufregen.*
Well, it's so cheap, you know, this is the thing.	*Nun, wissen Sie, es ist so preiswert, das ist es ja.*
But the thing is, I've booked my taxi from Maidstone at a later time.	*Die Sache ist die, dass ich mein Taxi von Maidstone für einen späteren Zeitpunkt bestellt habe.*
You know, switches and things like that.	*Sie wissen schon, Schalter und so etwas.*
Right okay and the other thing I need is a form for a TV licence.	*In Ordnung. Und dann brauche ich noch ein Anmeldeformular für den Fernseher.*
Yes, and the next thing we wanted to ask you is …	*Ja; und als Nächstes wollten wir Sie fragen …*
think [θɪŋk], thought [θɔːt], thought [θɔːt]	*denken, meinen, glauben*
I don't think so.	*Ich glaube nicht.*
She likes all kinds of music, classical – mainly classical, I think.	*Sie mag alle Arten von Musik, klassische – hauptsächlich klassische, meine ich.*
Do you think she'd like to go to church on Sunday morning?	*Glauben Sie, dass sie am Sonntagmorgen in die Kirche gehen möchte?*

It should fit there cos it's not that big, I don't think. | *Es sollte passen, denke ich, weil es nicht so groß ist.*
I don't think I can make it this morning. | *Ich glaube nicht, dass ich das heute Morgen schaffen kann.*
So we – we're thinking about all going down to the Chinese restaurant at about twelve. | *Also wir – wir überlegen, ob wir gegen zwölf Uhr alle zum Chinesen gehen.*
Are you thinking of going back on the same train as me tomorrow then or what? | *Denken Sie daran, morgen mit demselben Zug zurückzufahren wie ich?*
I was thinking of going to a movie, do you want to come? | *Ich habe mir überlegt, ins Kino zu gehen, wollen Sie mitkommen?*
He never thinks of other people. | *Er denkt niemals an andere Menschen.*
What do you think of our new teacher? | *Was halten Sie von unserem neuen Lehrer?*
I thought Delft was miles from Amsterdam. | *Ich dachte, Delft wäre Meilen von Amsterdam entfernt.*

thirsty ['θɜːstɪ] | *durstig*
Are you thirsty? Do you want a drink? | *Sind Sie durstig? Wollen Sie etwas zu trinken?*

this [ðɪs] | *dies, das, dieser, diese, dieses*
Can I post this second class please. | *Kann ich das bitte zweiter Klasse schicken?*
Well, this is what we usually do. | *Nun, das machen wir normalerweise.*
And this student came and knocked on the door. | *Und dieser Student kam und klopfte an meine Tür.*
Mm ... I've got this one, which is an Access card. | *Mm ... Ich habe diese, das ist eine Access-Karte.*
OK, you go up this road. | *Okay, fahren Sie diese Straße hinauf.*
You mustn't bother about this sort of thing. | *Über so etwas müssen Sie sich nicht aufregen.*
Oh, this is beautiful! | *Oh, das ist wunderbar!*
I don't think I can make it this morning. | *Ich glaube nicht, dass ich das heute Morgen schaffen kann.*
Is this the smallest you've got? | *Ist das das kleinste, das Sie haben?*

those [ðəʊz] | *diese (da), jene, die(jenigen)*
Your new jacket goes well with those trousers. | *Ihre neue Jacke passt gut zu dieser Hose.*

though [ðəʊ] | *obwohl, obgleich, obschon, allerdings*
It was quite funny, though. | *Obwohl es schon lustig war.*
You look as though you've been on holiday. | *Sie sehen aus, als seien Sie im Urlaub gewesen.*
I'd still like to go for a walk even though it's raining. | *Ich möchte immer noch spazieren gehen, auch wenn es regnet.*

throat [θrəʊt]	*Hals, Kehle*
I've got a sore throat.	*Ich habe Halsschmerzen.*
through [θru:]	*durch*
I went through the door into the garden.	*Ich ging durch die Tür in den Garten.*
Did you get through to your office?	*Haben Sie Ihr Büro erreicht?*
They have been through a lot in their marriage.	*Sie haben in ihrer Ehe viel durchgestanden.*
thunder ['θʌndə]	*Donner*
Suddenly there was the sound of thunder.	*Plötzlich hat es gedonnert.*
thunderstorm ['θʌndəstɔ:m]	*Gewitter*
Did you hear the thunderstorm last night?	*Haben Sie das Gewitter letzte Nacht gehört?*
ticket ['tɪkɪt]	*(Eintritts-, Fahr-)Karte*
I'm going to book four cinema tickets on the phone and they need a credit card number.	*Ich werde telefonisch vier Kinokarten bestellen und sie (= das Kino) brauchen eine Kreditkartennummer.*
tidy ['taɪdɪ]	*ordentlich, in Ordnung*
I always wish I could keep my desk tidy.	*Ich wünschte, ich könnte meinen Schreibtisch immer in Ordnung halten.*
untidy [ʌn'taɪdɪ]	*unordentlich*
My children are so untidy. They never clean their rooms.	*Meine Kinder sind so unordentlich. Sie machen nie ihre Zimmer sauber.*
tie [taɪ]	*binden, Krawatte*
I do like your new tie.	*Ich mag Ihre neue Krawatte.*
tight [taɪt]	*eng, fest*
These trousers are much too tight.	*Diese Hose ist viel zu eng.*
tights [taɪts]	*Strumpfhose*
She had to buy a new pair of tights.	*Sie musste sich eine neue Strumpfhose kaufen.*
till [tɪl]	*bis*
Let's wait till he comes tomorrow.	*Warten wir, bis er morgen kommt.*
until [ən'tɪl]	*bis*
Walk down the road until you come to the bridge.	*Gehen Sie die Straße hinunter, bis Sie zur Brücke kommen.*

time [taɪm] — *Zeit, Mal*

What's the time? — *Wie spät ist es?*

What time did she go to sleep? — *Wann ist sie schlafen gegangen?*

If you want to use the film at some other time. — *Wenn Sie den Film ein andermal verwenden wollen.*

It's about time! — *Es wird Zeit!*

I'm sorry, I don't have time to help you. — *Tut mir Leid, ich habe keine Zeit, um Ihnen zu helfen.*

He'd had a serious accident and was in hospital for a long time. — *Er hatte einen schweren Unfall und war lange im Krankenhaus.*

She's coming to England for about the fourth time. — *Sie kommt ungefähr das vierte Mal nach England.*

Was that the first time? — *War das das erste Mal?*

We're going to stay here for the time being. — *Wir werden vorläufig hier bleiben.*

He does that all the time. — *Er macht das ständig.*

At that time they didn't have computers, of course. — *Natürlich hatten sie damals keine Computer.*

By this time he was very tired. — *Unterdessen war er sehr müde geworden.*

Fortunately there were no other cars on the road at the time. — *Glücklicherweise waren um diese Zeit keine anderen Autos auf der Straße.*

Have a good time! — *Amüsieren Sie sich!*

Our lessons never start on time. — *Unser Unterricht beginnt nie pünktlich.*

Thanks to you we arrived at the airport in time. — *Dank Ihnen sind wir rechtzeitig am Flughafen angekommen.*

We go there from time to time, but not really all that often. — *Wir gehen ab und zu hin, aber wirklich nicht sehr häufig.*

I'll have to come again another time. — *Ich muss ein andermal wiederkommen.*

I shall never forget the time we had a big party in our flat. — *Ich werde nie vergessen, als wir die große Party in unserer Wohnung gefeiert haben.*

That was a long time ago. — *Das war vor langer Zeit.*

I'll see them in a few days' time. — *Ich besuche sie in ein paar Tagen.*

Christmas is a time for inviting friends. — *Weihnachten ist die Zeit, um Freunde einzuladen.*

I don't have much spare time these days. — *Ich habe zur Zeit nicht viel Freizeit.*

timetable ['taɪmteɪbl] — *Fahrplan, Stundenplan*

Have you got a copy of the bus timetable? — *Haben Sie einen Busfahrplan?*

tip [tɪp] — *Trinkgeld, ein Trinkgeld geben*

Did you give the waiter a tip? — *Haben Sie dem Kellner ein Trinkgeld gegeben?*

tired ['taɪəd]	*müde*
Why don't you go to bed if you're so tired?	*Warum gehen Sie nicht ins Bett, wenn Sie so müde sind?*
I'm tired of hearing the same old story.	*Ich habe es satt, dieselbe alte Geschichte zu hören.*
title ['taɪtl]	*Titel, Überschrift*
What's the title of the book you're reading?	*Wie lautet der Titel des Buches, das Sie gerade lesen?*
to [tuː, tʊ, tə]	*zu, nach, bis, in*
How do I get to Kensington Road?	*Wie komme ich zur Kensington Road?*
Their daughter's in Australia, and they've never been to Australia to see her.	*Ihre Tochter ist in Australien und sie waren noch nie in Australien, um sie zu besuchen.*
Why don't you go to bed if you're tired?	*Warum gehen Sie nicht ins Bett, wenn Sie müde sind?*
The course runs from Monday to Friday.	*Der Kurs läuft von Montag bis Freitag.*
I gave it to Bob.	*Ich habe es Bob gegeben.*
So I have to talk to Hamish.	*Also muss ich mit Hamish reden.*
Explain it to me now, please.	*Bitte erklären Sie mir das jetzt.*
What's the time? – It's about a quarter to seven.	*Wie spät ist es? – Es ist ungefähr Viertel vor sieben.*
I prefer coffee to tea, don't you?	*Ich mag lieber Kaffee als Tee, sie auch?*
Sarah wouldn't go to sleep.	*Sarah wollte nicht schlafen gehen.*
She wanted to ring Mum.	*Sie wollte ihre Mutti anrufen.*
Do you think she'd like to go to church on Sunday morning?	*Glauben Sie, sie möchte am Sonntagmorgen in die Kirche gehen?*
I'm here to help you.	*Ich bin da, um Ihnen zu helfen.*
Are you ready to order?	*Sind Sie soweit, um zu bestellen?*
I was the first to leave.	*Ich ging als Erster.*
toast [təʊst]	
One piece of toast or two?	*Ein Stück Toast oder zwei?*
toaster ['təʊstə]	*Toaster*
We must get a new toaster. This one always burns the bread.	*Wir müssen einen neuen Toaster kaufen. Dieser hier verbrennt immer das Brot.*
today [tə'deɪ]	*heute*
What are you doing today?	*Was haben Sie heute vor?*
together [tə'geðə]	*zusammen*
We went on holiday together.	*Wir fuhren zusammen in Urlaub.*
We could get together at five fifteen when I'm finished.	*Wir könnten uns um Viertel nach fünf treffen, wenn ich fertig bin.*

toilet ['tɔɪlɪt]	*Toilette*
Where are the toilets?	*Wo sind die Toiletten?*
tomato [tə'mɑ:təʊ, tə'meɪtəʊ], (Pl.) tomatoes [tə'mɑ:təʊz, tə'meɪtəʊz]	*Tomate*
Do you like tomato soup?	*Mögen Sie Tomatensuppe?*
Can I have a pound of those tomatoes, please?	*Kann ich bitte ein Pfund von diesen Tomaten haben?*
tomorrow [tə'mɒrəʊ]	*morgen*
Maybe we'll go there tomorrow and have a look.	*Vielleicht fahren wir morgen hin und sehen uns das an.*
I'm seeing him the day after tomorrow.	*Ich sehe ihn übermorgen.*
tonight [tə'naɪt]	*heute Abend, heute Nacht*
What are you doing tonight?	*Was haben Sie heute Abend vor?*
I hope I can sleep well tonight.	*Ich hoffe, ich kann heute Nacht gut schlafen.*
too [tu:]	*auch, zu*
I can speak Spanish, too.	*Ich spreche auch Spanisch.*
The car's too expensive, we're going to sell it next month.	*Der Wagen ist zu teuer, wir werden ihn im nächsten Monat verkaufen.*
tooth [tu:θ], (Pl.) teeth [ti:θ]	*Zahn*
My tooth is hurting.	*Mein Zahn tut weh.*
Do you clean your teeth after every meal?	*Putzen Sie Ihre Zähne nach jedem Essen?*
toothache ['tu:θeik]	*Zahnschmerzen*
I've got very bad toothache.	*Ich habe ganz starke Zahnschmerzen.*
toothbrush ['tu:θbrʌʃ]	*Zahnbürste*
Don't forget to pack your toothbrush.	*Vergessen Sie nicht, Ihre Zahnbürste einzupacken.*
toothpaste ['tu:θpeɪst]	*Zahnpasta*
I need a tube of toothpaste. Is there a shop near here?	*Ich brauche eine Tube Zahnpasta. Gibt es in der Nähe ein Geschäft?*
top [tɒp]	*oben, Spitze*
At the traffic lights at the top of the hill you turn right.	*An der Ampel oben auf dem Hügel biegen Sie rechts ab.*
The suitcase is on top of the cupboard.	*Der Koffer ist oben auf dem Schrank.*
We had to clean the house from top to bottom.	*Wir mussten das Haus von oben bis unten putzen.*
They were living on the top floor.	*Sie wohnten im obersten Stockwerk.*

topic ['tɒpɪk] — *Thema*
The weather's a favourite topic in England. — *Das Wetter ist in England ein Lieblingsthema.*

touch [tʌtʃ] — *berühren, Kontakt, Verbindung*
Please don't touch the fruit! — *Bitte berühren Sie nicht das Obst!*
I just wanted to see how we can get in touch with them after all these years. — *Ich wollte nur herausfinden, wie wir nach all den Jahren mit ihnen Kontakt aufnehmen können.*
Keep in touch. — *Bleiben Sie in Verbindung.*

tour [tʊə] — *Tour, Reise, Rundfahrt*
How much are the sightseeing tours? — *Wie viel kosten die Stadtrundfahrten?*

tourist ['tʊərist] — *Tourist/in*
We went to the tourist information office to find a suitable hotel. — *Wir sind zum Fremdenverkehrsbüro gegangen, um ein geeignetes Hotel zu finden.*

towards [tə'wɔːdz] — *nach, gegen*
You want to go left again down towards Brussels. — *Sie sollten wieder links fahren, um nach Brüssel zu kommen.*
I'm going to be in this area again towards the end of the year. — *Am Jahresende bin ich wieder in dieser Gegend.*

towel ['taʊəl] — *Handtuch*
I had to ask the reception to bring clean towels. — *Ich musste die Rezeption bitten, saubere Handtücher zu bringen.*

town [taʊn] — *Stadt*
Cambridge itself is not a very big town. — *Cambridge selbst ist keine sehr große Stadt.*
The best thing to do would be to ask again when you get to the town centre. — *Am besten fragen Sie im Stadtzentrum noch einmal.*
I got myself a new coat when I was in town today. — *Ich habe mir heute in der Stadt einen neuen Mantel gekauft.*
If I were you I wouldn't drive into town, I'd take the bus. — *An Deiner Stelle würde ich nicht mit dem Auto in die Stadt fahren, sondern den Bus nehmen.*
We're eight miles outside of town. — *Wir sind acht Meilen außerhalb der Stadt.*

trade [treɪd] — *Handel, Gewerbe, die Geschäfte*
Trade was very bad last year. — *Die Geschäfte gingen im letzten Jahr sehr schlecht.*
The book trade would actually interest me very much. — *Der Buchhandel würde mich sehr interessieren.*

trade union ['treɪdju:nɪən] — *Gewerkschaft*
Have you ever been a member of a trade union? — *Sind Sie schon einmal Gewerkschaftsmitglied gewesen?*

tradition [trə'dɪʃn] — *Tradition*
I wish we would keep more of the old traditions. — *Ich wünschte, wir würden mehr von den alten Traditionen bewahren.*

traditional [trə'dɪʃnəl] — *traditionell, üblich*
What about a nice traditional Sunday lunch in a pub? — *Wie wäre es mit einem traditionellen Mittagessen am Sonntag in einem Pub?*

traffic ['træfɪk] — *Verkehr*
There's a lot of traffic on the road today. — *Auf der Straße ist heute viel Verkehr.*

traffic lights ['træfɪklaɪts] — *Ampel*
When you get to the traffic lights you turn right again. — *Wenn Sie zur Ampel kommen, biegen Sie wieder rechts ab.*

train [treɪn] — *Zug*
What time does the train to Brussels leave? — *Wann fährt der Zug nach Brüssel ab?*
Are you going by train? — *Fahren Sie mit dem Zug?*

train [treɪn] — *ausbilden, trainieren*
He's training to be a lawyer. — *Er macht eine Ausbildung zum Rechtsanwalt.*

trainer ['treɪnə] — *Trainer, -in, Ausbilder, -in*
Our language trainer has recommended a language school in the north of Spain. — *Unser Sprachenlehrer hat eine Sprachenschule in Nordspanien empfohlen.*

training ['treɪnɪŋ] — *Training, Schulung*
My company has sent me on a new training course. — *Meine Firma hat mich zu einer neuen Schulung geschickt.*

tram ['træm] — *Straßenbahn*
How did you get here? By tram? — *Wie sind Sie dorthin gekommen? Mit der Straßenbahn?*

translate [træns'leɪt] — *übersetzen*
I was wondering, could you translate this letter for me into French? — *Ich habe mich gefragt, ob Sie diesen Brief für mich ins Französische übersetzen könnten?*

translation [træns'leɪʃən]	*Übersetzung*
This translation is terrible. Who did it?	*Diese Übersetzung ist schrecklich. Wer hat sie gemacht?*
transport [træns'pɔːt]	*befördern, Transport, Transportmittel*
We had to take a taxi to the airport as there was no public transport.	*Wir mussten ein Taxi zum Flughafen nehmen, weil es keine öffentlichen Verkehrsmittel gab.*
travel ['trævl]	*reisen*
What's the best way to travel from London to Edinburgh?	*Was ist die beste Möglichkeit, um von London nach Edinburgh zu reisen?*
Do you often travel by air?	*Fliegen Sie häufig?*
traveller ['trævlə]	*Reisender, Reisende*
Should I take traveller's cheques or use my credit card?	*Soll ich Reiseschecks nehmen oder meine Kreditkarte benutzen?*
travelling ['trævlɪŋ]	*Reisen*
He has to do a lot of travelling in his job.	*Er muss beruflich sehr viel reisen.*
treat [triːt]	*behandeln*
She doesn't treat her secretary very well.	*Sie behandelt ihre Sekretärin nicht sehr gut.*
What was the name of the doctor who treated you?	*Wie hieß der Arzt, der Sie behandelt hat?*
treatment ['triːtmənt]	*Behandlung*
You often get better treatment if you have private health insurance.	*Man erhält als Privatpatient oft eine bessere Behandlung.*
tree [triː]	*Baum*
Our house is quite dark because of the trees in our neighbour's garden.	*In unserem Haus ist es wegen der Bäume im Nachbargarten ziemlich dunkel.*
trip [trɪp]	*Reise*
And he told her that he was planning to take a trip with Carol, the woman he had just met.	*Und er erzählte ihr, dass er eine Reise mit Carol planen würde, der Frau, die er gerade kennen gelernt hatte.*
trouble [trʌbl]	*Schwierigkeiten, Ärger, Probleme*
They've had a lot of trouble with their health recently.	*Sie hatten in letzter Zeit ziemlich oft gesundheitliche Probleme.*
What's the trouble?	*Was ist los?*
The trouble is that he's lazy.	*Das Problem ist, dass er faul ist.*
It'll be no trouble to meet you at the airport.	*Es wird kein Problem sein, Sie am Flughafen zu treffen.*

trousers ['traʊzəz]	*Hose*
I need a new pair of trousers.	*Ich brauche eine neue Hose.*
These trousers don't go with the jacket.	*Diese Hose passt nicht zur Jacke.*
truck [trʌk]	*Lastwagen*
The road was so narrow, we had to follow a truck all the way into town.	*Die Straße war so schmal, dass wir den ganzen Weg in die Stadt hinter einem Lastwagen herfahren mussten.*
true [tru:]	*wahr*
It's a true story.	*Das ist eine wahre Geschichte.*
truly ['tru:li]	
Yours truly,	*Mit freundlichen Grüßen [Brief]*
truth [tru:θ]	*Wahrheit*
Why don't you tell her the truth?	*Warum sagen Sie ihr nicht die Wahrheit?*
The truth of the matter is ...	*Die Wahrheit ist, dass ...*
trust [trʌst]	*trauen, vertrauen*
I'm afraid I don't trust them.	*Ich fürchte, ich traue ihnen nicht.*
try [traɪ]	*versuchen, probieren*
I tried to call you yesterday but you were out.	*Ich habe versucht, Sie gestern anzurufen, aber Sie waren nicht da.*
Try using a better pen.	*Versuchen Sie es mit einem besseren Stift.*
try on ['traɪɒn]	*anprobieren*
Can I try on this dress?	*Kann ich dieses Kleid anprobieren?*
try out ['traɪaʊt]	*ausprobieren*
She tried out the new software.	*Sie hat die neue Software ausprobiert.*
turkey ['tɜ:kɪ]	*Truthahn*
Would you like a turkey sandwich?	*Möchten Sie ein Truthahnsandwich?*
turn [tɜ:n]	*drehen, abbiegen, Drehung, Kurve*
It's my turn now.	*Ich bin jetzt dran.*
You come to a right turn with the Magpie pub on the corner.	*Sie kommen an eine Rechtskurve, und an der Ecke ist der Magpie Pub.*
At the traffic lights at the top of the hill you turn right.	*An der Ampel oben auf dem Berg biegen Sie rechts ab.*
Turn the TV and the lights off when you go to bed.	*Schalten Sie das Fernsehen und das Licht aus, wenn Sie zu Bett gehen.*
Could you turn the heating up, I feel cold.	*Würden Sie die Heizung aufdrehen, mir ist kalt.*

turning ['tɜ:nɪŋ] — *Biegung, Kurve, Abzweigung*
Take the second turning on the left. — *Nehmen Sie die zweite Abzweigung auf der linken Seite.*

twice [twaɪs] — *zweimal*
I've seen him twice since the party. — *Ich habe ihn seit der Party zweimal gesehen.*

twin [twɪn] — *Zwilling, Partner, Paar*
Our adult education centre has got a twin college in Italy. — *Unsere Volkshochschule hat eine Partnerschule in Italien.*

twinning ['twɪnɪŋ] — *Städtepartnerschaft*
The twinning arrangements were made over ten years ago. — *Die Vereinbarungen über die Städtepartnerschaft wurden vor mehr als zehn Jahren getroffen.*

type [taɪp] — *Typ, Art, tippen*
What type of cheese do you want? — *Welchen Käse möchten Sie?*
How fast can you type? — *Wie schnell können Sie tippen?*

typist ['taɪpɪst] — *Schreibkraft*
I have worked as a typist in hotels in France and Germany. — *Ich habe in französischen und deutschen Hotels als Schreibkraft gearbeitet.*

tyre ['taɪə] — *Reifen*
I need to buy some new tyres for my car. — *Ich muss neue Reifen für mein Auto kaufen.*

U

umbrella [ʌm'brelə] — *Regenschirm*
I'll take an umbrella with me in case it rains. — *Ich nehme einen Schirm mit, falls es regnen sollte.*

unable [ʌn'eɪbl] — *unfähig*
They were unable to come due to the bad weather. — *Sie konnten wegen des schlechten Wetters nicht kommen.*

uncle ['ʌŋkl] — *Onkel*
We're going to visit my uncle in Spain next week. — *Wir werden nächste Woche meinen Onkel in Spanien besuchen.*

uncomfortable [ʌn'kʌmftəbl] — *unbequem, ungemütlich*
I find long journeys by car very uncomfortable. I prefer to travel by rail. — *Ich empfinde lange Reisen mit dem Auto als sehr unbequem. Ich fahre lieber mit dem Zug.*

unconscious [ʌn'kɒnʃəs] — *bewusstlos*
He'd had a serious accident and he was unconscious for a long time. — *Er hatte einen schweren Unfall und war lange Zeit bewusstlos.*

under ['ʌndə] — *unter*
It's under the table. — *Es ist unter dem Tisch.*
Children under twelve travel free. — *Kinder unter zwölf reisen umsonst.*
Don't worry, it's all under control. — *Regen Sie sich nicht auf, wir haben alles im Griff.*

underground ['ʌndəgraʊnd] — *Untergrund-, U-Bahn*
Most big cities now have an underground railway system. — *Die meisten großen Städte haben inzwischen ein U-Bahn-Netz.*

understand [ʌndə'stænd], understood [ʌndə'stʊd], understood [ʌndə'stʊd] — *verstehen, begreifen*
I'm sorry, I don't understand. — *Tut mir Leid, ich verstehe nicht.*
You will, I'm sure, understand that I am not satisfied with your service. — *Sie werden sicher verstehen, dass ich mit Ihrem Service unzufrieden bin.*
… if you understand what I mean. — *… wenn Sie verstehen, was ich meine.*

unemployed [ʌn'ɪmplɔːd] — *arbeitslos*
He's been unemployed for the last six months. — *Er war die letzten sechs Monate arbeitslos.*

unemployment [ʌn'ɪmplɔːmənt] — *Arbeitslosigkeit*
Unemployment is still rising. — *Die Arbeitslosigkeit steigt immer noch weiter.*

unfortunately [ʌn'fɔːtʃnətli] — *unglücklicherweise, leider*
Unfortunately our photocopying machine has broken down. — *Leider ist unser Fotokopierer kaputtgegangen.*

unfriendly [ʌn'frendli] — *unfreundlich*
The man I spoke to was very unfriendly. — *Der Mann, mit dem ich gesprochen habe, war sehr unfreundlich.*

uniform ['juːnɪfɔːm] — *Uniform*
Many schoolchildren still have to wear uniforms in England. — *Viele Schulkinder in England müssen noch eine Schuluniform tragen.*

union ['juːnɪən] — *Gewerkschaft, Vereinigung, Union*
She's just joined the union. — *Sie ist gerade der Gewerkschaft beigetreten.*

There are about forty minority languages in the European Union. | *In der Europäischen Union gibt es vierzig Minderheitensprachen.*

university [ju:nɪ'vɜ:sətɪ] | *Universität*
She studied engineering at university. | *Sie hat Ingenieurwissenschaften studiert.*

unless [ən'les] | *es sei denn, wenn … nicht*
I won't lend you the money unless you promise to pay it back next week. | *Ich werde Ihnen kein Geld leihen, es sei denn Sie versprechen, es nächste Woche zurückzuzahlen.*

unlike [ʌn'laɪk] | *ungleich, unähnlich*
It's unlike you to be so quiet. Is something wrong? | *Es passt gar nicht zu Ihnen, dass Sie so still sind. Stimmt etwas nicht?*

unlikely [ʌn'laɪkli] | *unwahrscheinlich*
It's unlikely to rain today. | *Es ist unwahrscheinlich, dass es heute regnet.*

unlucky [ʌn'lʌkɪ] | *unglücklich*
Many people think thirteen is an unlucky number. | *Viele glauben, dreizehn sei eine Unglückszahl.*

unpack [ʌn'pæk] | *auspacken*
Sometimes you don't have time to unpack all your luggage when you arrive. | *Manchmal hat man keine Zeit, das ganze Gepäck bei der Ankunft auszupacken.*

until [ən'tɪl] | *bis*
I'm staying until tomorrow. | *Ich bleibe bis morgen.*
You go down this road until you get to the pub. | *Sie gehen diese Straße hinunter, bis Sie zu dem Pub kommen.*

up [ʌp] | *hinauf, auf, aufwärts, (nach) oben*
OK, you go up this road to the top of the hill. | *Okay, fahren Sie diese Straße bis auf den Hügel hinauf.*

upset [ʌp'set] | *aufgeregt, bestürzt, mitgenommen*
I was quite upset when I heard the terrible news. | *Ich war sehr bestürzt, als ich diese schreckliche Nachricht hörte.*

upstairs [ʌp'steəz] | *(nach) oben, die Treppe hinauf*
The toilet's upstairs. | *Die Toilette ist oben.*

urgent ['ɜ:dʒənt] | *dringend*
I have an urgent message for Mr Thomas. | *Ich habe eine dringende Nachricht für Mr Thomas.*

urgently ['ɜ:dʒəntli] *dringend*
I urgently need your help. *Ich brauche dringend Ihre Hilfe.*

us [ʌs, əs] *uns*
Could you lend us the car for the weekend? *Können Sie uns für das Wochenende den Wagen leihen?*

use [ju:s] *benutzen, verwenden, Gebrauch, Anwendung, Nutzen*
Can I use your dictionary? *Kann ich Ihr Wörterbuch benutzen?*

useful ['ju:sfəl] *nützlich*
Let me give you some useful advice. *Lassen Sie mich Ihnen einen guten Rat geben.*

useless ['ju:sles] *nutzlos*
This software is completely useless. *Diese Software ist völlig nutzlos.*

used [ju:zd] *gewöhnt*
I'm not used to this kind of work. *Ich bin diese Art von Arbeit nicht gewöhnt.*

used to ['ju:zdtə] *üblicherweise, früher*
I used to smoke 50 cigarettes a day. *Ich habe früher 50 Zigaretten pro Tag geraucht.*

usual ['ju:ʒʊəl] *gewöhnlich, üblich*
Just print out the letter in the usual way. *Drucken Sie den Brief wie üblich aus.*
But as usual it was nice to visit my brother in Rome again. *Wie immer war es nett, meinen Bruder in Rom zu besuchen.*

usually ['ju:ʒʊəli] *gewöhnlich, meistens*
Well, this is what we usually do. *Nun, das machen wir gewöhnlich.*

vacation (US) [və'keɪʃn] *Urlaub, Ferien*
Many Americans only have two weeks vacation a year. *Viele Amerikaner haben nur zwei Wochen Urlaub im Jahr.*

valley ['væli] *Tal*
We spent our last holiday in the Rhone Valley. *Wir haben unseren letzten Urlaub im Rhônetal verbracht.*

various ['veərɪəs]
And they'd already made their plans for various trips before they arrived.

verschieden, mehrere
Und sie hatten schon Pläne für verschiedene Ausflüge gemacht, bevor sie ankamen.

VAT ['viːeɪ'tiː; væt]
All our prices include VAT.

Mehrwertsteuer
Alle unsere Preise sind inklusive Mehrwertsteuer.

vegetable ['vedʒtəbl]
Would you prefer vegetables or a salad?

Gemüse
Möchten Sie lieber Gemüse oder Salat?

vegetarian [vedʒɪ'teərɪən]
Do you have a vegetarian menu?

vegetarisch
Haben Sie eine Karte mit vegetarischen Gerichten?

very ['verɪ]
The dress was very expensive.

sehr
Das Kleid war sehr teuer.

vet [vet]
We had to take our dog to the vet.

Tierarzt, Tierärztin
Wir mussten unseren Hund zum Tierarzt bringen.

video ['vɪdɪəʊ]
Shall we rent a video tonight?

Video, auf Video aufnehmen
Sollen wir für heute Abend ein Video ausleihen?

Did you remember to video the football match last night?

Hast Du daran gedacht, das Fußballspiel gestern Abend aufzuzeichnen?

view [vjuː]
We had a beautiful room with a wonderful view of the coast.
It depends on your point of view.

Sicht, Blick, Aussicht
Wir hatten ein wunderbares Zimmer mit herrlichem Blick auf die Küste.
Es hängt von Ihrem Standpunkt ab.

village ['vɪlɪdʒ]
It's nice and quiet, you know, just a little village with about six hundred people.

Dorf
Wissen Sie, es ist nett und ruhig, nur ein kleines Dorf mit ungefähr sechshundert Einwohnern.

visit ['vɪzɪt]
Actually, I've never visited these places myself, so it would be interesting for me.
This is my first visit to London.

besuchen, Besuch
Tatsächlich habe ich diese Orte niemals selbst besucht, also wäre das sehr interessant für mich.
Das ist mein erster Besuch in London.

visitor ['vɪzɪtə]
Does it get crowded in the summer down there with visitors and that?

Besucher, -in
Ist es im Sommer dort unten von Touristen überfüllt und so?

vote [vəʊt] — *wählen, stimmen, Stimme, Abstimmung*

How did you vote in the last election? — *Wie haben Sie bei der letzten Wahl gestimmt?*

voter ['vəʊtə] — *Wähler, -in*

A lot of voters can't decide which party to vote for. — *Viele Wähler können sich nicht entscheiden, welche Partei sie wählen sollen.*

W

wage [weɪdʒ] / **wages** ['weɪdʒɪz] — *Lohn*

The unions are trying to get wage increases for their members. — *Die Gewerkschaften versuchen, Lohnerhöhungen für ihre Mitglieder zu bekommen.*

wait [weɪt] — *warten*

They stopped and waited for us and introduced us to their daughter. — *Sie hielten an, warteten auf uns und stellten uns ihrer Tochter vor.*

No, if I'd had, say, an hour to wait, I would then have gone to the car park. — *Nein, wenn ich, sagen wir, eine Stunde hätte warten müssen, wäre ich auf den Parkplatz gefahren.*

waiter ['weɪtə] — *Kellner*

The service was excellent and we left the waiter a tip. — *Die Bedienung war ausgezeichnet und wir gaben dem Kellner ein Trinkgeld.*

waitress ['weɪtrɪs] — *Kellnerin*

The breakfast waitress at the hotel was very friendly. — *Die Frühstückskellnerin im Hotel war sehr freundlich.*

wake up ['weɪkʌp], woke [wəʊk], woken ['wəʊkən] — *aufwachen, aufwecken*

Do the children sleep all night without waking up? — *Schlafen die Kinder nachts durch?*

walk [wɔ:k] — *(spazieren) gehen, zu Fuß gehen, Spaziergang*

You turn right at the traffic lights and then you walk for about two hundred metres. — *Gehen Sie an der Ampel rechts und dann noch ungefähr zweihundert Meter.*

Christmas Day was quite sunny, so we went for a walk. — *Der 1. Weihnachtstag war sehr sonnig, also machten wir einen Spaziergang.*

We often go walking at the weekend. — *Wir gehen am Wochenende oft spazieren.*

wall [wɔːl] — *Wand, Mauer*
Our neighbours have built a high wall around their garden. — *Unsere Nachbarn haben um ihren Garten herum eine hohe Mauer gebaut.*

wallet ['wɒlɪt] — *Brieftasche*
I've lost my wallet. I've no idea where it could be. — *Ich habe meine Brieftasche verloren. Ich habe keine Ahnung, wo sie sein könnte.*

want [wɒnt] — *wollen, mögen, wünschen*
Are you sure you don't want a cigarette? — *Sind Sie sicher, dass Sie keine Zigarette wollen?*
Well, do you want to have this one? — *Nun, möchten Sie dieses?*

war [wɔː] — *Krieg*
Millions of people were killed in the last war. — *Millionen Menschen sind im letzten Krieg getötet worden.*

warm [wɔːm] — *warm*
It's warm in here. Shall I turn the heating down? — *Es ist warm hier drin. Soll ich die Heizung zurückdrehen?*

warn [wɔːn] — *warnen*
The policeman warned us not to leave our car there. — *Der Polizist warnte uns davor, unseren Wagen dort zu lassen.*

warning ['wɔːnɪŋ] — *Warnung*
There was a warning sign on the wall. — *An der Wand hing ein Warnschild.*

wash [wɒʃ] — *(sich) waschen*
If you want to wash your hands, the bathroom's at the end of the hall. — *Wenn Sie sich die Hände waschen wollen, das Bad ist am Ende der Diele.*

washing ['wɒʃɪŋ] — *Wäsche waschen*
When do you do your washing? — *Wann waschen Sie Ihre Wäsche?*

washing up [wɒʃɪŋ'ʌp] — *abwaschen, Geschirr spülen*
Can you help me with the washing up? — *Können Sie mir beim Abwaschen helfen?*

washing machine ['wɒʃɪŋməʃiːn] — *Waschmaschine*
I'm afraid our washing machine has broken down. — *Ich fürchte, unsere Waschmaschine ist kaputt.*

waste [weɪst] — *Abfall, verschwenden*
Don't waste my time! — *Verschwenden Sie nicht meine Zeit!*

We produce too much waste these days.	*Wir produzieren heutzutage zu viel Müll.*
We now have containers for waste paper all over town.	*Wir haben jetzt überall in der Stadt Altpapiercontainer.*
watch [wɒtʃ]	*anschauen, schauen, beobachten, Armbanduhr*
Let's watch a video tonight.	*Lass uns heute Abend ein Video anschauen.*
What's the time? My watch has stopped.	*Wie spät ist es? Meine Uhr ist stehen geblieben.*
water ['wɔ:tə]	*Wasser*
Can I have mineral water, please?	*Kann ich bitte ein Mineralwasser haben?*
way [weɪ]	*Weg, Art und Weise*
Could you just tell us the way to the station, please?	*Könnten Sie uns bitte den Weg zum Bahnhof sagen?*
Oh, it's a long way. Hope you feel fit.	*Oh, das ist ein langer Weg. Ich hoffe, Sie fühlen sich in Form.*
I like the way you do your hair.	*Ich mag die Art, wie Sie Ihre Haare frisieren.*
By the way, have you made any arrangements for your holidays this year?	*Übrigens, hast Du dieses Jahr schon irgendwelche Urlaubsvorbereitungen gemacht?*
He spoke to me in a very friendly way.	*Er sprach sehr freundlich mit mir.*
we [wi:, wɪ]	*wir*
Christmas Day was quite sunny, so we went for a walk.	*Am 1. Weihnachtstag war es sehr sonnig, deshalb haben wir einen Spaziergang gemacht.*
Yes, we haven't got any outdoor swimming-pools. We don't seem to have the weather here.	*Nein, wir haben keine Freibäder. Wir haben wohl nicht das richtige Wetter.*
weak [wi:k]	*schwach*
She felt very weak after her long illness.	*Sie fühlte sich nach ihrer langen Krankheit sehr schwach.*
weapon ['wepən]	*Waffe*
The United States want to reduce the number of nuclear weapons.	*Die USA wollen die Zahl der Atomwaffen verringern.*
wear [weə], wore [wɔ:], worn [wɔ:n]	*[Kleidung] tragen*
She wore a green dress for the party.	*Sie trug auf der Party ein grünes Kleid.*

weather ['weðə]
What beautiful weather!
You're lucky in Spain, aren't you? You have good weather all the time.

Wetter
Was für ein wunderbares Wetter!
In Spanien seid Ihr gut dran, oder? Ihr habt immer gutes Wetter.

wedding ['wedɪŋ]
I went to four weddings last summer.

Hochzeit, Heirat
Im letzten Sommer war ich auf vier Hochzeiten.

week [wi:k]
See you next week!
A week today I shall be off to Munich.

Woche
Bis nächste Woche!
Heute in einer Woche bin ich auf dem Weg nach München.

weekly ['wi:kli]
I normally do my weekly shopping on Friday evening.

wöchentlich
Ich mache meinen wöchentlichen Einkauf normalerweise am Freitagabend.

weekday ['wi:kdeɪ]
On weekdays it's not allowed to park on this road.

Wochentag, Werktag
An Wochentagen ist es verboten, auf dieser Straße zu parken.

weekend ['wi:kend]
Weekend train tickets are usually a little cheaper.

Wochenende, Wochenend-
Am Wochenende sind Zugfahrkarten normalerweise etwas billiger.

weigh [weɪ]
How much do you weigh?

wiegen
Wie viel wiegen Sie?

weight [weɪt]
It's my only chance of getting my weight down, you see.

Gewicht
Sehen Sie, das ist meine einzige Chance abzunehmen.

welcome ['welkəm]
Welcome to Wales! Welcome home!
They gave the Queen a warm welcome.
Thank you. – You're welcome!

willkommen
Willkommen in Wales! Willkommen zu Hause!
Sie bereiteten der Königin einen freundlichen Empfang.
Danke. – Bitte.

well [wel]
I'm very well, thank you.
He speaks English very well.
Well done.
Yeah, it goes well with those trousers.
Well, do you want to have this one?
Okay, you have them in Spain as well.

gut, gesund, nun
Mir geht es sehr gut, vielen Dank.
Er spricht sehr gut Englisch.
Gut gemacht!
Ja, das passt gut zu dieser Hose.
Nun, wollen Sie dieses?
Okay, es gibt sie auch in Spanien.

They've all gone now. – Right. Oh well. Thank you. — *Jetzt sind alle weg. – Oh, in Ordnung. Vielen Dank.*
Yeah, I hadn't noticed that – might well be. — *Ja, ich hatte das nicht bemerkt – kann gut sein.*

west [west] — *(nach) Westen, West-, westlich*
The sun goes down in the west. — *Die Sonne geht im Westen unter.*
Los Angeles is west of New York. — *Los Angeles liegt westlich von New York.*
Our house is to the west of here. — *Unser Haus ist westlich von hier.*
London's theatres are in the West End. — *Londons Theater sind im West End.*

wet [wet] — *nass, feucht*
I forgot my umbrella and got very wet. — *Ich hatte meinen Regenschirm vergessen und wurde sehr nass.*

what [wɒt] — *was, was für, welcher, welche, welches*
What did you do last night? — *Was haben Sie gestern Abend gemacht?*
What time did you go to sleep? — *Wann sind Sie schlafen gegangen?*
Yes, that's what I'm doing. — *Ja, das mache ich gerade.*
What kind of music does she like? — *Welche Musik mag sie?*
What about a nice traditional Sunday lunch in a pub? — *Wie wäre es mit einem traditionellen Mittagessen am Sonntag in einem Pub?*
Oh, look! What a good idea! — *Oh, schauen Sie sich das an! Was für eine gute Idee!*
What colour is it? — *Welche Farbe hat es?*

wheel [wi:l] — *Rad*
Luckily a passing motorist offered to help, so we were able to change the wheel fairly quickly. — *Glücklicherweise bot jemand seine Hilfe an, sodass wir das Rad ziemlich schnell wechseln konnten.*

when [wen] — *wann, wenn, als*
When do we arrive? — *Wann kommen wir an?*
When you get to the traffic lights you turn right again. — *Wenn Sie zur Ampel kommen, biegen Sie wieder rechts ab.*

where [weə] — *wo, wohin*
Where are you going to, David? — *Wohin gehst du, David?*
Where do you live? — *Wo wohnen Sie?*
Where are you from? — *Woher kommen Sie?*
Stay where you are, please. — *Bleiben Sie bitte, wo Sie sind.*

whether ['weðə] — *ob*
I don't know whether you've heard of Clitheroe. — *Ich weiß nicht, ob Sie von Clitheroe gehört haben.*
I can't decide whether to have a vegetarian burger or the normal burger. — *Ich kann mich nicht entscheiden, ob ich einen vegetarischen Hamburger oder einen normalen nehmen soll.*

which [wɪtʃ] — *welcher, welche, welches, der, die, das*

Which book do you want? — *Welches Buch wollen Sie?*

We went through the airport on to a special road which then goes round a bend. — *Wir sind durch den Flughafen auf eine besondere Straße gefahren, die dann eine Kurve macht.*

Many thanks for your letter, which I received on Monday. — *Vielen Dank für Ihren Brief, den ich am Montag erhalten habe.*

while [waɪl] — *während, Weile*

She could go and look at something more interesting while you go to the museum. — *Sie könnte sich etwas Interessanteres ansehen, während Sie ins Museum gehen.*

They let me drive for a while. — *Sie ließen mich eine Weile fahren.*

white [waɪt] — *weiß*

I'd like a glass of white wine, please. — *Ich möchte bitte ein Glas Weißwein.*

who [hu:, hʊ] — *wer*

Who told you that? — *Wer hat Ihnen das erzählt?*

Who did you visit? — *Wen haben Sie besucht?*

Who did you give it to? — *Wem haben Sie das gegeben?*

He wrote a letter to Diane, who was in Europe. — *Er schrieb einen Brief an Diane, die in Europa war.*

whole [həʊl] — *ganz*

The whole plane shook and a few people started shouting. — *Das ganze Flugzeug wackelte und ein paar Leute begannen zu schreien.*

You don't have to look after her the whole time. I know that she can find plenty to do by herself. — *Sie müssen sich nicht die ganze Zeit um sie kümmern. Ich weiß, dass sie eine ganze Menge selbstständig machen kann.*

whose [hu:z] — *wessen*

Whose book is this? — *Wessen Buch ist das?*

why [waɪ] — *warum, weshalb*

Why don't you just come up here for a minute? — *Warum kommen Sie nicht einfach einen Augenblick herauf?*

Why do you say that? — *Warum sagen Sie das?*

wide [waɪd] — *breit, weit*

I drove slowly on until we reached a slightly wider part of the road. — *Ich fuhr langsam weiter, bis wir zu einem etwas breiteren Abschnitt der Straße kamen.*

wife [waɪf] — *Ehefrau*

I don't think you've met my wife, have you? — *Ich glaube, Sie haben meine Frau noch nicht kennen gelernt, oder?*

wild [waɪld] — *wild, heftig, stürmisch*
The weather was really wild on the coast. — *Das Wetter an der Küste war wirklich stürmisch.*

will [wɪl] — *wird, will*
He'll be happy to hear that. — *Er wird sich freuen, das zu hören.*
Will you sign here, please? — *Würden Sie bitte hier unterschreiben?*
When you see the museum, the hotel will be on your right-hand side. — *Wenn Sie das Museum sehen, dann ist das Hotel auf der rechten Seite.*

won't [wəʊnt] — *wird nicht*
He probably won't mind anyway. — *Er wird wahrscheinlich sowieso nichts dagegen haben.*
The car won't start. — *Der Wagen springt nicht an.*

win [wɪn], won [wʌn], won [wʌn] — *gewinnen*
I won £ 5 playing cards last night. — *Ich habe gestern Abend beim Kartenspielen fünf Pfund gewonnen.*

wind [wɪnd] — *Wind*
There was a strong wind last night. — *Letzte Nacht wehte ein starker Wind.*

windy ['wɪndɪ] — *windig*
We had quite a few windy days while we were in France. — *Wir hatten während unseres Frankreichaufenthalts ein paar ziemlich windige Tage.*

window ['wɪndəʊ] — *Fenster*
Just put it by the window. — *Stellen Sie es einfach ans Fenster.*

wine [waɪn] — *Wein*
Would you prefer white or red wine? — *Möchten Sie lieber Weißwein oder Rotwein?*

winter ['wɪntə] — *Winter*
We often visit our friends in Austria in the winter. — *Im Winter besuchen wir oft unsere Freunde in Österreich.*

wish [wɪʃ] — *Wunsch, wünschen*
With best wishes, — *Mit herzlichen Grüßen [Brief]*
I wish I could help you. — *Ich wünschte, ich könnte Ihnen helfen.*

with [wɪð] — *mit, bei*
How much money have you got with you? — *Wie viel Geld haben Sie bei sich?*
I'm not sure I'd fly with that airline again. — *Ich bin nicht sicher, ob ich noch einmal mit dieser Fluglinie fliegen würde.*

I'll have a normal burger with mushrooms. — *Ich nehme einen normalen Hamburger mit Pilzen.*
I tried to cut the meat with a knife. — *Ich versuchte, das Fleisch mit einem Messer zu schneiden.*
We stayed with friends. — *Wir blieben bei Freunden.*
What's the matter with you? — *Was ist los mit Ihnen?*
It's very difficult to work with all the noise. — *Es ist sehr schwierig, bei diesem Lärm zu arbeiten.*

within [wɪð'ɪn] — *innerhalb*
Do you live within walking distance? — *Sind Sie zu Fuß zu erreichen?*

without [wɪð'aʊt] — *ohne*
A room with or without a bath? — *Ein Zimmer mit oder ohne Bad?*

woman ['wʊmən], (Pl.) women ['wɪmɪn] — *Frau*
He went to the South of France with Carol, the woman he had just met. — *Er reiste mit Carol nach Südfrankreich, der Frau, die er gerade kennen gelernt hatte.*

wonder ['wʌndə] — *sich fragen, gern wissen wollen, sich wundern, Wunder*
I was wondering whether you could help me. — *Ich habe mich gefragt, ob Sie mir helfen könnten.*
It's a wonder he didn't break every bone in his body, isn't it? — *Es ist ein Wunder, dass er sich nicht jeden Knochen seines Körpers gebrochen hat, nicht wahr?*

wonderful ['wʌndəfl] — *wunderbar, herrlich*
Looks wonderful, doesn't it? — *Sieht wunderbar aus, oder?*

wood [wʊd] — *Holz, Wald*
All the furniture in our house is made of wood. — *Alle Möbel in unserem Haus sind aus Holz gemacht.*
After lunch we decided to go for a walk in the woods. — *Nach dem Essen haben wir beschlossen, einen Spaziergang im Wald zu machen.*

wooden [wʊdn] — *hölzern, Holz-*
I prefer wooden furniture. — *Ich mag lieber Holzmöbel.*

wool [wʊl] — *Wolle*
Is this pullover made of wool? — *Ist dieser Pullover aus Wolle?*

woollen ['wʊlən] — *wollen, Woll-*
The trouble with woollen clothes is that they are difficult to wash. — *Das Dumme mit Wollsachen ist, dass sie schwer zu waschen sind.*

word [wɜːd] — *Wort*
Do you know the words of that song? — *Kennen Sie den Text dieses Liedes?*
What's the English word for ...? — *Wie heißt das englische Wort für ...?*
... in other words ... — *... mit anderen Worten ...*
I can type 80 words per minute. — *Ich kann 80 Wörter pro Minute tippen.*

work [wɜːk] — *Arbeit, arbeiten*
Do you like this kind of work? — *Mögen Sie diese Art von Arbeit?*
So, how's work going with you? — *Nun, wie kommen Sie mit der Arbeit klar?*
My brother's been out of work for nearly a year now. — *Mein Bruder ist schon über ein Jahr arbeitslos.*
What time do you go to work in the morning? — *Wann gehen Sie morgens zur Arbeit?*
That's a beautiful piece of work. — *Das ist eine wunderbare Arbeit.*
He works for Lloyds's. — *Er arbeitet für Lloyds.*
I can't really say that all this is going to work. — *Ich kann nicht genau sagen, ob das alles so funktionieren wird.*
I have had experience working with several computer programmes. — *Ich habe Erfahrungen mit verschiedenen Computerprogrammen gesammelt.*
I speak fluent German and French as well as my native English. I also have a working knowledge of Spanish. — *Ich spreche – neben Englisch als Muttersprache – fließend Deutsch und Französisch und habe auch ausreichende Kenntnisse in Spanisch.*

worker ['wɜːkər] — *Arbeiter, -in*
You're a fast worker. — *Sie sind ein flotter Arbeiter.*

world [wɜːld] — *Welt*
He thinks he's the best driver in the world. — *Er denkt, er ist der beste Fahrer der Welt.*

worry ['wʌrɪ] — *(sich) Sorgen machen, beunruhigen*
Oh, Mum doesn't worry about anything like that. — *Oh, Mutti macht sich um so etwas keine Sorgen.*
Don't worry, we'll solve the problem. — *Machen Sie sich keine Sorgen, wir werden das Problem lösen.*

worried ['wʌrɪd] — *besorgt, beunruhigt*
He is quite worried cos he hasn't heard from his father for several months. — *Er ist sehr besorgt, weil er seit einigen Monaten von seinem Vater nichts gehört hat.*

worse – worst [wɜːs, wɜːst] — *schlechter, der, die, das schlechteste*
Last year we had the worst summer I can remember. — *Letztes Jahr hatten wir den schlechtesten Sommer, an den ich mich erinnern kann.*

worth [wɜ:θ]	*wert*
How much is that old lamp worth?	*Wie viel ist die alte Lampe wert?*
I'm not sure it's worth visiting.	*Ich bin sicher, ob sich ein Besuch lohnt.*
would [wʊd]	*würde, wollte*
I telephoned there and they said they wouldn't do any reservations.	*Ich habe dort angerufen und sie sagten, dass sie keine Reservierungen vornehmen würden.*
Would you wait here, please?	*Würden Sie bitte hier warten?*
Would you like another drink?	*Möchten Sie noch etwas zu trinken?*
I thought it would cost more than that.	*Ich dachte, es würde mehr kosten.*
Sarah wouldn't go to sleep, and she wanted to ring Mum.	*Sarah wollte noch nicht schlafen gehen, und sie wollte ihre Mutti anrufen.*
wrap [ræp]	*einwickeln, verpacken*
Could you wrap the present for me, please?	*Könnten Sie mir bitte das Geschenk verpacken?*
unwrap [ʌn'ræp]	*auswickeln, auspacken*
write [raɪt], wrote [rəʊt], written ['rɪtn]	*schreiben*
He wrote a letter to Diane, who was in Europe.	*Er schrieb einen Brief an Diane, die in Europa war.*
Could you write the address down for me, please?	*Könnten Sie mir die Adresse bitte aufschreiben?*
Have you got any written information about these places?	*Haben Sie irgendwelche schriftlichen Informationen über diese Orte?*
wrong [rɒŋ]	*falsch, verkehrt, unrecht*
Excuse me. You're going the wrong way.	*Entschuldigung. Sie gehen den falschen Weg.*
I'm afraid you're wrong.	*Ich fürchte, Sie haben Unrecht.*
It's wrong to steal.	*Stehlen ist etwas Unrechtes.*
There's nothing wrong with your car.	*Mit Ihrem Wagen ist alles in Ordnung.*
Something has gone wrong.	*Etwas ist schief gegangen.*

Y

yard [jɑ:d]	*Yard (= 0,91 Meter)*
And then you walk for about two hundred yards.	*Und dann gehen Sie ungefähr zweihundert Yards.*
year [jɪə, jɜ:]	*Jahr*
My youngest daughter is about five years old.	*Meine jüngste Tochter ist ungefähr fünf Jahre alt.*

yellow ['jeləʊ] *gelb*
It's dangerous to pass the traffic lights while they are yellow. *Es ist gefährlich, bei Gelb über die Ampel zu fahren.*

yes [jes] *ja*
Yes, certainly. *Ja, sicher.*
Yes please. *Ja, bitte.*
It's a nice, quiet, little village, six hundred people. – Oh yes. *Es ist ein nettes, ruhiges, kleines Dorf; sechshundert Einwohner. – Oh ja.*

yesterday ['jestədɪ] *gestern*
I saw him yesterday. *Ich sah ihn gestern.*
She started her new job the day before yesterday. *Sie hat vorgestern ihre neue Stelle angetreten.*

yet [jet] *schon, noch*
Have you finished your work yet? *Sind Sie mit Ihrer Arbeit schon fertig?*

you [juː, jʊ] *du, Sie, ihr, man*
Do you still listen to Scottish music? *Hören Sie sich immer noch schottische Musik an?*
You can't smoke in here. *Hier drin darf man nicht rauchen.*

young [jʌŋ] *jung*
She's still a young girl. She's too young to go out alone. *Sie ist immer noch ein junges Mädchen. Sie ist zu jung, um alleine auszugehen.*

your [jɔː] *dein, Ihr, euer*
Is this your suitcase? *Ist das Ihr Koffer?*

yours [jɔːs] *deiner, deine, deines, Ihrer, Ihre, Ihres, eurer, eure, eures*
Is it yours? *Ist das Ihrer?*
Yours sincerely, *Mit freundlichen Grüßen [Brief]*

yourself [jɔː'self] *du (selbst), Sie (selbst)*
Mike, help yourself to a knife and fork. *Mike, nehmen Sie sich selber Messer und Gabel.*

yourselves [jɔː'selvz] *ihr (selbst), euch (selbst)*
I hope you enjoy yourselves. *Ich hoffe, ihr amüsiert euch gut.*

Wortbildung durch Nachsilben

-able	*acceptable*	*avoidable*	*suitable*		
-al	*central*	*continental*	*industrial*	*national*	
	natural	*political*	*professional*	*traditional*	
	arrival				
-dom	*freedom*	*wisdom*			
-ed	*bored*	*crowded*	*experienced*	*fried*	
	retired	*worried*			
-ee	*employee*	*referee*			
-en	*wooden*	*woollen*			
-ence	*difference*				
-er	*beginner*	*employer*	*examiner*	*foreigner*	*manager*
	player	*prisoner*	*singer*	*smoker*	*teacher*
	traveller	*voter*	*worker*		
	freezer	*printer*	*shaver*	*starter*	*toaster*
-ess	*actress*	*waitress*			
-ful	*careful*	*helpful*	*peaceful*	*powerful*	*stressful*
-ian	*musician*	*politician*			
-ic	*alcoholic*	*exotic*			
-ing	*beginning*	*building*	*feeling*	*fishing*	*meaning*
	painting	*shopping*	*training*	*travelling*	*warning*
	freezing	*surprising*			
-ist	*artist*	*racist*	*receptionist*	*scientist*	
	specialist	*typist*			
-ive	*active*	*inclusive*			

-ity	*activity*	*nationality*	*speciality*		
-less	*careless*	*useless*			
-ly	*completely*	*exactly*	*fluently*	*generally*	*honestly*
	luckily	*normally*	*originally*	*personally*	*possibly*
	quickly	*reasonably*	*safely*	*seriously*	*simply*
	strangely	*suddenly*	*urgently*	*usually*	
	daily	*friendly*	*weekly*		
-ment	*agreement*	*argument*	*arrangement*	*development*	*disagreement*
	payment	*punishment*	*retirement*	*treatment*	
-ness	*fitness*	*illness*	*sadness*		
-or	*actor*	*visitor*			
-ous	*dangerous*	*religious*			
-sion	*decision*	*discussion*	*expression*		
-t	*complaint*	*product*	*weight*		
-tion	*action*	*application*	*collection*	*confirmation*	*connection*
	discrimination	*election*	*examination*	*explanation*	*imagination*
	invitation	*organisation*	*production*	*protection*	*reduction*
	suggestion	*translation*			
-y	*cloudy*	*foggy*	*funny*	*healthy*	
	hilly	*lucky*	*noisy*	*sexy*	
	stormy	*windy*			

Wortbildung durch Vorsilben

dis-	*disabled*	*disadvantage*	*disagree*		
il-	*illegal*				
im-	*impolite*	*impossible*			
in-	*informal*				
non-	*non-alcoholic*	*non-smoker*			
un-	*unable*	*unavoidable*	*unaware*	*uncomfortable*	*unemployed*
	unfortunate	*unfriendly*	*unhealthy*	*unlike*	*unlikely*
	unlucky	*unsuccessful*	*unsuitable*	*untidy*	
	unpack	*unwrap*			
	unfortunately				

Länder und Kontinente

America [ə'merɪkə]	*Amerika*
Australia [ɒ'streɪlɪə]	*Australien*
Britain ['brɪtn]	*Großbritannien*
Canada ['kænədə]	*Kanada*
England ['ɪŋglənd]	*England*
India ['ɪndɪə]	*Indien*
Ireland ['aɪələnd]	*Irland*
New Zealand [ˌnjuː'ziːlənd]	*Neuseeland*
Northern Ireland [ˌnɔːðn'aɪələnd]	*Nordirland*
Scotland ['skɒtlənd]	*Schottland*
South Africa [saʊθ'æfrɪkə]	*Südafrika*
Wales [weɪlz]	*Wales*
Africa ['æfrikə]	*Afrika*
Asia ['eɪʃa]	*Asien*
Austria ['ɒstrɪə]	*Österreich*
Belgium ['beldʒəm]	*Belgien*

Bulgaria [bʌl'gərɪə]	*Bulgarien*
China ['tʃaɪnə]	*China*
Croatia [krəʊ'eɪʃə]	*Kroatien*
Czech Republic, The [tʃek rɪ'pʌblɪk]	*Tschechien*
Denmark ['denmɑ:k]	*Dänemark*
Europe ['jʊərəp]	*Europa*
Finland ['fɪnlənd]	*Finnland*
France [frɑ:ns]	*Frankreich*
Germany ['dʒɜ:mənɪ]	*Deutschland*
Greece [gri:s]	*Griechenland*
Hungary ['hʌŋgərɪ]	*Ungarn*
Italy ['ɪtəlɪ]	*Italien*
Japan [dʒə'pæn]	*Japan*
Netherlands, The ['neðələndz]	*Niederlande*
Norway ['nɔ:weɪ]	*Norwegen*
Poland ['pəʊlənd]	*Polen*
Portugal ['pɔ:tjʊgəl]	*Portugal*
Romania [rə'meɪnɪə]	*Rumänien*
Russia ['rʌʃə]	*Russland*
Slovakia [sləʊ'vækɪə]	*Slowakei*
Slovenia [sləʊ'vi:nɪə]	*Slowenien*
Spain [speɪn]	*Spanien*
Sweden ['swi:dn]	*Schweden*
Switzerland ['swɪtsələnd]	*Schweiz*
Turkey ['tɜ:kɪ]	*Türkei*

American [ə'merɪkæən]	*amerikanisch*
Australian [ɒ'streɪlɪən]	*australisch*
British ['brɪtɪʃ]	*britisch*
Canadian [kə'neɪdɪən]	*kanadisch*
English ['ɪŋglɪʃ]	*englisch*
Indian ['ɪndɪən]	*indisch*
Irish ['aɪrɪʃ]	*irisch*
New Zealand [ˌnju:'zi:lənd]	*neuseeländisch*
Northern Irish ['nɔ:ðn'aɪrɪʃ]	*nordirisch*
Scottish ['skɒtɪʃ]	*schottisch*
South African [saʊθ'æfrɪkən]	*südafrikanisch*
Welsh [welʃ]	*walisisch*

African ['æfrɪkən]	*afrikanisch*
Asian ['eɪʃn]	*asiatisch*
Austrian ['ɒstrɪən]	*österreichisch*
Belgian ['beldʒən]	*belgisch*
Bulgarian [bʌlgeərɪən]	*bulgarisch*
Chinese [tʃaɪ'ni:z]	*chinesisch*
Croatian [krəʊ'eɪʃən]	*kroatisch*
Czech [tʃek]	*tschechisch*
Danish ['deɪnɪʃ]	*dänisch*
European [jʊərə'pi:ən]	*europäisch*
Finnish ['fɪnɪʃ]	*finnisch*
French [frentʃ]	*französisch*
German ['dʒɜ:mən]	*deutsch*
Greek [gri:k]	*griechisch*
Hungarian [hʌŋ'geərɪən]	*ungarisch*
Italian [ɪ'tæljən]	*italienisch*
Japanese [dʒæpə'ni:z]	*japanisch*
Dutch [dʌtʃ]	*niederländisch*
Norwegian [nɔ:'wi:dʒən]	*norwegisch*
Polish ['pəʊlɪʃ]	*polnisch*
Portuguese [pɔ:tjʊ'gi:z]	*portugiesisch*
Romanian [rə'meɪnɪən]	*rumänisch*
Russian ['rʌʃn]	*russisch*
Slovakian [sləʊ'vækɪən]	*slowakisch*
Slovenian [sləʊ'vi:nɪən]	*slowenisch*
Spanish ['spænɪʃ]	*spanisch*
Swedish [swi:dɪʃ]	*schwedisch*
Swiss [swɪs]	*schweizerisch*
Turkish ['tɜ:kɪʃ]	*türkisch*

Zahlen

zero, nought, oh ['zɪərəʊ],[nɔ:t],[əʊ]	*null*
one [wʌn]	*eins*
two [tu:]	*zwei*
three [θri:]	*drei*
four [fɔ:]	*vier*
five [faɪv]	*fünf*
six [sɪks]	*sechs*
seven [sevn]	*sieben*
eight [eɪt]	*acht*
nine [naɪn]	*neun*
ten [ten]	*zehn*
eleven [ɪlevn]	*elf*
twelve [twelv]	*zwölf*
thirteen [θɜ:ti:n]	*dreizehn*
fourteen [fɔ:ti:n]	*vierzehn*
fifteen [fɪfti:n]	*fünfzehn*
sixteen [sɪksti:n]	*sechzehn*
seventeen [sevnti:n]	*siebzehn*
eighteen [eɪti:n]	*achtzehn*
nineteen [naɪnti:n]	*neunzehn*
twenty [twentɪ]	*zwanzig*
twenty-one [twentɪwʌn]	*einundzwanzig*
twenty-two [twentɪtu:]	*zweiundzwanzig*
twenty-three [twentɪθri:]	*dreiundzwanzig*
thirty [θɜ:tɪ]	*dreißig*
forty [fɔ:tɪ]	*vierzig*
fifty [fɪftɪ]	*fünfzig*
sixty [sɪkstɪ]	*sechzig*
seventy [sevntɪ]	*siebzig*
eighty [eɪtɪ]	*achtzig*
ninety [naɪntɪ]	*neunzig*
a/one hundred [hʌndrəd]	*(ein)hundert*
a/one hundred and one [hʌndrədəndwʌn]	*(ein)hundert(und)eins*
a/one thousand [θauzənd]	*(ein)tausend*
a/one million [mɪljən]	*(eine) Million*

first [fɜ:st]	*erste, -r, -s*
second ['sekənd]	*zweite, -r, -s*
third [θɜ:d]	*dritte, -r, -s*
fourth [fɔ:θ]	*vierte, -r, -s*
fifth [fɪfθ]	*fünfte, -r, -s*
sixth [sɪksθ]	*sechste, -r, -s*
seventh ['sevnθ]	*siebte, -r, -s*
eighth [eɪtθ]	*achte, -r, -s*
ninth [naɪnθ]	*neunte, -r, -s*
tenth [tenθ]	*zehnte, -r, -s*
eleventh [ɪ'levnθ]	*elfte, -r, -s*
twelfth [twelfθ]	*zwölfte, -r, -s*
thirteenth [θɜ:ti:nθ]	*dreizehnte, -r, -s*
fourteenth [fɔ:'ti:nθ]	*vierzehnte, -r, -s*
fifteenth [fɪf'ti:nθ]	*fünfzehnte, -r, -s*
sixteenth [sɪks'ti:nθ]	*sechzehnte, -r, -s*
seventeenth ['sevn'ti:nθ]	*siebzehnte, -r, -s*
eighteenth [eɪ'ti:nθ]	*achtzehnte, -r, -s*
nineteenth [naɪn'ti:nθ]	*neunzehnte, -r, -s*
twentieth ['twen'tɪəθ]	*zwanzigste, -r, -s*
twenty-first ['twen'tɪfɜ:st]	*einundzwanzigste, -r, -s*
twenty-second ['twen'tɪsekənd]	*zweiundzwanzigste, -r, -s*
twenty-third ['twen'tɪθ'ɜ:d]	*dreiundzwanzigste, -r, -s*
thirtieth [θɜ:tɪəθ]	*dreißigste, -r, -s*
fortieth ['fɔ:tɪəθ]	*vierzigste, -r, -s*
fiftieth ['fɪftɪəθ]	*fünfzigste, -r, -s*
sixtieth [sɪkstɪəθ]	*sechzigste, -r, -s*
seventieth ['sevntɪəθ]	*siebzigste, -r, -s*
eightieth ['eɪtɪəθ]	*achtzigste, -r, -s*
ninetieth [naɪntɪəθ]	*neunzigste, -r, -s*
hundredth ['hʌndrədθ]	*hundertste, -r, -s*
hundred and first [hʌndrədəndfɜ:st]	*hunderteinste, -r, -s*
thousandth ['θauzəntθ]	*tausendste, -r, -s*
millionth ['mɪljənθ]	*millionste, -r, -s*

Monate

January ['dʒænjʊərɪ]	*Januar*
February ['febrʊərɪ]	*Februar*
March [mɑːtʃ]	*März*
April ['eɪprɪl]	*April*
May [meɪ]	*Mai*
June [dʒuːn]	*Juni*
July [dʒuː'laɪ]	*Juli*
August ['ɔːgəst]	*August*
September [sep'tembə]	*September*
October [ɒk'təʊbə]	*Oktober*
November [nəʊ'vembə]	*November*
December [dɪ'sembə]	*Dezember*

Wochentage

Monday ['mʌndɪ]	*Montag*
Tuesday ['tjuːzdɪ]	*Dienstag*
Wednesday ['wenzdɪ]	*Mittwoch*
Thursday ['θɜːzdɪ]	*Donnerstag*
Friday ['fraɪdɪ]	*Freitag*
Saturday ['sætədɪ]	*Samstag*
Sunday ['sʌndɪ]	*Sonntag*

Jahreszeiten

spring [sprɪŋ]	*Frühling*
summer ['sʌmə]	*Sommer*
autumn ['ɔːtəm]	*Herbst*
winter ['wɪntə]	*Winter*

Unregelmäßige Verben

be	was, were	been
become	became	become
begin	began	begun
break	broke	broken
bring	brought	brought
build	built	built
burn	burnt	burnt
buy	bought	bought
can	could	been able to
choose	chose	chosen
come	came	come
cost	cost	cost
cut	cut	cut
do	did	done
draw	drew	drawn
drink	drank	drunk
drive	drove	driven
eat	ate	eaten
fall	fell	fallen
feel	felt	felt
find	found	found
fly	flew	flown
forget	forgot	forgotten
freeze	froze	frozen
get	got	got
give	gave	given
go	went	gone
grow	grew	grown
hang	hung	hung
have	had	had
hear	heard	heard
hit	hit	hit
hold	held	held
hurt	hurt	hurt
keep	kept	kept
know	knew	known

lead	led	led
leave	left	left
lend	lent	lent
let	let	let
lie	lay	lain
lose	lost	lost
make	made	made
mean	meant	meant
meet	met	met
pay	paid	paid
put	put	put
ring	rang	rung
rise	rose	risen
run	ran	run
say	said	said
see	saw	seen
sell	sold	sold
send	sent	sent
shake	shook	shaken
shine	shone	shone
shoot	shot	shot
show	showed	shown
shut	shut	shut
sing	sang	sung
sit	sat	sat
sleep	slept	slept
smell	smelt	smelt
speak	spoke	spoken
spell	spelt	spelt
spend	spent	spent
spoil	spoilt	spoilt
stand	stood	stood
steal	stole	stolen
swim	swam	swum
take	took	taken
teach	taught	taught
tell	told	told

think	thought	thought
understand	understood	understood
wake	woke	woken
wear	wore	worn
win	won	won
write	wrote	written

Phonetic Symbols / Die Zeichen der Aussprache

Symbol	Deutsch	Englisch
/ʌ/	ähnlich wie in m**a**tt	bus [bʌs], run [rʌn]
/aɪ/	ähnlich wie in **Ei**s	my [maɪ], nice [naɪs]
/aʊ/	ähnlich wie in Fr**au**	out [aʊt], how [haʊ]
/ɑ:/	ähnlich wie in l**ah**m	last [lɑ:st], park [pɑ:k]
/æ/	ähnlich wie in W**ä**sche	back [bæk], stand [stænd]
/ɑ̃:/	ähnlich wie in Restaur**an**t	restaurant ['restrɑ̃:],
/e/	ähnlich wie in n**e**tt	bed [bed], egg [eg]
/eɪ/		late [leɪt], name [neɪm], safe [seɪf], late [leɪt], pay [peɪ]
/eə/	ähnlich wie in B**ä**r	air [eə], where [weə]
/ə/	ähnlich wie in bitt**e**	summer ['sʌmə], member ['membə]
/əʊ/		own [əʊn], so [səʊ]
/ɜ:/	ähnlich wie in K**ö**rner (ohne r)	word [wɜ:d], firm [fɜ:m]
/ɪ/	ähnlich wie in m**i**t	film [fɪlm], it [ɪt]
/ɪə/	ähnlich wie in h**ie**r	near [nɪə], here [hɪə]
/i:/	ähnlich wie in L**ie**be	please [pli:z], see [si:]
/ɒ/	ähnlich wie in G**o**tt	not [nɒt], long [lɒŋ]
/ɔɪ/	ähnlich wie in n**eu**	boy [bɔɪ], noise [nɔɪz]
/ɔ:/	ähnlich wie in K**o**rn (ohne r)	all [ɔ:l]; north [nɔ:θ]
/ʊ/	ähnlich wie in M**u**tter	book [bʊk], good [gʊd]
/ʊə/	ähnlich wie in K**ur**	sure [ʃʊə], tour [tʊə]
/u:/	ähnlich wie in Sch**uh**	school [sku:l], who [hu:]
/ð/	ähnlich wie in **s**att (gelispelt)	with [wɪð], that [ðæt], another [ə'nʌðə]
/b/	ähnlich wie in **B**erg	blind [blaɪnd]

/d/	ähnlich wie in **D**orf	dress [dres]
/f/	ähnlich wie in **F**aust	feel [fi:l]
/g/	ähnlich wie in **G**rund	good [gʊd]
/ŋ/	ähnlich wie in **M**enge	young [jʌŋ], thing [θɪŋ]
/h/	ähnlich wie in **H**of	hot [hɒt]
/j/	ähnlich wie in **j**a	yes [jes]
/k/	ähnlich wie in **k**lein	keep [ki:p]
/l/	ähnlich wie in **L**ast	lamp [læmp]
/m/	ähnlich wie in **M**ode	map [mæp]
/n/	ähnlich wie in **n**ach	no [nəʊ]
/p/	ähnlich wie in **P**unkt	paper ['peɪpə]
/r/	ähnlich wie in **R**egen	red [red], friend [frend], porridge ['pɒrɪdʒ]
/s/	ähnlich wie in wi**ss**en	stand [stænd], sir [sɜ:], Miss [mɪs]
/ʃ/	ähnlich wie in Ti**sch**	shop [ʃɒp], fresh [freʃ]
/t/	ähnlich wie in **T**al	tell [tel]
/tʃ/	ähnlich wie in deu**tsch**	church [tʃɜ:tʃ]
/v/	ähnlich wie in **W**ein	visit ['vɪzɪt], love [lʌv]
/w/		well [wel], what [wʌt], always [ɔ:lweɪz]
/z/	ähnlich wie in lesen	busy ['bɪzɪ], please [pli:z]
/ʒ/	ähnlich wie in Gara**g**e	television ['telɪvɪʒn]
/dʒ/	ähnlich wie in **Dsch**ungel	jam [dʒæm]
/θ'/	ähnlich wie in Fa**ss** (gelispelt)	through [θ'ru:], both [bəʊθ], nothing ['nʌθɪŋ]
/'/	betonte Silbe	conversation [kɒnvə'seɪʃn]

Grammatik im Überblick

Nomen

Nomen werden immer klein geschrieben, es sei denn, es handelt sich um Eigennamen.

Plural

Die Pluralform des Nomens wird ganz einfach gebildet: Man hängt *-s* an:

one pound	*two pounds*	*a ticket*	*three tickets*
ein Pfund	zwei Pfund	eine Fahrkarte	drei Fahrkarten

Bei Nomen, die auf *-ch*, *-s*, *-sh*, *-ss* oder *-x* enden, wird *-es* angehängt:

search	*searches*	*bus*	*busses*	*box*	*boxes*
Suche	Suchen	Bus	Busse	Schachtel	Schachteln

Endet ein Nomen auf Konsonant + *-y*, lautet die Pluralendung *–ies*:

party	*parties*	*baby*	*babies*
Party	Partys	Baby	Babys

Geht *-y* ein Vokal vorher, wird wie gewöhnlich nur ***-s*** angehängt:

key	*keys*	*toy*	*toys*
Schlüssel	Schlüssel	Spielzeug	Spielzeuge

Es gibt ein paar wichtige Ausnahmen:

woman	*women*	*man*	*men*	*child*	*children*
Frau	Frauen	Mann	Männer	Kind	Kinder
foot	*feet*	*tooth*	*teeth*	*sheep*	*sheep*
Fuß	Füße	Zahn	Zähne	Schaf	Schafe

Männlich oder weiblich?

Im Englischen gibt es in der Regel keine abgeleitete weibliche Form. Auch der Artikel verrät nicht, ob es sich um einen Mann oder eine Frau handelt. Seien Sie also nicht überrascht, wenn *the doctor* eine Ärztin ist.

Artikel

Bestimmter Artikel

Dieses Thema ist erfreulich einfach, denn es gibt nur *the*, egal, ob wir im Deutschen „die“ (Singular oder Plural), „der“ oder „das“ sagen würden. Auch im Dativ und Akkusativ ändert sich das nicht:

***The** man told **the** child **the** story of Cinderella.*

Der Mann erzählte **dem** Kind **die** Geschichte vom Aschenputtel.

Steht *the* vor einem Nomen oder Adjektiv, das mit einem Vokallaut beginnt, ändert sich die Aussprache:

the restaurant	[ðə 'reßtəronnt]	das Restaurant	*the Italian restaurant*	[ðiː itäljən 'reßtəronnt]	das italienische Restaurant
the order	[ðiː ɔ·ːdə]	die Bestellung	*the Underground*	[ðiː andəgra͜unt]	die Londoner U-Bahn

U wird einigen Wörtern nicht als Vokallaut ausgesprochen. Dann ändert sich auch die Aussprache des bestimmten Artikels nicht:

the universe	[ðə junivö̯aß]	das Universum
the United Kingdom	[ðə juna̯itət kingdəm]	das Vereinigte Königreich

Unbestimmter Artikel

Vor einem Nomen oder Adjektiv, das mit einem Konsonanten beginnt, ist der unbestimmte Artikel immer *a*.

a tower	ein Turm
a person	eine Person
a fast car	ein schnelles Auto

Vor einem Nomen oder Adjektiv, das mit einem Vokallaut anfängt, lautet der unbestimmte Artikel *an*.

an ice cream	ein Eis
an interesting story	eine interessante Geschichte
an uncle	ein Onkel

Aber:

a university	[ə junivöasiti]	eine Universität
a unique opportunity	[ə juniːk oppətjuːnəti]	eine Gelegenheit, die nie wieder kommt

Pronomen

Personalpronomen

als Subjekt		als Objekt	
ich	*I*	mich, mir	*me*
du	*you*	dich, dir	*you*
er, sie, es	*he, she, it*	ihn, ihm, sie, ihr, es, ihm	*him, her, it*
wir	*we*	uns	*us*
ihr	*you*	euch	*you*
sie	*they*	ihnen	*them*
Sie	*you*	Ihnen	*you*

This und *that*

Das Demonstrativpronomen *this* wird verwendet, wenn man sich auf etwas bezieht, das in Raum, Zeit oder Wahrnehmung näherliegt. *That* hingegen verwendet man in Bezug auf Fernerliegendes.

Singular	Plural
this, that	*these, those*
dieser, diese, dieses	diese

Some und *any*

Das Indefinitpronomen *some* benutzt man in positiven Aussagen. In Verneinungen oder Fragen wird *any* gebraucht. Das gilt auch für Zusammensetzungen mit *some-* und *any-*:

some	*any*	
*I'd like **some** sugar.*	*I **don't** want **any** sugar.*	*Do you have **any** sugar?*
Ich hätte gern **etwas** Zucker.	Ich möchte **keinen** Zucker.	Haben Sie **etwas** Zucker?

somebody	*anybody*	
***Somebody** stole my purse.*	*I **didn't** see **anybody**.*	*Has **anybody** seen my purse?*
Jemand hat meinen Geldbeutel gestohlen.	Ich habe **niemanden** gesehen.	Hat **jemand** meinen Geldbeutel gesehen?

something	*anything*	
*I have done **something** wrong.*	*You **didn't** do **anything** wrong.*	***Did** she do **anything** wrong?*
Ich habe **etwas** falsch gemacht.	Du hast **nichts** falsch gemacht.	Hat sie **etwas** falsch gemacht?

Besitz

Es gibt zwei wichtige Möglichkeiten, Besitzverhältnisse anzuzeigen: mit einem Artikelwort oder durch das Anhängen von *'s* oder nur *'*.

ARTIKELWÖRTER

Singular			**Plural**		
my	*your*	*his, her, its*	*our*	*your*	*your*
mein(e)	dein(e)	sein(e), ihr(e)	unser(e)	euer(e)	Ihr(e)

„Wo ist mein Auto/meine Tasche?" wäre dann also *Where is my car/bag?*.

'S ODER *'*

Möchte man klarstellen, dass etwas oder jemand einem bestimmten Nomen (Person oder Sache) zugeordnet wird, geht dies durch das Anhängen von *'s* (wenn das Nomen im Singular ist) oder nur *'* (wenn das Nomen im Plural ist und die Pluralform auf *-s* endet):

Tom's passport	*the car's tyres*	*our friends' children*	*the islands' infrastructure*
Toms Pass	die Reifen des Autos	die Kinder unserer Freunde	die Infrastruktur der Inseln
	hier ginge auch: *the tyres of the car*	hier ginge auch: *the children of our friends*	hier ginge auch: *the infrastructure of the islands*

Adjektive

Im Englischen braucht man die Endungen der Adjektive nicht an das Nomen anzupassen: *a **good** man/a **good** women/a **good** child* – ein **guter** Mann/eine **gute** Frau/ein **gutes** Kind.

Steigerung

Man steigert einsilbige englische Adjektive, indem man die Endungen *–er* bzw. *–est* anhängt:

quick	*quick**er***	*quick**est***
schnell	schnell**er**	am schnell**sten**, schnell**ste**

Zweisilbige Adjektive, die auf *-y* enden, werden in der Regel auch mit *–er* und *-est* gesteigert. Dabei wird *y* zu *i*:

cheeky	*cheek**ier***	*cheek**iest***
frech	frech**er**	am frech**sten**, frech**ste**

Englischen Adjektiven, die aus mehr als zwei Silben bestehen, wird *more* und *most* vorangestellt. Die meisten zweisilbigen Adjektive, die nicht auf *–y* enden, werden auch auf diese Weise gesteigert:

interesting	***more** interesting*	***most** interesting*
interessant	interessant**er**	am interessant**esten**, interessant**este**
helpful	***more** helpful*	***most** helpful*
hilfreich	hilfreich**er**	am hilfreich**sten**, hilf-reich**ste**

Ein paar wichtige Ausnahmen:

good	*better*	*worse*
gut	besser	am besten, beste
bad	*worse*	*worst*
schlecht	schlechter	am schlechtesten, schlechteste
much	*more*	*most*
viel	mehr	am meisten, meiste
little	*less*	*least*
wenig	weniger	am wenigsten, wenigste

Vergleich

Vergleichen kann man mit *as ... as* (so ... wie) oder *than* (als):

*This route is **as** long **as** that one.*

Diese Strecke ist **so** lang **wie** die andere.

*This route is longer **than** that one.*

Diese Strecke ist länger **als** die andere.

*But that one is more beautiful **than** this one.*

Aber die andere ist schöner **als** diese.

Adverbien

Ableitung des Adverbs

Man leitet ein Adverb vom Adjektiv ab, indem man die Endung *-ly* anhängt. Endet das Adjektiv auf *-y*, verwandelt sich dieses bei der Ableitung in *i*. Das Adverb qualifiziert ein Verb, ein Adjektiv, oder einen ganzen Satz.

quick	*quick**ly***	*He walked very quickly.*	Er ging sehr schnell.
beautiful	*beautiful**ly***	*You sang beautifully.*	Du hast schön gesungen.
perfect	*perfect**ly***	*That is perfectly correct.*	Das ist völlig richtig.
easy	*eas**ily***	*That is easily changed.*	Das ist schnell geändert.
general	*general**ly***	*Generally, pets are not allowed in the hotel.*	Im Allgemeinen sind Haustiere im Hotel nicht erlaubt.

Adjektive, die auf *-ic* enden, bekommen als Adverbendung *-ally*:

*automat**ic***	*automatical**ly***	automatisch

Bei Adjektiven, die auf einen Konsonanten plus *-le* enden, wird das *-le* durch *-ly* ersetzt:

*proba**ble***	*probab**ly***	wahrscheinlich
*terri**ble***	*terrib**ly***	schrecklich

Es gibt ein paar wichtige Ausnahmen:

*a **good** book*	*a book that is **well** written*
ein **gutes** Buch	ein Buch, das **gut** geschrieben ist

*a **fast** car*	*You are driving too **fast**.*
ein **schnelles** Auto	Du fährst zu **schnell**.
*a **hard** task/a **hard** shell*	*He **hardly** speaks to us./She works **hard**.*
eine **schwierige** Aufgabe/eine **harte** Schale	Er spricht **kaum** mit uns./Sie arbeitet **hart**.

Wie im Deutschen gibt es eine Gruppe von Adverbien, die sich nicht aus dem Adjektiv herleiten und endungslos sind. Hier sind ein paar nützliche Beispiele:

always	*never*	*now*	*often*	*perhaps*	*very*
immer	nie	jetzt	oft	vielleicht	sehr

Häufigkeitsadverbien wie *always*, *never* und *often* stehen im Satz *vor* dem Verb:

*We **often** go to the theatre.*	Wir gehen oft ins Theater.
*I've **never** seen this before.*	Das habe ich noch nie gesehen.

Steigerung

Aus Adjektiven abgeleitete Adverbien mit der Endung *-ly* steigert man, indem man *more* bzw. *most* voranstellt:

*strong**ly***	***more** strongly*	***most** strongly*
stark	stärk**er**	am stärk**sten**
*easi**ly***	***more** easily*	***most** easily*
einfach	einfach**er**	am einfach**sten**
*fanatical**ly***	***more** fanatically*	***most** fanatically*
fanatisch	fanatisch**er**	am fanatisch**sten**

Adverbien, die in ihrer Form mit dem Adjektiv identisch sind, werden durch anhängen von *-er* bzw. *-est* gesteigert. Enden sie auf *-y*, so wird dies zu *i*:

hard	*hard**er***	*hard**est***
hart	härt**er**	am härte**sten**
early	*earl**ier***	*earl**iest***
früh	früh**er**	am früh**sten**

Adverbien, die nicht aus Adjkektiven abgeleitet werden, werden mit *more* bzw. *most* gesteigert:

often	***more** often*	***most** often*
häufig	häufig**er**	am häufig**sten**

Einige wichtige Adverbien werden unregelmäßig gesteigert:

well	*better*	*best*
gut	besser	am besten
badly	*worse*	*worst*
schlecht	schlechter	am schlechtesten
much	*more*	*most*
viel	mehr	am meisten
little	*less*	*least*
wenig	weniger	am wenigsten
far	*further*	*furthest*
weit	weiter	am weitesten

Verben

Be, have UND *do*

Diese drei Verben werden so häufig verwendet, als Vollverben oder als Hilfsverben, dass es sich lohnt, ihre Formen auswendig zu lernen. Das ist nicht schwer. Bei *be* (sein) und *have* (haben, oder als Hilfsverb auch sein) gibt es eine Kurzform, die im gesprochenen Englisch deutlich geläufiger ist. Hier werden beide Formen gezeigt, doch bei nachfolgenden Verbtabellen wird nur die Kurzform aufgeführt. Die Formen von *be* (sein) lauten wie folgt:

be		**sein**	
I	*'m/am*	ich	bin
you	*'re/are*	du	bist
he, she, it	*'s/is*	er, sie, es	ist
we	*'re/are*	wir	sind
you	*'re/are*	ihr	seid
they	*'re/are*	sie	sind
you	*'re/are*	Sie	sind

Für *have* lauten die Formen *'ve* bzw. *have* nur in der dritten Person Singular heißt es *he/she/it'**s*** in der Kurzform und *has* in der ausgeschriebenen Form.

Die Formen for *do* (tun, machen) entsprechen immer dem Infinitiv (*do*). Nur in der dritten Person Singular heißt es *he/she/it **does***.

Einfache Zeiten und Verlaufsformen

Wollen Sie ausdrücken, dass Sie gerade dabei sind etwas zu tun oder das eine Tätigkeit bis in die Gegenwart andauert, müssen Sie die Verlaufsform der jeweiligen Zeit verwenden. Ansonsten benutzt man die einfache Zeitform .

Gegenwart – einfache Zeitform

*She **is** from London.* – Sie **ist** aus London.

Das einfache Präsens des englischen Verbs ist weitgehend identisch mit dem endungslosen Infinitiv. Nur in der dritten Person Singular wird ein *-s* angehängt:

buy		**kaufen**	
I	*buy*	ich	kaufe
you	*buy*	du	kaufst
he, she, it	*buy**s***	er, sie, es	kauft
we	*buy*	wir	kaufen
you	*buy*	ihr	kauft
they	*buy*	sie	kaufen
you	*buy*	Sie	kaufen

Bei Verben, die auf einen Zischlaut enden, fügt man vor dem *–s*, also in der dritten Person Singular, noch ein *–e* ein. Endet ein Verb auf ein stummes *–e*, ist das nicht nötig :

express	*he/she/it express**es***
ausdrücken, zum Ausdruck bringen	er/sie/es drückt aus/bringt zum Ausdruck
*los**e***	*he/she/it los**es***
verlieren	er/sie/es verliert

Bei Verben, die auf Konsonant + *-y* enden, verwandelt sich *-y* in der dritten Person Singular in ein *-ies*. Besteht die Endung aus Vokal plus *-y*, wird nur *-s* angehängt :

fly	*fl**ies***	*say*	*say**s***
fliegen	fliegt	sagen	sagt

Wichtige Ausnahmen sind:

have	*has*	*do*	*does*	*go*	*goes*
haben	hat	tun, machen	tut, macht	gehen	geht

Gegenwart – Verlaufsform

*He's **writing** an email.* – Er **schreibt (gerade)** ein Mail.

Die Verlaufsform des Präsens bildet man, indem man die passende Form von *be* auswählt und darauf das Partizip Präsens des Hauptverbs (Infinitiv + *-ing*) folgen lässt. Als Beispiel dient uns im Folgenden das Verb *do* (machen):

I'm doing	*you're doing*	*he/she/it's doing*
ich mache (gerade)	du machst (gerade)	er/sie/es macht (gerade)
we're doing	*you're doing*	*they're doing*
wir machen (gerade)	ihr macht (gerade)	sie machen (gerade)
you're doing		
Sie machen (gerade)		

Vergangenheit – einfache Zeitform

*I **studied** English in Boston.* – Ich **studierte** Englisch in Boston/**habe** Englisch in Boston **studiert**.

Die einfache Vergangenheitsform hat für alle Personen nur eine Form. Sie wird gebildet, indem man *-ed* an den Infinitiv anhängt. Endet der Infinitiv Verb schon auf ein *-e*, wird nur ein *-d* angehängt:

work	*work**ed***	*live*	*live**d***
arbeiten	arbeitete/habe gearbeitet, arbeitetest/hast gearbeitet etc.	leben, wohnen	lebte/habe gelebt, lebtest/hast gelebt, etc.

Bei Verben, die auf Konsonant + *-y* enden,verwandelt sich dieses in ein *-i-*:

carry	*carried*
tragen	trug, trugst, etc.

Vergangenheit – Verlaufsform

*They **were watching** television.* – Sie **sahen (gerade)** Fernsehen.

Um die Verlaufsform zu bilden wird die einfache Vergangenheit von *be* + Partizip Präsens verwendet:

I was working	*you were working*	*he/she/it was working*
ich arbeitete (gerade)	du arbeitetest (gerade)	er/sie/es arbeitete (gerade)
we were working	*you were working*	*they were working*
wir arbeiteten (gerade)	ihr arbeitetet (gerade)	sie arbeiteten (gerade)
you were working		
Sie arbeiteten (gerade)		

Konsonantenverdoppelung

Besteht ein Verb aus einer einzigen Silbe und endet auf einen Konsonanten, verdoppelt sich dieser, wenn *-ed* oder *-ing* angehängt wird:

*sto**p*** (anhalten)	*sto**pp**ed*
*ru**n*** (rennen, laufen)	*ru**nn**ing*

Perfekt

Das Perfekt wird in drei wichtigen Fällen verwendet. 1. Bei einer Handlung, die gerade erst abschlossen wurde: *She'**s** just **left**.* – Sie **ist** gerade **gegangen**. 2. Bei einer Handlung, die in der Vergangenheit angefangen hat und sich bis in die Gegenwart erstreckt: ***I've worked** for this company for many years.* – Ich **arbeite** seit vielen Jahren in dieser Firma. 2. Bei einer Handlung, die in der Vergangenheit stattfand, aber die sich in der Gegenwart wiederholen könnte: *They**'ve been** to London many times.* – Sie **waren** schon oft in London.

Man bildet das Perfekt, indem man die jeweilige Präsensform von *have* mit dem Partizip Perfekt des gewünschten Verbs kombiniert. Das Partizip Perfekt wird in der Regel wie die einfache Vergangenheit durch Infinitiv + *-ed* gebildet:

***work* (arbeiten)**		
*I've work**ed***	*you've work**ed***	*he/she/it's work**ed***
*we've work**ed***	*you've work**ed***	*they've work**ed***
*you've work**ed***		

Einige der wichtigsten Verben bilden in der einfachen Vergangenheit und im Partizip Perfekt unregelmäßige Formen. Diese sind im Wörterbuch dieses Sprachführers (ab S. 168) nach dem Infinitiv angegeben.

Zukunft

Um Zukünftigkeit auszudrücken, können Sie, ähnlich wie im Deutschen, die einfache Präsensform verwenden, solange weder Absicht noch Planung zum Ausdruck gebracht werden soll: *The train* ***leaves*** *at 7.* – Der Zug **fährt** um 7 Uhr ab.

Wollen Sie vermitteln, dass Absicht oder Planung im Spiel ist, können Sie Zukünftigkeit mit *be going to* + Infinitiv ausdrücken. *I'm* ***going to do*** *the laundry tonight.* – Ich **werde** heute Abend die Wäsche **machen**.:

I'm going to wait	*you're going to wait*	*he's/she's/it's going to wait*
ich werde warten	du wirst warten	er/sie/es wird warten
we're going to wait	*you're going to wait*	*they're going to wait*
wir werden warten	ihr werdet warten	sie werden warten
you're going to wait		
Sie werden warten		

Verneinung

In den einfachen Zeiten der Gegenwart und Vergangenheit wird negiert, indem man die verneinte Form von *do* mit dem Infinitiv des Verbs kombiniert. Als Verneinungswort dient das meist zu *n't* verkürzte *not* (nicht):

I ***don't*** *know*	*you* ***didn't*** *know*	*he/she/it* ***doesn't*** *know*	*he/she/it* ***didn't*** *know*
ich weiß **nicht**	du **wußtest** nicht	er/sie/es weiß **nicht**	er/sie/es wusste **nicht**

Bei den Verlaufsformen der Gegenwart und Vergangenheit, sowie bei der Zukunft mit *be going to* + Infinitiv wird negiert, indem man die Form von *be* verneint:

The engine ***isn't*** *working.*	*I* ***wasn't*** *driving when the accident happend.*	*I'****m not*** *going to drink any alcohol.*
Der Motor läuft **nicht**.	Ich war **nicht** am Steuer als der Unfall passierte.	Ich werde **keinen** Alkohol trinken.

Die verneinten Formen von *be* sind:

I'm not	*you aren't*	*he/she/it isn't*	*we aren't*	*you aren't*	*they aren't*
Höflichkeitsform:	*you aren't*				

Im Perfekt wird negiert, indem man Form von *have* verneint:

I haven't seen him.	*The film has not/hasn't started yet.*
Ich habe ihn nicht gesehen.	Der Film hat noch nicht angefangen.

Fragen

In den einfachen Zeiten der Gegenwart und Vergangenheit bildet man Fragesätze, indem man die passende Form von *do* an den Satzanfang stellt, danach das Subjekt und dann den Infinitiv des jeweiligen Verbs folgen lässt. Wenn Fragewörter verwendet werden, platziert man diese an erster Stelle:

Do *you like London?*	***Did*** *you like the exhibition?*
Gefällt Ihnen London?	Hat Ihnen die Ausstellung gefallen?
What does *he like best about London?*	***How did*** *she like the exhibition?*
Was gefällt ihm am besten an London?	Wie hat ihr die Ausstellung gefallen?

Bei den Verlaufsformen der Gegenwart und Vergangenheit sowie bei der Zukunft mit *be going to* werden die Fragen durch die Voranstellung der Formen von *be* gebildet:

Are *you reading my newspaper?*	***Were*** *you taking a bath when I phoned?*
Liest du gerade meine Zeitung?	Hast du gerade gebadet als ich anrief?
What is he doing?	***Who was*** *serving you yesterday?*
Was macht er da?	Wer hat Sie gestern bedient?
Is *she going to watch this film?*	***When are*** *you planning to leave?*
Wird sie sich diesen Film ansehen?	Wann gedenken Sie abzureisen?

Bei Fragen im Perfekt stellt man das Hilfsverb *have* an den Satzanfang bzw. gleich hinter das Fragewort:

***Has he** been to Dublin?*	***What have** you done?*
War er schon einmal in Dublin?	Was hast du gemacht?

Befehlsform

Die Befehlsform des englischen Verbes unterscheidet sich nicht vom Infinitiv. Im Gegensatz zum Deutschen braucht man auch bei der Höflichkeitsform kein Personalpronomen:

Call an ambulance!	*Turn the music down, please.*
Rufen Sie/Ruf einen Krankenwagen!	Stellen Sie/Stell die Musik bitte leiser.